U0647644

中央高校基本科研业务费专项资金项目成果
国际合作区域拓展计划·“一带一路”项目成果
卓越法治人才教育培养计划系列教材
国家“2011计划”司法文明协同创新中心支持
浙江靖霖律师事务所协办

数字法学丛书
Digital Law Series

从技术到规则：数字文明的法治进路

主　编　高艳东　连　斌
副主编　何邦武　徐文涛

From Technology to Regulation: The Rule of Law Approach of Digital Civilization

ZHEJIANG UNIVERSITY PRESS
浙江大学出版社

图书在版编目(CIP)数据

从技术到规则:数字文明的法治进路 / 高艳东，连斌主编. —杭州：浙江大学出版社，2021.4(2023.4 重印)
ISBN 978-7-308-21206-9

Ⅰ.①从… Ⅱ.①高…②连… Ⅲ.①互联网络—计算机犯罪—研究—中国 Ⅳ.①D924.364

中国版本图书馆 CIP 数据核字(2021)第 057459 号

从技术到规则:数字文明的法治进路
高艳东　连斌　主编

责任编辑　钱济平　陈佩钰
责任校对　许艺涛　刘雪燕
封面设计　续设计
出版发行　浙江大学出版社
(杭州市天目山路 148 号　邮政编码 310007)
(网址:http://www.zjupress.com)
排　　版　浙江时代出版服务有限公司
印　　刷　广东虎彩云印刷有限公司绍兴分公司
开　　本　710mm×1000mm　1/16
印　　张　17
字　　数　287 千
版 印 次　2021 年 4 月第 1 版　2023 年 4 月第 2 次印刷
书　　号　ISBN 978-7-308-21206-9
定　　价　70.00 元

序言　互联网法律大会的使命

本书是第三届互联网法律大会的记录，留史存证。

互联网法律大会已召开了三届，难言大浪，但有微澜。

作为大会的参与者和一名服务者，我想在序言中，介绍一下会议的背景，以不负专家们披星戴月的奔波。序言是个开胃菜，虽然有学术规范的压力，但我仍想用点轻松的语言，让读者带着愉悦的心情打开这本记录性著作。

1. 小城故事多

互联网法律大会一直在杭州召开，并非偶然；杭州故事，是中国互联网产业发展史的浓缩版。

杭州是个很神奇的地方，这里原本是个旅游城市，标签是烟雨江南、湖光山色，却一不小心成了数字经济的中心城市，而且是世界级的。数字经济领域的很多创新和规模化应用，如电子商务、移动支付、直播带货、城市大脑、健康码等，都发源于杭州。

杭州，明明可以靠颜值，却偏偏要靠才华。

西湖边的僧人，都在用扫码支付。有一次有位僧人还让我关注他的公众号，方便住持远程布道。以前是“放下屠刀，立地成佛”，现在是“拿起手机，躺着学佛”。佛祖都在与时俱进，我们还有什么理由不去拥抱新技术？

杭州见证了很多魔幻的故事。一位辅修我刑法课的计算机系学生，毕业后创立了一家互联网公司，短短几年市值就过亿；法学院一位本科生，毕业前在我办公室里和我聊工作规划，他不想做法律，而想做直播平台，我当时本着鼓励年轻人的思路没有表态反对，但心中总觉得有些可惜。然而，两年后他找我写国外名校的推荐信，告诉我自己已经实现部分财务自由，想出国研究一下平台治理权的问题。财富不代表成功，但创业意味着未来。一个创业的法律人，比一位优秀律师，更有可能抓住机遇、改变社会。信息时代是法律人的春天，人类历史中的法律空白区从未像今天这样多。有技术的地方就有法律，互联网、大数据、区块链、人工智能、物联网，每一个领域都急需法律人定分止争。

杭州的互联网产业实践,正在改变传统法律的模式。庄严肃穆的法庭,本是法律正义的象征,但也难以抗拒互联网的诱惑。2017 年,杭州成立了全球首家互联网法院,司法成本秒杀传统法院,人民群众齐夸好。插个故事,刘德华就在杭州互联网法院起诉了一家侵犯其肖像权的净水器公司,索赔 200 万元,理由是法院曾经在张柏芝肖像侵权案中判赔 100 万元,刘德华的流量≈2 个张柏芝的流量。本来刘德华打官司,法庭外会挤满看客,影响法院秩序,然而在线审理大家只能网上围观。法庭安静了,法官只需要关注案件事实,而不会被门外粉丝的呼声干扰,司法又回到了应有的样子。司法是最无效率的人类活动之一,正义太昂贵了,而互联网提升了正义实现的速度,让正义变得物美价廉,让法律更加亲民。

杭州的城市大脑项目正在改变人类社会的治理模式。历史上知名的杭州"市长"白居易、苏东坡都是以诗赋见长,靠文化胜出,他们不会想到未来的"市长"是机器人,也就是智能算法。现代市长经常要在两难问题上做决策,需要有丰富的执政经验,但经验常常跑偏。而未来城市管理将会全面走向数据化,在如何设计地铁线路、安排警力密度、发现消防隐患等问题上,大数据分析比经验判断更准确。

依法治国正在走向以数据治国。算法让生活更美好,人会犯错,但数据从不撒谎。制度消除不了腐败,但算法可以铲除寻租机会。100 个大数据分析师组成反腐小组,能把所有贪官揪出来。法律人解决不了的人性难题,程序员可以轻松化解,这或许就是降维打击。

当然,互联网的故事并非总是快乐的。我们目睹了杭州多家 P2P 公司爆雷,创业神话与庞氏骗局的转变往往瞬间完成。动辄十几亿资金,数万投资者的血汗钱血本无归,那种惨烈和绝望,绝非局外人所能想象。

杭州也有一些年轻人做网络"黑灰产"。大学生毕业到互联网公司做程序员,正常年薪不过几十万元,但是,几个人组织的"黑灰产"团伙,可以轻松月入百万元。例如,一些所谓的电商代运营公司,打着运营网店的名义,向偏远地区的中老年人收取开店、升级、推广费用等,凭借网络的低成本,十几人的公司,一年可以获利上千万,其中一些成员还是刚毕业的大学生。此外,组织刷单、打码平台、黑卡交易、账号买卖、恶意软件开发等"黑灰产"的团伙,也随着互联网经济的繁荣而逐渐泛滥。

眼见他起高楼,眼见他宴宾客,眼见他楼塌了。技术向善,才是正途。

成功的创业,恶意的投机,都是法律故事,更是法律理论创新的源泉。

2. 大国有担当

有故事才有诗意，有案例才有法学。

互联网法律大会的宏大目标，是用中国实践创新法学理论。

很多年来，我们学习的法律理论，都来自西方；教科书里的法学家，都是苏联、美国、德国和日本的学者。产业实践和法律案例，多数发生于西方。英国发明了汽车，才会催生出交通法；德国有大量的公司经营活动，才会制定《有限责任公司法》。教科书中的马伯里诉麦迪逊案、德国癖马案等，都是西方法律的故事。

没有产业的繁荣，就没有实践案例，很难催生出法律理论。非洲大草原上，很难诞生出关于电商、金融、反不正当竞争的法律理论。近代中国的法律理论，多是学习西方，因为工业时代的法律规则，是西方国家经过长期产业实践开创出来的。在产业上我们走着西方的老路，在法律上我们也就必须跟随西方的规则。

法学没有国界，但法学家有国籍。这不是说法学家需要站队，而是如果历史长河中的法学家名字，都是用拉丁文书写的，确实对不起我国文明古国的地位。多数情况下，国际会议讨论的都是西方理论和规则。有时，中国学者争论半天，国外学者一句话——该理论的原意并非如此，就让大量的学术成果成为泡沫。

情何以堪！

互联网时代，我们终于迎来了创新法律的机会，中国学者第一次有机会在法律名人堂上写下汉字。因为我们有产业的创新与应用，有大量西方没有遇到过的活动和争端。

在数字经济的全球格局中，中美是第一梯队。美国可能处于技术领先地位，但中国的应用场景和规模整体上超越了美国。例如，移动支付诞生于美国，但兴盛于中国，中国移动支付的普及率比第二名国家高20％。不要小看移动支付节省一秒的效率，它带来的累积效应和刺激消费功能，创造着巨大的社会价值，类似于纸币社会对白银时代的胜利。围绕着第三方支付的很多法律问题，就必须由中国学者解决，例如，偷换二维码案件，就是中国学者最先讨论的；未来的《电子支付法》及国际规则，很可能是中国学者送法出海。

这些年来，中国网络空间的大量案件，西方学者都闻所未闻。例如，在抢微信红包、抢火车票软件案中，有人专门设计了软件代替用户去抢红包、抢火车票。西方国家没有这样的案件场景，这就需要中国学者首先讨论机器作弊行为的法律性质。其他新型案件，如暗刷流量、修改抖音靓号、打码平台、恶意注册等，在中国已经演变成为产业链，需要法律提供解决方案。而西方国家即使偶有类似案件,但也不成规模,很少需要法律介入。

案例是法学之母,互联网法律大会每年都推出十大案例,其中多数案例是全球首现。我们坚信,有了大量的产业应用场景和新型案例,中国法学有机会在数字经济领域创新理论,引领世界。在数据运用、算法模型、智能社会、平台责任等复杂问题上,中国规则可能为全球立法提供样本。例如,我曾经参与过《杭州城市大脑数字赋能城市治理促进条例》的讨论,从级别看,这是一个不起眼的规范性文件,但是,这是全球首个关于城市大脑的系统性规定,即便它的内容简短,也是对社会治理的创新性规定。无论《汉谟拉比法典》,还是《拿破仑法典》,都是因为最先对时代问题作出了回应而成为经典。在工业时代,很难想象中国的立法会领跑全世界。

属于中国法律人的时代正在到来,从理论的学习者到学说的开创者,从规则的跟随者到制度的设计者,这之间的距离并不像我们想象的那样遥远。

当然,法律人应当谨防自我中心主义和狭隘民族主义,西方法学思想的厚度、法治力量的伟大,都足以让我们惊叹。在很多法律学科中,我们要当好学生,但这不妨碍我们在一些新兴领域成为老师。低头学习,抬头指路;此路为徒,彼路为师。当下的年轻一代,在研习西方法律流派的同时,必须做好为未来世界贡献法律思想的准备。

在光明顶上,少年张无忌被长老们推选为教主,不是因为他阅遍江湖风雨,而是因为他练过别人都不会的"乾坤大挪移"。他人在练习剑术,而你在学习枪法,胜负一开始就已注定,再蹩脚的枪手也能战胜一流剑客。当你拿起枪,在刀光剑影里也充满着杀气。

在信息时代创新法学理论,为数字经济提供中国思想,就是互联网法律大会的使命。

逻辑推理不会产生新法律,但产业革命会。

我们这一代人何其幸运,我国正在经历从未有过的四重社会——农业化、工业化、网络化与智能化。在很多农村地区,我们可以看到老牛拉犁、人工插秧,生产方式和几千年前并无区别;在很多城市,我们又穿梭于摩天大楼之间,享受着工业化成果,同时,互联网经济迅速崛起;而随着无人驾驶、智能生产的日益成熟,人类正在走向智能社会。

你细品这个场景:一个牵着耕牛的老农,掏出华为手机,在天猫上下单了一台大疆无人机。四个时代的故事交织一起,一景千年,宛如时空穿越。

这是法律人最好的时代，也是中国法律人最好的机遇。前无古人的四重社会的法律问题交织在一起，像极了百家争鸣的春秋战国时代。

我们在等待，你的法律理论，会惊艳世界，能抚平岁月。

高艳东于之江校区

2021年2月

第一部分　论文精选

（以第一作者姓氏拼音为序）

第一章　网络时代的社会秩序

第二章　网络时代的数据保护

第三章 网络犯罪的证据与证明

第四章 网络服务提供者的法律责任

第二部分 致辞

（以会议演讲顺序为序）

第三部分　第三届互联网法律大会十大案例

(以作者姓氏拼音为序)

第四部分　大会纪实

第一部分
论文精选

（以第一作者姓氏拼音为序）

第一章　网络时代的社会秩序

挑战与应对

——论大数据背景下我国网络犯罪治理模式

◎傅跃建　朱剑冰*

大数据背景下的网络犯罪，已经完全不同于互联网初期的网络犯罪形态，它已经从互联网初期的"漫天撒网"式随机犯罪，转换为比被害人更为了解他的"精确制导"犯罪。在大数据背景下的作案方式智能化、危害结果更具破坏性的犯罪类型，导致传统的犯罪治理模式无法适应严峻的犯罪形势。在当前情境下选择恰当有力的网络犯罪治理模式、完善网络治理体系，确是当务之急。

一、问题：大数据背景下网络犯罪风险

（一）大数据背景下网络犯罪的缘起及类型

网络的兴盛催生了大数据时代，即以高效的处理手段，在数据量庞大、结构繁杂的各类数据中做出规律而明确的判断①，在大数据的信息集成下，互联网更是爆发出惊人的能力和不可思议的影响力。以阿里巴巴为例，它已经不是单纯的网络公司，而是以大数据为驱动，以电商、金融、物流、云计算、文娱为场景的数字经济体，影响着数以亿计的消费者和数千万的中小企业。互联网技术特点也决定了大数据背景下犯罪的模式、侵犯的利益和呈现出的特征，都不同于传统犯

* 傅跃建，浙江省金华市人民警察学校教授，中国犯罪学学会副秘书长、中国刑法学研究会理事；朱剑冰，金华市人大常委会法工委主任科员。

① 黄晓亮. 从虚拟回归真实：大数据时代刑法的挑战与应对[J]. 中国政法大学学报，2015(4).

罪,我们必须对此有清醒的认识。[①] 但这并不是说大数据背景下的犯罪是独立于传统犯罪的全新犯罪类型,相对的,网络犯罪是犯罪在信息时代的必然发展,它大大拓展了传统犯罪的空间场所,有些犯罪行为完全通过互联网完成犯罪构成要件的各个环节。以互联网金融犯罪为例,它新增了平台风险、技术风险、系统安全风险和虚拟业务风险。我国当前网络犯罪有两种类型:一是"网络化"的传统犯罪。[②]网络空间为犯罪者提供了更多的便利和机会。随着全球化、数据化和自动化的发展,传统犯罪,特别是逐利型犯罪,开始由传统的线下形式转换为线上形式。原因在于,传统犯罪在"网络化"后,犯罪收益相同甚至更高,犯罪风险却大大降低。当然,这些传统犯罪在"网络化"后,所侵犯的法益是不变的。据某市政法部门统计,与其他传统刑事发案情况相比,2018 年上半年,电信网络诈骗占全部刑事案件的 26.05%,同比增长 59.44%,但其破案率仅有 14.47%,远远低于传统犯罪行为的破案率。二是大数据背景下的新型犯罪行为。如果说第一代网络犯罪是低端网络犯罪,计算机仅仅是犯罪的工具,第二代网络犯罪是混合网络犯罪,网络开始被用于传统犯罪的话,那么,当前的第三代网络犯罪就是精准的大数据网络犯罪,犯罪分子利用大数据实施精准的诈骗、盗窃及其他各类犯罪行为。

(二)大数据背景下网络犯罪发展新态势

与传统犯罪形式相比,网络犯罪呈现出社会危害广、高科技化、时代性强、共同犯罪较多、隐蔽性较强等诸多特点。[③] 近年来,随着网络技术的进步及大数据的广泛应用,新型网络犯罪不断呈现:一是犯罪手段新颖而且隐蔽。例如,有些互联网金融公司,其经营模式不同于传统金融犯罪行为,而是采用了网络形式,如集资过程中"没有人头传递",加入的会员也不需要门槛,只要网站注册即可加入,没有金字塔模式。表面上看,也没有对会员进行洗脑培训。不断翻新的网络诈骗犯罪手段,增加了民众识别骗局的困难,也在一定程度上增加了官方打击的难度。二是通过大数据算法传播的淫秽色情、诈骗、赌博等微领域犯罪治理成为新的难题。微领域犯罪成为不法分子的"新财路",造成严重的社会危害性。如利用大数据计算方法,精准投放各类违法犯罪信息。三是犯罪危害越来越严重。

① 余定猛. 网络犯罪的立体化治理模式构想[J]. 公安学刊(浙江警察学院学报),2017(1).

② 周维民. 国外网络犯罪治理的最新趋势[N]. 人民法院报, 2018-03-23.

③ 张远煌. 犯罪学[M]. 北京:人民大学出版社,2007: 123-127.

如“万家购物”案件，涉及金额高达240.45亿元，涉案人员近200万人，遍布全国31个省(区、市)的2300多个市(县)。四是往往与其他犯罪交织发生。在大数据时代，信息作为源资产，在网络犯罪中常常成为首要受侵犯对象；除此之外，对计算机系统的破坏也成为网络犯罪的伴生状况。五是以创新为掩护。以新型的互联网商业模式为噱头，行欺诈之实。如震惊全国的“E租宝”案，犯罪嫌疑人以高额利息为诱饵，虚构融资租赁项目，持续采用借新还旧、自我担保等方式大量非法吸收公众资金，一定程度上增加其迷惑性，在短期内很难被发现。

二、挑战：我国网络犯罪现有治理模式之分析

(一)国内外网络犯罪治理模式比较分析

1. 国外网络犯罪治理模式比较

犯罪治理是指针对犯罪这一种反社会的行为做出的反应，基于对犯罪现象的分析，确定科学的方法，建立合理的目标，从而统筹各种力量对犯罪现象进行治理。近年来，各国政府都十分关注和重视网络犯罪引发的网络安全和网络治理问题。由于政治制度和传统文化的不同，各国的治理模式必然呈现出不同的特点，如欧美国家和亚洲传统的威权国家，各自形成适合本国国情的独特管理机制和模式。根据不同的标准，可以划分为不同的治理模式，但是从总体上考虑，主要有以下几种模式：一是政府主导型管理模式，二是政府监管型模式，三是以美国为代表的“不干预政策下”行业协会自治模式。

第一种模式以新加坡为典型，实施全面的政府主导性管理模式。在这种模式之下，政府对网络行为实施全过程监督管理，包括但不限于制定网络发展政策、法规和指导措施，政府在整个网络行为的监督管理过程中发挥着决定性作用，其决策直接关系任一网络公司及其行为。

第二种模式是以法国为典型，网络组织自治在其中发挥基础性作用，政府发挥关键性作用，既保护网络组织的充分活力，又确保网络活动的安全。这种模式既要求网络组织发达至一定程度，也需要政府治理理念的更新。

第三种模式是以美国为代表的“不干预政策下”行业协会自治模式。这种模式对于行业自治成熟度要求非常高，它的基本理念是放手让互联网自由发展，尽量减少对互联网政策和法规的影响，除非涉及人权和国家安全等行为。但是这并不意味着美国政府对互联网安全的放任，恰恰相反，美国近年来也十分重视网

络安全问题。

2. 我国现行网络犯罪治理模式所经历的阶段

从我国的实际情况看，我们的网络犯罪治理模式并非一成不变。主要经过了以下几个阶段。

第一阶段，是传统犯罪治理模式。即将互联网犯罪治理视为普通犯罪治理，未将其作为具有独特特征的犯罪形态。这种适用普通犯罪治理的模式，存在着取证难、法律适用难等问题，越来越多司法实践问题的暴露，促使相关部门对新情况新问题进行研究，并推动了一些技术性措施的出台。这一时期司法机关出台了《关于办理妨害信用卡管理刑事案件具体应用法律若干问题的解释》《关于办理利用互联网、移动通讯终端、声讯台制作、复制、出版、贩卖、传播淫秽电子信息刑事案件具体应用法律若干问题的解释》《关于办理网络赌博犯罪案件适用法律若干问题的意见》等系列司法解释。

第二阶段，随着互联网犯罪的不断出现，且影响越来越大，波及面越来越广，逐步出台专门的法律法规应对互联网违法犯罪行为。主要是加大对网络行为的监督管理和对网络信息的保护力度。这一时期国家相继出台了《互联网上网服务营业场所管理条例》《计算机信息网络国际联网安全保护管理办法》《全国人民代表大会常务委员会关于加强网络信息保护的决定》等法律法规。

第三阶段，在全面加强对互联网管控的同时，建立互联网犯罪法律法规体系，由注重打击网络犯罪向预防转变。为了维护国家和个人信息安全，推动互联网治理法治化常态化，是必然的选择。《中华人民共和国网络安全法》《中华人民共和国刑法修正案（九）》相继出台，同时期《中华人民共和国保守国家秘密法（修订）》《中华人民共和国国家安全法》《中华人民共和国反恐怖主义法》《网络食品安全违法行为查处办法》等系列法规，基本构成了比较完备的法律法规体系。

（二）我国现有网络犯罪治理模式存在的问题

现阶段我国网络犯罪治理的理念和逻辑明显呈现出政治化层级治理结构的特征[①]，在强化互联网监管过程中发挥了巨大的作用，也具有独特的效率优先的特征。可是这种特征也往往存在着“一管就死”“一放就乱”的机械性反应，需要在发挥这种特征优点的前提下，采取法制化和规范化治理思路来综合平衡各方利益。

---

① 王玉薇．网络犯罪治理：从层级模式到功能分化[J]．河北法学，2018(4)．

首先，网络犯罪治理“政治化”策略的有效性功能不足。政治化层级治理结构具有效率高、贯彻执行到位等优点，但是监管过程中也容易出现偏差或者异化。在上层未给予命令之前，监督容易处于无效状态，出现无人监督的空白地带，而一旦出现问题，整个形势又容易出现“眉毛胡子一把抓”的过度监管。例如对于新业态、新经济的网约车监管问题，就曾出现“一管就死一放就乱”的现象。

其次，网络犯罪立法可操作性不强，司法标准不一。相对于互联网犯罪行为特有的功能和特质，加之互联网犯罪具有一定的“迷惑性”和“欺骗性”，目前的网络犯罪立法就显得“粗糙”，造成互联网犯罪的发现难、认定难、侦查取证难和定性难等问题。例如互联网集资诈骗犯罪有个共同特点，即以所谓的金融创新为掩护，并针对传统互联网犯罪或者金融犯罪的罪状进行专门的“规避或者掩盖”，非法吸收公众资金，扰乱了金融秩序，也给民众带来巨大损失，但是这类案件性质的判断往往会存在争议。立法“粗糙”的另一层含义就是扩展空间较大。

三、立场：网络犯罪治理模式的选择方式

（一）网络自治和政府监督并重

1. 网络自治的积极意义不容忽视

大数据背景下的网络犯罪防治模式，既要充分考虑打击犯罪需求，也要充分考虑公民隐私权保护的平衡问题。在大数据背景下，只要有关部门充分利用各种大数据网络和物联网技术，犯罪分子几无藏身之地。这种情况下，如何确保公民隐私权、信息权等不受大数据公司和有关权力部门的滥用，也就尤为必要。

首先，要充分发挥互联网公司的自治职责。对互联网公司的监管，不能出现“具体的业务”包办代替，也不能天然地认为“互联网”公司基于运营而取得的相关大数据，政府部门有权无条件获得。例如“滴滴”等网约车平台，就要充分发挥滴滴作为互联网平台的自治作用，无论是车辆的投放还是运输的价格，都可以由平台或者运输市场来调节。从出租车的管理实践来看，由政府部门来规划具体的车辆投放数量、运输价格等无法解决公众“打车难”“打车贵”难题。而互联网公司恰恰就能够轻松解决这一问题，而且根本不用担心“滴滴”车辆过多或者过少，这些问题市场和价格就会很完美的解决。价格能够充分发挥其调节作用，在价格上涨时车辆数量自然回升，价格下跌时车辆数量自然下跌。最重要的是，网络自治有利于公民自治能力的形成，对社会基本单位的稳定和成熟具有重要

作用。

其次,防止互联网公司权利滥用和以技术手段保障公民隐私权。互联网公司自治,具有熟悉业务和效率上的优点,这并不是说这些互联网公司平台就完美无缺,作为需要盈利的市场主体,加上近些年快速扩展,众多问题确实遭到了公众的质疑和批评。例如互联网平台对于“驾驶员”资质应尽到审核义务,并通过技术措施来保证“乘客”的安全。互联网公司需要进一步健全和完善相关配套的措施和政策,制定对严重违法失信网约车经营者和驾驶员的联合惩戒备忘录,建立行业黑名单制度、市场退出机制等相关制度和机制等。在保证乘客安全的基础上,确保乘客信息和其他各类隐私权不被滥用,除司法机关因打击犯罪而需要相关数据,或者司法机关按照法定程序调取某类证据,其他情况下应确保公民权益。

2.政府要加强监督管理并做好服务工作

通过互联网公司、平台和网络参与者的自治,有利于保证公众的网络权益和培养公民的自治能力,有利于形成稳定成熟的自治群体和基本秩序。但基于网络的特征,网络秩序的建立和完善不能脱离政府的指导与控制,否则就会陷于混乱或者走向“自由”的反面。

首先,将网络的虚拟自治一步步实体化。重要的方式就是网络参与者的实名制,将一个个虚拟的网络参与者转化为真实的社会参与体,使网络参与者的网络行为实际上等同于实体社会中的社会参与,自然会极大地改善网络虚拟化带来的“不确定性”和“任意性”。网络犯罪之所以频频出现,其中一个重要原因就是网络特有的虚拟性给犯罪提供了特有的条件和路径,这些路径恰恰成为网络犯罪的机会和条件。而通过实体化就可逐步消减网络的虚拟性,增加犯罪成本和被发现的概率。

其次,整合大数据加强监督管理和保护公民权益。政府在确保公民权益的基础上,加大对相关“大数据”的整合力度,建立起防治犯罪的“天罗地网”,减少犯罪侦查的成本。无数实践证明,大数据已经成为打击犯罪的核心要素,通过大数据对海量信息的整合,打破信息之间的孤岛,形成高度共享的数据资源库,并对海量数据进行分析、处理、应用,对犯罪分子形成绝对的“信息不对称”高压态势。

(二)注重公民隐私权保护和网络秩序建立

充分发挥网络公司的自治模式、政府监管和保护模式的结合,构建起新型网络犯罪治理模式，充分发挥两方面的正向作用，形成我国特有的网络犯罪治理模式，是互联网犯罪防治的必由之路。

首先，我们要充分尊重和保障公民的各项权利和自由。前面已经分析，在大数据背景下，既要利用大数据加强对犯罪的打击力度，同时也要防范利用大数据侵犯公民隐私权。这种侵犯可能性不仅来自互联网公司和网络犯罪分子，同样也可能来自监管部门的权力滥用，导致无限压缩公民的自由空间。毫无疑问，在大数据背景下需要健全相关法律法规，以保护宪法确定的公民“言论、出版”等表达自由，这样的网络空间才会有活力，才能激发各种创新行为，为我国实现“赶超发展”贡献力量。

其次，也必须明确，网络环境并非完全独立于真实的社会生活之外，网络空间的活动应与社会生活的活动相互印证和呼应，网络自由不能脱离现实社会中的各类法律秩序。网络轨迹的客观存在决定了大数据时代网络行为常常面临社会客观真实的数据整合。以大数据背景下的网络犯罪侦查为例，通过网络犯罪轨迹对网络社会关系、网络社会规律及网络犯罪心理特点等信息进行挖掘和分析，以揭示犯罪嫌疑人的违法犯罪行为，这是大数据时代下网络犯罪侦查方式的特点。无论网络犯罪分子采用什么样的犯罪方式，必然在大数据的整合面前无所遁逃，这也是网络犯罪必然能够得到控制的重要基础。

通过正反两方面的分析，在司法实务中，犯罪嫌疑人在被正式确定为有罪之前，根据疑罪从无原则，犯罪嫌疑人的个人信息等仍然受到法律保护，这是人权中自由的体现。因此在网络犯罪治理模式选择上应坚持自由与秩序兼顾的价值取向，在侦查、司法过程中保障人权。

(三)常态式治理模式是时代需求

运动式治理模式在一定时期内，无论是对普通犯罪治理还是网络犯罪治理都发挥了不可替代的作用。它是在法律不健全、执法体制机制不完善的情况下，快速打击犯罪的一种无奈选择。但是随着法律法规健全、执法体制逐步完善，运动式治理模式已经无法跟上时代的步伐。

首先，运动式治理模式有其固有的弊端。网络犯罪的运动式治理模式，具有极大的效率优势和速度优势。在打击网络犯罪过程中，特别是某一类互联网犯罪危害比较严重且有大规模爆发的态势下，采取运动式的打击模式，能够在短时间内集聚各方面力量，一次性大规模摧毁犯罪网络，极大打击犯罪分子的嚣张气焰，以回应社会关切，维护社会稳定。但是运动式治理模式也有其固有的缺点，那就是网络犯罪初期容易出现“反应迟钝”、运动中存在“反应过度”、运动后“无法持续”等问题。在某一类网络犯罪行为萌芽初期,由于缺乏常态化的预警和监管,无法有效地予以治理或者引导,往往造成严重的社会危害或者其他不可挽回的损失,才引起重视;在“运动式”治理方式启动后,往往又存在着“一刀切”的“关停并转”等情况;运动后网络犯罪分子又采取新的形式、新的模式或者新的掩盖方式“卷土重来”。

其次,常态治理模式是必然选择。所谓常态治理模式就是采取法治的方式来治理,立足于常态监管,立足于“打早打小”。无论是网络行为的监控、犯罪行为的预防以及网络犯罪行为的打击,都建立在法治的基础之上。这种治理模式不再依赖上级行政机关的指令或者通知,而是依照法律和程序稳步灵活推进。例如对于新型互联网传销行为,一旦司法机关发现,有公司是利用了被害人占小便宜、不劳而获的心理,用最后一批接棒人的损失来盈利,且这些传销网站并没有创造任何真正的价值,就能依照法律予以打击和防范,而非得到上级行政体系的命令或者指示行动。因为这些网站的利润和交易并无真正的关系,虚假交易、赌博交易等均是不可避免的行为,这些网站无一例外地最终都要走向崩溃,时间越久、危害越大。常态治理模式要求完善法治体系,保证网络犯罪的预防、打击和监控始终在法治的轨道上运行。

四、应对:我国网络犯罪治理模式的完善对策

(一)选择政府主导和网络自治并行的网络犯罪治理模式

网络犯罪形式和内容都是不断变化的,网络犯罪治理模式必须具有高度的适应性和容纳度。从根本上预防和治理网络犯罪问题,最有效的办法是社会治理与法治相结合。依据实时动态升级网络安全战略,构建多元一体化治理模式,不仅可以有效预防和抵御网络安全威胁,也是网络犯罪治理的根基。①

1. 强化政府在网络犯罪治理中的主导作用

首先是转换监管理念,充分认识大数据在网络犯罪治理中的重要作用。这要求网络犯罪监管者具有大数据思维,重视散布在生活中的海量基础数据,同时真正意识到大数据整合工具的重要性,充分发挥大数据在网络犯罪治理中的基

---

① 操宏均.网络诈骗犯罪治理体系构建[J].河南警察学院学报,2018(2).

础性作用。其次,应尽快完善相关行政监督管理制度。特别是尽快完善监管机制,加强顶层设计,推进信用信息数据库的网格化,采取行业监管数据纵向采集,地方政府横向整合行业数据的模式,推进地方信用信息共享平台建设。最后,全面推进网络实名制并充分利用实名制带来的各种便利监管的机遇,强化对互联网平台的监督管理。在加强打击犯罪的基础上,高度重视公民隐私权保护,不侵犯公民的网络言论空间。加强信用记录、风险预警、违法失信行为等信息资源在线披露和共享,为网络经营者提供信用信息查询、企业网上身份认证等服务。

2. 重视互联网行业协会等社会组织在网络犯罪治理中的作用

首先,建立健全互联网行业协会,并强化互联网行业协会自律,履行企业主体责任。在没有法律授权的行为下,不得擅自收集用户信息,在公司运营过程中收集到的公民个人信息不得泄露、篡改、毁损,不得非法出售或者非法向他人提供,非经法定程序或非特定的法律主体,不得向其他任何人提供公民个人信息,切实维护公民网络行为的内心安定。其次,充分利用互联网行业协会的专业优势和熟悉情况的优势,激励其积极主动应对大数据背景下可能被犯罪分子利用的漏洞、风险,主动开发实施技术性的解决方案。最后,激励其他互联网参与者共同应对大数据背景下的网络犯罪,组建大数据背景下全员参与的安全保障模式。

3. 加快互联网犯罪防控法规体系建设

首先,针对大数据背景下的社会犯罪治理新特征,加快"互联网+"管理相关立法工作,研究调整完善不适应"互联网+"发展和管理的现行法规及政策规定。其次,加强司法技术研究。针对大数据背景下犯罪嫌疑人根据刑法罪状描述采取专门的规避进行处罚,如互联网传销,对犯罪层级进行某种形式的遮蔽,并对"人头费"改头换面,致使定性问题产生争议等。司法实务部门、金融部门不断地发现司法、执法过程中的具体问题,然后决定是否可以通过相应的会议纪要、行政部门的程序性规定,或者通过地方立法、省级立法来加强完善,把看似刑事立法滞后问题,看似法律没有涉及的问题,给找出来,与刑法巧妙地衔接起来。

(二)大数据分析工具的开发和人才培养

1. 推进大数据分析工具开发和建设

首先,大数据分析工具的开发和建设,是大数据背景下互联网治理的必然选择,它是大数据运行的必要手段和前提条件。因为海量信息本身并无太多意义,有意义的是在海量信息基础上的整合、提炼和分析,使原本看起来散乱的信息呈现出规律性。其次,是大数据分析工具的正确运行。所谓的正确运行包含两个方面的含义:一是大数据工具需要被使用,只满足于大数据工具开发和建设,并不能实现大数据算法的真正目的。二是这些大数据分析要以合法的方式使用。监管部门要确保这些分析工具被正确运行,并在法治轨道上运行。

2. 建立网络犯罪治理人才库

首先,加强大数据分析技术人才的培养。大数据基于其多样性、流动性、海量性等特征,决定了无论是开发大数据分析工具还是对大数据进行专业技术分析,都必须由具备多方面的知识、技术和视野的综合性人才来完成,传统的单方面能力突出人才已难以利用大数据做出高效决策。而目前,大数据分析和决策人才匮乏,不足以应对大数据背景下网络犯罪的猖獗。因此,要加强大数据分析技术人才的培养。其次,提高网络执法队伍的综合素质。对于大数据背景下的网络犯罪,已经不能满足于利用监督技术来定向获取信息,这种方式在大数据背景下,效率和精确性都大打折扣,走的还是"增人增岗位"道路。在大数据背景下,网络执法人员要具有网络专业技术知识、前沿科技知识和法律专业知识,具备运用大数据分析犯罪规律、搜索犯罪轨迹、准确预防和打击犯罪的能力。但是网络执法队伍素质的提升并非一朝一夕之功,培养一批大数据背景下的执法骨干是当务之急。

(三)网络犯罪预防机制的完善途径

1. 推进大数据背景下网络犯罪预警机制建设

首先,进一步打破"信息孤岛",强化司法机关和互联网监管部门以及互联网行业巨头公司的信息沟通和交流,组建互联网犯罪情报的信息收集平台,加强信息的搜集、整理和共享。互联网公司或者电商巨头们掌握的经济发展数据和公民个人信息,在某种程度上可能比有关部门更多,更深入。例如,阿里巴巴掌握的消费者信息和经济运行状况的信息,可能比相关统计部门掌握得更多、更精确。而且这些互联网公司掌握着大数据分析的核心技术,政府加强与这些企业的沟通、联系并加强监督管理,是推进大数据背景下网络犯罪预警机制的必由之路。其次,加强大数据背景下互联网犯罪信息的研判能力。在海量的信息下,只有必要的技术分析、整合和归类,才能预判出网络犯罪的特点和规律,并基于此建立相应的防控措施。最后,强化互联网金融犯罪打击的反应速度。做到早发现、早预警、早处置,将大数据背景下的互联网犯罪消灭在萌芽阶段。在大数据背景下,如果相关分析工具应用得当,会更加准确地判断哪些群体、哪些对象更容易成为犯罪分子的目标,从而有针对性地加以防范。

2. 健全大数据的信息收集完善机制,走好网络群众路线

首先,强化大数据信息收集和整合。信息数据是构建犯罪预防体系的基石和保障,大数据防控体系的每一个行为构成,都是将社会生活现实中无穷细胞末梢感知而来的海量数据加以收集、整理和分析的结果。大数据下,谁占有更多的信息,谁就能抢得更多的先机。同时也需要对各种数据信息进行整合,形成"全民采集、全民信息、全民共建"的大数据汇集效应。其次,落实网络群众路线。群众路线是我们党的生命线和根本工作路线,在大数据背景下网络犯罪预防防治,不仅要着眼互联网、云计算、信息技术等"天罗"新兴科技,还要回归到传统群防群治、全面安保为根基的草根"地网","天罗地网"统筹结合推进。比如,充分利用"网格化"信息收集机制,通过网格化系统收集群众诉求,从而更早发现可能存在的系统性、群体性事件。

五、结语

本文认为,从本国的网络发展状况和治理网络犯罪的需求出发,结合他国经验优势,规避其弊端,以实现网络安全和网络自由协调为目的,适当兼顾保障自由和打击犯罪,在保护和强制规范之间寻求平衡,实现政府主导治理和网络自治相综合的治理模式。同时在实践中把握对网络犯罪治理技术的发展、完善犯罪预防机制,以此开展我国网络犯罪治理工作。

人工智能的犯罪主体化问题

◎马荣春*

一、引言

如何调整“促进”与“规制”人工智能发展的法律价值目标，如何设计人工智能时代的调控规范体系，不仅涉及传统法律制度的深刻反思，更是以“未来法学”为主旨的有益探索。[①] 而各国对于人工智能发展的政策考量，是基于风险的制度选择和法律安排，亦即对智能革命时代的法律制度乃至整个社会规范进行新的建构。[②] 这里，“深刻反思”“制度选择”“法律安排”“新的建构”云云，隐含着刑事领域人工智能的犯罪主体化问题即其刑事责任主体问题：无人驾驶系统造成交通事故，或者人工智能侵犯个人信息或隐私，或者居家智能引起火灾，是否可将人工智能作为刑事责任主体？[③]

至此，人工智能的犯罪主体化问题即其刑事责任主体问题，已经清晰“淡入”我们的学术视野，传统刑法预设的犯罪主体都是自然人，而随着人工智能的广泛推广，直接造成损害的都是机器人，且机器人将改变受害者主要是人的历史，故一种新的适应人工智能时代的刑法理论必将在中国诞生。

---

* 马荣春，南京航空航天大学人文和社会科学学院法律系教授。

① 吴汉东.人工智能时代的制度安排与法律规制[J].法律科学，2017(5).

② 杨春福.社会风险的法理解读[J].法制与社会发展，2011(6).

③ 互联网法律研究中心.2017 年度互联网法律年鉴[R].杭州：浙江大学，2017：182.

二、人工智能犯罪的民法主体资格与刑事司法实践障碍

人工智能犯罪主体化的民法主体资格与刑事司法实践障碍，是对人工智能犯罪主体化障碍的事实层面的初步交代。

（一）人工智能犯罪主体化的民法主体资格障碍

这里所说的民法主体资格障碍，即人工智能在民法上的法律人格争议给人工智能犯罪主体化所设置的障碍。这是人工智能犯罪主体化所面临的首要障碍。

学者指出，民法最早的主体就是自然人，人才有人格，但是后来法人被民法承认有人格。结合我国民法，除了自然人和法人有主体资格，也承认非法人组织有主体资格。既然可以将行为、归责、责任等概念扩张到法人领域，则也有可能将其运用到机器人身上。① 另有学者根据著作权法论证人工智能的民法主体性。具言之，《著作权法》第十一、十六、十九、二十一条均表述为“法人或其他组织”。将“法人”与“其他组织”并列，就可以推断出“其他组织”不是“法人”，但其可以成为我国著作权法上的权利人，如词典的编辑委员会等。因此，人工智能也可以解释为上述法条中的其他非法人实体。② 既然主体范围处于不断扩张的状态中，故有确立“电子人”的法律制度空间。③ 人工智能的民法主体资格问题，是人工智能的刑事主体资格即其犯罪主体化问题的前置。

但一个明显的事实是，法人和非法人组织都有“人”这一构成因素，故“人”这一因素将人格赋予法人和非法人组织是符合事物逻辑的，正如公司法人在构造上是自然人与财产的混合体，主体能力源于自然人。④ 而人工智能这一机器里面恰恰没有“人”这一构成因素或成分。因此，法人和非法人组织具有民事人格，并不能推出人工智能迟早会具有民事人格，进而这一路径——经由人工智能的民事主体化走向人工智能的刑事主体化，即犯罪主体化——行不通。

人工智能是否具有民事人格即民法主体地位，是与其是否具有民事权利能力和民事责任能力直接相关的。在民法上，“法的人格者等于权利能力者”，而关

---

① 储陈城. 人工智能时代刑法归责的走向[J]. 东方法学，2018(3).
② 梁志文. 论人工智能创造物的法律保护[J]. 法律科学，2017(5).
③ 郭少飞. “电子人”法律主体论[J]. 东方法学，2018(3).
④ 郭少飞. “电子人”法律主体论[J]. 东方法学，2018(3).

于人或法人的规定则“表现了最抽象化层次的抽象的法人格”[①],正如《德国民法典》以权利能力为核心概念进行主体人格的制度设计。在财产权领域,这种构架中的逻辑关系就是“经济人—权利能力—法律人”。在自然人人格场合,“法律人”的成立是通过权利能力将“生物人”自然本性与“法律人”的法律属性直接连接。而在法人人格场合,由于权利能力扮演“团体人格”的角色而形成“团体—权利能力—法律人”的逻辑关系,故法人与同为“法律人”的自然人在某些方面享有人格利益。[②] 至于机器人,由于没有自身的目的且为人类所设计,其行为与人类有目的、有意识的行为性质完全不同。同时,机器人没有自身积累的知识,其知识都是特定领域的且都是人类输入,即不具备人之心性和灵性,故其与具有“人类智慧”的自然人和自然人集合体不能简单等同,故受自然人控制的机器人尚不足以取得独立的主体地位。[③] 将机器人视为“人”,赋予其相应的主体资格,难以在现有的民法理论中得到合理的解释,因为民法意义上的人,须具有独立之人格(权利能力),该主体既包括具有自然属性的人(自然人),也包括法律拟制的人(法人)。[④] 除了包含“人”的因素,法人之所以在民法中被赋予主体资格,还因为其具有独立的责任能力,正如有些组织(如宗教社团)需要永续存在,需要在法律上有资格持有和处理财产,并对损失进行清算。[⑤] 在民法法理上,享受权利和承担义务是相对应的,且享受权利和承担义务又分别对应权利能力和行为能力,但如果欠缺行为能力,则法律责任主体地位便难以形成。由此可见,人工智能的犯罪主体化问题,也是法教义学的问题,而在“一体化法教义学”思维下,人工智能的犯罪主体化是缺失主体资格的“民法供给”的。

学者指出,随着时代变革,法律上的“人”也经历了不断的演化。如同“法人”扩大了法律上的“人”这一范畴,人工智能法律人格的创设也可依迹而循。[⑥] 由于法人可成为部分类型犯罪的主体,故前述论断为如下推论作铺垫:《刑法》分则共有十章,分别为危害国家安全罪,危害公共安全罪,破坏社会主义市场经济秩序

---

① 北川善太郎.日本民法体系[M].李毅多,等,译.北京:科学出版社,1995:56.

② 吴汉东.人工智能时代的制度安排与法律规制[J].法律科学,2017(5).

③ 吴汉东.人工智能时代的制度安排与法律规制[J].法律科学,2017(5).

④ 吴汉东.人工智能时代的制度安排与法律规制[J].法律科学,2017(5).

⑤ DAVIES C R. An Evolutionary Step in Intellectual Property Rights-Artificial Intelligence and Intellectual Property[J]. Computer Law & Security Review ,2011(27):617.

⑥ 刘宪权.人工智能时代机器人行为道德伦理与刑法规制[J].比较法研究,2018(5).

罪，侵犯公民人身权利、民主权利罪，侵犯财产罪，妨害社会管理秩序罪，危害国防利益罪，贪污贿赂罪，渎职罪和军人违反职责罪。智能机器人也可基于自身特点而实施前述部分类型的犯罪。[①] 法人可以成为犯罪主体，能够对应出人工智能也可以成为犯罪主体吗？正如我们所知，法人是围绕"人"形成的一种存在，包含"人"的因素或要素，且"人"是法人的"核心因素"。因此，法人能够成为"道德主体"和"伦理主体"，进而能够成为犯罪主体，即可被犯罪主体化。人工智能是这样的吗？并不是。可见，通过法人能够成为犯罪主体即可被犯罪主体化，是对应不出人工智能也能够成为犯罪主体即可被犯罪主体化的，学者存在着"类比失误"的逻辑问题。当人工智能在作为前置法的民法中的主体地位尚存疑问，意味着人工智能在刑法领域的犯罪主体化上便面临着前置法障碍即民法障碍。

(二)人工智能犯罪主体化的刑事司法实践障碍

对于人工智能能否犯罪主体化的问题，我们可采用反证法，即假设人工智能能够成为犯罪主体，则刑事司法实践将会如何？其完全刑事责任能力与限制刑事责任能力在司法实践中如何区分？实际上，摆在这个问题前面的，是有刑事责任能力与无刑事责任能力的区分问题。学者指出，以是否具有辨认能力和控制能力的标准，可以将人工智能划分为弱人工智能与强人工智能：弱人工智能虽然可以在设计和编制的程序范围内进行独立判断并自主作出决策，但不具有辨认能力和控制能力，其实现的只是设计者或使用者的意志；强人工智能具有辨认能力和控制能力，有可能超出设计和编制的程序范围，进行自主决策并实施相应行为以实现其自身的意志。[②] 这里，"强"与"弱"的区别具有不可克服的技术模糊性，从而带来犯罪主体与非犯罪主体的混淆问题。

如果人工智能能够成为犯罪主体，则人工智能的故意犯罪与过失犯罪如何区分？这里涉及人工智能的犯罪心理事实的问题。无论是故意犯罪，还是过失犯罪，都在逻辑上存在着犯罪心理事实的问题。但是，人工智能能够形成犯罪心理事实吗？如果能够，则我们又如何对人工智能的犯罪心理事实恰当地"拿捏"出犯罪故意与犯罪过失，进而恰当地"拿捏"出直接犯罪故意与间接犯罪故意，过于自信的犯罪过失与疏忽大意的犯罪过失？

另外，人工智能犯罪主体化的刑事司法实践障碍，还包含着刑事诉讼法上的

---

① 刘宪权.人工智能时代机器人行为道德伦理与刑法规制[J].比较法研究，2018(5).

② 刘宪权.人工智能时代的"内忧""外患"与刑事责任[J].东方法学，2018(1).

障碍。具言之,如果人工智能能够成为犯罪主体,则拘留、逮捕、监视居住、取保候审等原本适用于自然人主体的强制措施是否以及如何适用于具有犯罪嫌疑的人工智能?如果人工智能能够成为犯罪主体,则人工智能如何能够自行辩护或委托自然人(律师)为其辩护人以行使辩护权利,甚至一个犯罪嫌疑人工智能能否以及如何委托一个无犯罪嫌疑的人工智能为其辩护?如果人工智能能够成为犯罪主体,则其如何提起上诉和申诉,等等。

人工智能犯罪主体化的刑事司法实践障碍,是其前置法主体资格障碍即民法主体资格障碍的延伸,因为人工智能犯罪主体化的刑事司法实践障碍最终源自人工智能本身的认知理性能力与法律责任能力,而人工智能的认知理性能力与责任能力在民法那里就是"半生不熟"或有"天生缺陷"的。

三、人工智能犯罪主体化的责任能力障碍

责任能力障碍是对人工智能犯罪主体化障碍事实层面的进一步交代。人工智能犯罪主体化的责任能力障碍包括犯罪能力障碍与受刑能力障碍两个层面。

(一)人工智能犯罪主体化的犯罪能力障碍

在刑法教义学上,犯罪能力是指行为人辨认和控制自己犯罪行为的能力。学者有点夸张地指出,强人工智能具有比自然人"更强"的控制能力与可培养的辨认能力,而辨认能力和控制能力又与认识因素和意志因素具有密切的联系。但是,对于强人工智能故意或过失的主观罪过判断,应与对自然人的主观罪过判断有所区别:认定自然人的主观罪过通常以一般人的认识能力作为基本标准并结合行为人自身的特殊情况,因为自然人形成对事物的认识是靠学习和生活经验积累;而强人工智能形成对事物的认识是靠程序、算法和深度学习,故其认识水平被局限于特定领域而缺乏对社会生活的整体认识,从而其是非善恶的判断标准也就异于常人。[①]

学者指出,事实认定属于法律规则中的"行为模式"要素,而如何从"证据"到"证据性事实"的推论,再到实体法行为模式中的"要素性事实"的推论,这对 AI 而言难度极高,因为大数据深度学习也达不到人类对于外在世界的认识能力,且

① 刘宪权.人工智能时代的"内忧""外患"与刑事责任[J].东方法学,2018(1).

其不能解决法律实施过程中的道德性、利益均衡性或者目的性问题。[①] 人工智能在司法中的认知缺陷充分说明着人工智能在刑事责任主体上的认知能力缺陷。

人工智能的犯罪主体化问题，实质就是人工智能的刑事责任能力问题，而人工智能的刑事责任能力问题在根本上关乎意志自由和"道德能力"问题。学者指出，意志自由是刑法责任的本质性要素，故似乎无法肯定机器人的责任。拟制是基于合目的性而被提出的，故将机器人的自由意志作为一种拟制而引入，也只有在满足实际生活的必要性时才具有可能，而目前这种必要性还无法获得认同。但意志自由在实务上几乎无须顾虑，且人类的自由对于国家来说也只是必要的拟制而已，故对于机器人可以认定行为和责任。[②] 在本文看来，即便人类自由可以拟制，但拟制只可以转嫁到包含着"人"的成分的组织体，如法人或国家，而不能转嫁到人工智能，因为作为人类的产品，人工智能不包含"人"的成分，亦即人类与人工智能是主体与工具的关系，而非整体与部分或系统与元素的关系。

(二)人工智能犯罪主体化的受刑能力障碍

人工智能能否犯罪主体化的问题，还应联系人工智能的刑罚问题予以解答，而这里所说的刑罚问题即其受刑能力问题。学者的构想是，适用于人工智能的刑罚可以有三种，分别为删除数据、修改程序、永久销毁。显然，学者所构想的人工智能的刑罚都是对人工智能予以"物理性改变"而非"心理性塑造"，这恰好为学者在使用"人身危险性"这一概念时对之加双引号所印证。易言之，至少在立法层面，不能成为受刑对象即刑罚受体的，便不能成为犯罪主体。

将前述疑问转移到刑事领域，如果人工智能能够成为犯罪主体，则对其能否适用财产刑？进一步地，如果人工智能能够成为犯罪主体，则对其能否适用资格刑？当前述问题难以回答或答案是否定的，便意味着人工智能的犯罪主体化将面临刑罚适用问题，而刑罚适用问题又回过头来说明刑罚配制即法定刑本身的问题。而对于人工智能来说，法定刑的不切实际正好说明了人工智能犯罪主体化的不切实际。

---

① 吴旭阳.法律与人工智能的法哲学思考[J].东方法学,2018(3).

② 储陈城.人工智能时代刑法归责的走向[J].东方法学,2018(3).

四、人工智能犯罪主体化的刑事法治障碍

刑事法治障碍是对人工智能犯罪主体化障碍的价值层面的初步交代。前述民法主体资格障碍与刑事司法实践障碍,已经隐含着人工智能犯罪主体化的刑事法治障碍。但对人工智能犯罪主体化刑事法治障碍的说明,还可从"人工智能司法"那里去开辟路径。

(一)人工智能犯罪主体化刑事法治障碍的证据制度折射

所谓证据制度折射,即从证据制度上可以迂回看到人工智能犯罪主体化将有害于刑事法治。在司法领域,"人工智能司法"是"人工智能万能"甚或"人工智能超能"的观念体现,这首先将在证据采信上直接危害法治,而若联系刑事司法,便是直接危害刑事法治。

"法定证据制度"要求每一种证据的证明价值都由法律明文确定,而不是根据证据的实际情况来确定,即法官不能根据内心确信和良知意识来认定证据的证明价值。人工智能在证据采信上只注意统一规范化,而忽视了证据判断所需要的经验法则、逻辑规则和理性良心等思辨性要素,故其必然走入"法定证据制度"的误区而无法实现实质的司法公正。①

(二)人工智能犯罪主体化刑事法治障碍的司法制度架构折射

所谓司法制度架构折射,意即从司法制度架构上,我们可迂回看到人工智能犯罪主体化将有害于刑事法治。学者指出,假若人工智能司法可以实现判决自动生成,司法工作者虽对人工智能的预判结果负有审核的义务,但在案件数量激增或办案期限等压力下,会使其在长期的工作中对人工智能产生依赖,从而司法工作者本身的办案能力将逐渐退化,最终成为人工智能"奴役"的对象。而一旦这种现象普遍出现,则司法工作的核心将被严重侵蚀,因为人工智能的算法将成为司法工作的主导,司法数据库也会成为案件审理的主要"场所",对人工智能的过度依赖将导致现代法治的制度设计分崩离析。司法工作者的核心作用将被人工智能所取代,严密的工作制度在"算法绑架"下失去作用,司法工作者的"自由心证"在整个审判过程中无足轻重,法庭审理流于形式,法庭辩论、上诉审、专家酌情判断的意义都会弱化,最终导致法官的物化、司法权威的削弱、审判系统的

① 程凡卿.我国司法人工智能建设的问题与应对[J].东方法学,2018(3).

解构,甚至彻底的法律虚无主义。[①]“人工智能万能”或“人工智能超能”的迷信,将在刑事领域导致“刑法虚无主义”。

面对着法律信息这一掺杂着主体性、主观性、特殊性的意识形态混合体,人工智能发现规律,提炼标准,形成模式,进而预测未来判决,无疑极具挑战性与困难性。[②]于是,工具理性对司法意义的消解、智慧管理对司法自主的削弱、智慧应用对司法平等的分化以及服务外包对司法公信的威胁,构成了“智慧法院”的法理困境。[③]“智慧法院”的法理困境,即以公平正义为价值谋求的司法制度架构的困境,而此困境即法律人工智能的法治困境。

(三)人工智能犯罪主体化刑事法治障碍的“数据集权”折射

所谓“数据集权”折射,意即从“数据集权”上,我们可迂回看到人工智能犯罪主体化将有害于刑事法治。学者指出,由于人工智能的核心在于“算法”,而“算法”的设计决定着人工智能的“行为”。但对于普通人和大多数立法者、执法者和司法人员来说,“算法”是一个“暗箱”,人们只能看到结果而无法看到运作过程,故制定相关规则来约束“算法”设计者的行为,在发生可疑后果时要求程序员用自然语言来解释“算法”的设计原理,并且追究相关责任,是一种治本之法。[④]既然无法看到“运作过程”,而程序员的“算法”原理解释也可以是一种“暗箱”,故人工智能司法无法摆脱“程序正义”(包括刑事程序正义)和“实体正义”(包括刑事实体正义)的问题,除非人类法治文明对刑事法治的要求或相应标准发生了颠覆性的改变。在本文看来,人工智能的“数据集权”已经走向了“数据专制”,而人工智能的犯罪主体化则是互联网时代“数据集权”乃至“数据专制”的一种隐性结果,甚至是一种极端体现。于是,人工智能的犯罪主体化是原本的“人文主义”在刑法领域的离析与消弭,从而违背刑事法治。

人工智能在司法领域的“数据集权”乃至“数据专制”,是对其法定证据制度的畸形承载和司法制度架构拆离的形象说明或真相揭示。于是,我们能够集中看到人工智能犯罪主体化的刑事法治危害。具言之,在人工智能犯罪主体化的场合,“数据集权”乃至“数据专制”即犯罪主体的傀儡化,而犯罪主体的傀儡化即刑事法治的傀儡化。

---

① 季卫东.人工智能时代的司法权之变[J].东方法学,2018(1).

② 左卫民.关于法律人工智能在中国运用前景的若干思考[J].清华法学,2018(2).

③ 徐骏.智慧法院的法理审思[J].法学,2017(3).

④ 互联网法律研究中心.2017年度互联网法律年鉴[R].杭州:浙江大学,2017:252.

五、人工智能犯罪主体化的"人类中心化"障碍

"人类中心化"障碍是对人工智能犯罪主体化障碍的价值层面的进一步交代。这里所说的"人类中心化"障碍,将从人类认知理性和社会学两个层面予以展开。

(一)人工智能犯罪主体化的人类认知理性障碍

这里所说的人类认知理性障碍,是指作为人类产品的人工智能不可能达到人类自身所具有的认知理性而难以犯罪主体化。

即便 AI 取代人类或超越人类,其所提供的解决方案也不大可能让人类满意。而当 AI 能够基本解决事实认定和正当性问题,其才能"与人类相差无几",从而"去人类中心主义"才有可能。①

纵观人类刑法史,刑法曾经历并非完全以人类为中心的时期,即以动物或者物体作为责任主体,但此种非完全以人类为中心的刑法已经在启蒙时期之后消失,因为动物或者其他物体不具有自由和理性能力,且并非国家中的市民。刑法进入人类为中心的时代,标志着刑法文明的巨大进步。② 动物或者其他物体的犯罪主体化之所以在刑法史上昙花一现,原因还在于:动物或者其他物体不具有人类的认知理性,而"那些最具特色、最有生命力的成功之作往往只产生在难得而又短暂的灵感勃发的时刻"③。但迄今为止的人工智能只能按照人类预先设定的算法、规则和模板进行计算并生成内容。在刑事领域,人工智能的"非人类中心化"地位意味着人工智能不可能"被犯罪主体化",或者说"人类中心化"将阻止人工智能"被犯罪主体化"。其根本原因仍在于:人工智能不具有被犯罪主体化的认知理性能力,正是欠缺该能力决定其不具有犯罪能力和受刑能力即刑事责任能力。人工智能的"目的"不在"人工智能"自身,而最终是在"人",即人工智能并无"自我目的"。而缺失"自我目的"是难以成为理性存在的人的,或曰至少难以成为"理性人",从而难以具有法律人格和法学人格。可见,人工智能的犯罪主体化是无法避开"人类理性"这一障碍的。不客气地说,如果再以动物或物体曾经

---

① 吴旭阳.法律与人工智能的法哲学思考[J].东方法学,2018(3).

② 储陈城.人工智能时代刑法归责的走向[J].东方法学 2018(3).

③ 茨威格.人类的群星闪耀时:十四篇历史特写[M].舒昌善,译.北京:生活·读书·新知三联书店,2015:1.

是犯罪主体作为人工智能犯罪主体化的铺垫，则有开刑事法治文明倒车之嫌。

（二）人工智能犯罪主体化的社会学障碍

人工智能犯罪主体化问题追问刑法领域的“人类中心化”，而“人类中心化”本是个社会学话题，故我们可将社会系统论和社会文化论作为恰当解答问题的必要路径。

学者指出，在社会系统中，人类与“电子人”皆属社会活动的参与者，生成人机关系、人际关系和“电子人际”关系。学者指出，如果赋予智能机器人以法律人格，传统法律的调整对象将演变为三种社会关系：人与人之间的社会关系、人与智能机器人的社会关系、智能机器人之间的社会关系。[①] 在这里，“社会关系”隐含着人工智能是社会主体之意，只要承认人工智能是人类的产品且最终受人类的控制，则人与人工智能之间所谓的社会关系和人工智能相互之间所谓的社会关系，终究是人与人之间的社会关系。

又有学者指出，在人工智能时代，“电子人”的文化价值与意义凸显，即具有主观能力的“电子人”能够观察认知环境，作出价值判断，开展社会活动，塑造“电子人”群体精神，形成自有文化，即“电子人文化”。这里，我们又必须认清一点：人工智能只是重塑社会文化的手段，故人工智能并不因此而成为社会文化的主体。社会关系和社会文化的主体地位蕴含着法律主体地位，而法律主体地位又蕴含着犯罪主体地位。但至少在刑法领域，对于社会关系和社会文化的影响，无论其多么巨大，也不足以得出人工智能犯罪主体化这一结论，因为人工智能本身并非主体，而是主体的手段。人工智能犯罪主体化意味着刑法失却了“中心”，因为刑法不可能存在人工智能与人类这两个“中心”，亦即人工智能犯罪主体化将导致刑法无中心化，而无中心的事物包括社会关系和社会文化是不成其为系统或体系的。可见，人工智能能否犯罪主体化问题，是能够在制度系统论和文化系统论这里找到答案的。由此，人工智能的犯罪主体化意味着人类在刑事领域走向自己的反面，而非在主客体的关系之中，同时在主体与主体工具的关系之中，来把握人工智能问题。

人类认知理性障碍和社会学障碍共同说明：“人类中心化”在刑法领域排斥人工智能犯罪主体化。在刑法领域，“人类中心化”是刑法文明进步的象征，而人工智能的非犯罪主体化是其必然结论。人工智能犯罪主体化的社会学障碍是其

---

① 孙占利.智能机器人法律人格问题论析[J].东方法学，2018(3).

人类认知理性障碍的延伸,因为主体的社会性本来就是其认知理性的一种升华。

六、结语

学者指出,从法外立场考量“电子人”法律主体地位,既立足当下弱人工智能现状,又基于“电子人”进阶至强人工智能的未来图景。若人们置身于人类社会发展的洪流,以更加宏大的视角看待人工智能,则更易接纳其“电子人”主体地位。① 接纳人工智能的主体地位,意味着迟早接纳人工智能的刑事责任主体地位,亦即迟早接纳人工智能犯罪主体化。

但是,人工智能是否最终犯罪主体化以及何时犯罪主体化,则需要的是一种“现实可能”而非“抽象可能”甚或“想象可能”。而这里的“现实可能”的前提是:人工智能已经具备了以认知理性为基础的刑事责任能力,且这里的刑事责任能力包含受刑能力。但是,当人工智能被夸大或想象为“无所不能”甚至“比人还能”,则现有的刑法体系将由规制“(法)人”的体系被颠覆为规制人工智能的诡异体系。可以肯定的是,互联网、大数据、人工智能不仅可以构成法学包括刑法学研究的方式、方法,而且可以构成法学包括刑法学的研究对象。

最后要强调的是,失却责任主体资格的“民法供给”,人工智能断然不能被刑事责任主体化即被犯罪主体化。纵观民法学领域对人工智能问题的研究,到目前为止,人工智能的权利能力只是得到了初步承认,但人工智能仍然存在着更为重要的行为能力问题,且此问题尚未形成初步结论。在刑法学领域,人工智能的行为能力问题最终就是其刑事责任能力问题。而即便有了责任主体资格的“民法供给”,人工智能仍未必能被刑事责任主体化即被犯罪主体化。这可从“违法性二元论”那里寻获说明。“违法性二元论”与“违法性一元论”相对立:前者强调违法性在不同的法领域有着各自的内涵与边界,而后者则强调违法性应在整个法秩序中予以统一把握。于是,按照“违法性二元论”,人工智能即便能够成为民事违法主体,却不能成为刑事违法主体即犯罪主体。前述见解的理由已经表述在本文人工智能犯罪主体化障碍的论述之中。

“深度学习性”也是人工智能刑事责任主体化的一个立论依据,但此立论依据会得出一个让我们无法接受的结论,即不满 14 周岁的自然人也可以或应该被

---

① 郭少飞.“电子人”法律主体论[J].东方法学,2018(3).

予以刑事责任主体化，因为不满 14 周岁的自然人不仅具有，而且相较于人工智能更加具有“深度学习性”。人类的命运只能由人类自己来主宰，刑事责任主体也只能由人或法人来“主宰”。或许在人工智能能否犯罪主体化的问题上，笔者所持的是一种“保守派”立场，但“保守派”立场通常就是刑法的“谦抑性”立场。

城市公共安全的开放式治理

——从公共安全地图公开出发

◎单　勇*

一、问题：社会参与公共安全治理的信息化挑战

为建造安全且安心的宜居城市，城市公共安全治理"是建构在城市自治秉性得以充分发挥基础之上的多元共治，需要城市社会的良好发育、现代城市公民的逐渐成熟和公民责任的担当"①；需要"政府通过发展与利益相关者之间的合作关系，推动并实现城市善治"②。长期以来，我国公共安全治理由政府主导，基于科层制结构自上而下地组织化调控推进；公民个人、社会组织缺乏参与治理的稳定渠道和信息互动的有效机制，公共安全治理的社会参与时常处于边缘化境地，社会参与机制亟待改善。

在"大数据×""互联网＋"的时代背景下，信息技术对社会参与公共安全治理可谓是机遇与挑战并存的"双刃剑"。一方面，"以互联网为代表的信息技术日新月异，引领了社会生产新变革，创造了人类生活新空间，拓展了国家治理新领

---

* 单勇，南京大学法学院教授。基金项目：2014年度国家社科基金青年项目"基于犯罪热点制图的城市防卫空间研究"（编号：14CFX016）；2016年度国家法治与法学理论研究项目"地理信息系统支持下的犯罪热点与空间因素相关性研究"（编号：16SFB3017）；中国法学会2017年度部级法学研究一般课题"基于犯罪大数据的社会治安精准防控研究"［编号：CLS(2017)C51］。

① 林尚立.重构中国城市治理体系：现代城市发展与城市治理对话——复旦大学林尚立教授访谈[J].南京社会科学，2013(6).

② 吴金群，王丹.近年来国内城市治理研究综述[J].城市与环境研究，2015(3).

域,极大提高了人类认识世界、改造世界的能力。"①。借助全覆盖、多类型、实时监测、海量分布的物联网传感器,整个城市披上"数字皮肤"②,大数据分析、物联网、地理信息系统、人工智能、城市大脑、云计算、人脸识别、智能视频分析等信息技术成为公共安全治理的支撑条件。信息技术不仅是管控公共安全问题的利器,还为社会公众参与公共安全治理提供了前所未有的多元渠道及便捷化的交互方式。

另一方面,随着数据控制型社会的形成,信息技术为社会参与的实质性改善和跨越式提升提供了机会,但并不直接等同于社会参与机制的形成与成熟。"信息技术可能为走向数字民主提供宝贵契机,也可能潜伏着滑向'数字利维坦'的现实风险。"③"数字利维坦"的风险在于,国家依靠信息技术的全面装备,将公民置于彻底而富有成效的监控体系之下,而公民却难以有效地运用信息技术来维护自身权利,即无法通过数字民主来制衡国家的监控体系。④

"数字利维坦"弥散出的"计算机官僚主义"极易在管理者与民众之间制造数字空间区隔和信息鸿沟。"随着计算机时代的到来,官僚主义已成为一种心态。对于计算机键盘上的每一笔输入,我们关注的是合理化的完美机器的需求,毕竟机器完全不具备人的感觉。"⑤计算机官僚主义是一种极端推崇工具理性而忽视价值理性、片面强调管控而忽视公共服务、偏重应急管理而忽视社会合作的管理思维、控制思维,违背了人本主义的城市可持续发展理念。受这种思维影响,管理部门掌握的信息资源越多、管控手段越强大,普通民众在公共安全治理中的参与地位就可能愈发边缘和弱势。毕竟,从权属上看,公共安全大数据、城市大数据应属于全体人民,政府机关仅是数据的采集者、分析者和合法使用者。公共安全治理的合法性不只取决于治理绩效,不能仅构筑于技术和资本之上,而应根植

---

① 第二届世界互联网大会开幕习近平发表主旨演讲[EB/OL].(2015-12-16). http://www.xinhuanet.com/politics/2015-12/16/c_1117481089.htm.

② RABARI C, STORPER M. The Digital Skin of Cities: Urban Theory and Research in the Age of the Sensored and Metered City, Ubiquitous Computing and Big Data[J]. Cambridge Journal of Regions, Economy and Society, 2013, 8(1): 27-42.

③ 钱德勒,科塔达.信息改变了美国:驱动国家转型的力量[M],万岩,等,译.上海:上海远东出版社2011:2.

④ 肖滨.信息技术在国家治理中的双面性与非均衡性[J].学术研究,2009(11).

⑤ HUMMEL R P. The Bureaucratic Experience: The Post-Modern Challenge[M]. New York:ME Sharpe, 2007:8.

于公民的有效参与和真心支持。

为避免陷入计算机官僚主义陷阱,数据开放浪潮下的公共安全信息公开成为创新社会参与机制的有益尝试。2016年,深圳市以街道为统计单位,每周通过报纸、公安门户网站、微信公众号、微博对社会公布“公共安全指数”。该指数由治安、交通、消防三项一级指标及八项二级指标组成,以百分制形式公布。虽然“公共安全指数”具有较强的先行意义,但该指数对城市空间特征的贴合程度不足,普通民众对该指数的感知度有限,指数公开仅具有单向信息发布功能且缺乏交互机制。民众只能了解到指数最高和最低的街道,其他各个街道之间分数差异对自身安全的影响则无从了解,无法借助安全指数开展有针对性的被害预防,更无法有效监督各职能部门的公共安全治理绩效。

因此,在技术应用上,基于人本主义视角,社会参与公共安全治理如何选择针对性更强、更为直观、交互性更好的信息工具,以数据共享和数据制衡的形式打通社会参与的“信息入口”。在模式更新上,人本主义理念与信息技术如何实现交融生长,以跨越计算机官僚主义陷阱,推动社会参与机制的转型升级。这都成为社会参与公共安全治理亟待应对的信息化挑战。

二、思路:公共安全地图的公开

“一图胜万言,一目了然”,基于地理信息系统(简称GIS)的公共安全地图是实现公共安全治理信息化、现代化的适宜工具,公共安全地图公开构成了保障社会参与、应对信息化挑战的新思路。地图在国内外公共安全治理实践中具有丰富的应用。韩国将各种犯罪、交通事故、自然灾害等地点信息标注于“国民生活安全地图”之中,以实现危险要素“一图通”。[①] 犯罪地图的上线公开在国外已有近20年历史。在美国,Crime Reports网站与1800多家执法机构合作,民众可登录该网站在线查询特定区域、特定时段内的犯罪数量及空间分布状况。在英国,民众可以在Police. uk网站上查询各种类型犯罪的空间分布情况,并据此开展被害预防。在我国,自“金盾工程”建设PGIS平台以来,犯罪地图已成为“警察的眼

---

① 王刚.韩将推“国民生活安全地图”以预防犯罪和灾害[EB/OL].(2013-04-16).http://www.chinanews.com/gj/2013/04—16/4733934.shtml.

睛”、智能防控的向导。[①] 近年来，上海、北京、杭州等地陆续出现了公安及检察机关主动公开治安及犯罪地图的实践。

尽管公共安全地图与犯罪地图在内容上有所差异，但公共安全事件与犯罪活动同样具有空间维度，两者在技术和应用上存在极大相似性。公共安全地图是通过GIS技术绘制的，用于可视化表达公共安全事件空间分布、数量、密度、组合、演化及相关性等事项的图形。公共安全地图至少应包括散点图、密度色温图等各类专题地图。散点图分类呈现治安、交通、消防等公共安全事故的空间分布状况，如火灾分布图、交通事故分布图；密度色温图以街道、社区、网格、路段等为地理单位，通过色温深浅呈现出各类事故的高危热点区块。GIS技术还可集成各种城市空间、人口、经济、社会因素的地理信息，与公共安全事件进行空间相关性分析，为进一步的预测预警预防提供决策参考。如将某区域近年发生的火灾地点信息与土地利用类型及农民房的空间分布、人口密度等因素进行叠加，进而归纳火灾高发高危建筑的空间特征。

这种寓数于图、按图索骥的公共安全地图，不仅在城市治理、公共安全风险评估、热点探测、应急处置的最优路线规划、重点场所防卫设计、公共安全信息的综合化和精细化管理、防控决策的智能支持等领域具有不可限量的应用前景，还能以地图公开的形式引导社会参与公共安全治理。关于地图公开的合法性与可行性，笔者曾在《犯罪地图的公开》一文专门论述，在此不再赘述。实际上，诸如刑事案件、自然灾害、事故灾害、公共卫生事件等绝大多数公共安全事件的地点信息并不涉及国家机密和公民隐私，以地图形式公开并无不可。

如今，“开放，已经成为互联网时代一股不折不扣的浩荡风潮”[②]。作为数据开放这一浩荡风潮的产物，公共安全地图公开的意义绝不仅止于公民知情权的保障，更多意味着公民与监管部门协同合作关系的深化，意味着公民对城市管理者的可视化监督。“信息公开旨在信息的公示，对应的是公众的知情权。对数据开放而言，知情只是第一步。数据开放的终极目标在于利用，更多对应的是公众的参与权，及开放、利用数据之后实际获得的表达权和监督权。”[③]从信息公开到数据开放的转变，意味着“在开放数据的过程中，政府要以用户需求为导向”。[④]

---

① 单勇. 犯罪地图的公开[J]. 国家检察官学院学报，2016(3).

② 涂子沛. 大数据[M]. 桂林：广西师范大学出版社，2013：193.

③ 张毅菁. 从信息公开到数据开放的全球实践[J]. 情报杂志，2014(10).

④ 陆健英，等. 美国的政府数据开放：历史、进展与启示[J]. 电子政务，2013(6).

具体来说,公共安全地图公开对社会参与治理的推动作用有三。

第一,公共安全地图的公开以人性化、精细化方式指引公民安全生活、消除被害恐惧,是"公共安全治理＋互联网"的具体表现。

"以互联网为代表的信息管理技术愈益发展,公共参与程度不断加深。"①公共安全地图通过将各种公共安全事件一一定位于地图上,使民众能够贴近微观、更为直观地了解本地区公共安全状况,为群众出行、出游、购房、租房、择校等日常生活提供安全参考。这种按图索骥,以地图展示微观,以微观决定宏观的数据开放机制能够引发社会各界对公共安全问题的广泛关注、精准认知与理性争鸣,为公共安全治理奠定良好的民意基础。地图公开还能够满足公共安全精细化治理的需要,有助于改变城市治理长期存在的"重宏观、轻微观"倾向,以公共安全地图这种"精细化和人性化的手段处理问题,深入普通民众的日常生活,维护和促进良性的社会关系"②。

第二,公共安全地图的公开是公共安全大数据所提供的"大数据社会福祉",是以智慧治理保障城市安全与可持续发展的新机制。

"大数据社会福祉"运动是国外社会治理的新趋势,"建设开放平台已成为各国大数据社会治理的基础模式。通过大数据开放,提高社会治理的基础服务能力;运用大数据群体智慧,弥补政府资源不足"③。公共安全地图的公开是建设公共安全大数据开放平台的应有之义,这种开放平台构筑于地理信息系统、物联网等信息技术上,通过城市大数据滋养下的机器学习与深度学习,各种信息技术组合演化最终促成公共安全智慧治理的出现。基于地图的智慧治理,通过探测公共安全事故热点区域,挖掘公共安全事故的空间相关性,整合政府与社会的治理资源,建设跨界跨部门合作治理的载体,从而大幅降低公共安全的治理成本及提高治理绩效。其中,"公民是智慧治理的核心要素之一,因为公民通过创造性的合作能够产生新的公共价值、创造新知识"④。公共安全地图的公开为公民参与

---

① 陈恭.上海超大型城市的治理之策——"未来30年上海超大型城市治理"专题研讨会综述[J].科学发展,2015(9).

② 柳建文.超大型城市的微观治理与社会资本重构[J].社会科学战线,2016(7).

③ 吴湛微,禹卫华.大数据如何改善社会治理:国外"大数据社会福祉"运动的案例分析和借鉴[J].中国行政管理,2016(1).

④ 张丙宣,周涛.智慧能否带来治理——对新常态下智慧城市建设热的冷思考[J].武汉大学学报(哲学社会科学版),2016(1).

智慧治理提供了协作共治的载体，地图公开适应了大数据时代公共安全治理技术更新、理论创新、应用革新的需要，为面向源头、指向精准、兼顾系统、整合碎片的人本主义社会参与机制的形成奠定了基础。

第三，围绕"数据制衡"内核，公共安全地图的公开是信息时代公民参与公共安全治理的最佳"信息入口"，是推进公共安全治理体系结构优化的关键环节。

"在大数据时代，信息趋于自由、迅速流动，数据趋于开放和共享，这意味着知识和权力的开放和流动，政府与社会的边界将出现调整，权力将从政府更为分散到社会。"[①]无论是"互联网＋"导致的国家治理权力去中心化，还是"大数据×"促使国家治理权力结构优化，均引发了权力运行形态的开放化、透明化和可视化发展。[②] 公共安全地图的公开意味着向公民赋权，以知情权、参与权、监督权介入公共安全治理。这颠覆了"民可使由之，不可使知之"的传统管控观念，拓展出公众参与治理的有效制度渠道，使公共安全治理重心真正向基层基础环节下移，向防控一线延伸，从而获得更高效的治理绩效和更坚实的合法性基础。

总之，公共安全地图构成了公民参与治理的判断依据，随着地图公开带来的"数据制衡"观念生根发芽、深入人心，这种人本主义的社会参与机制亦将催生、推动城市公共安全治理模式的转型升级。

三、模式：走向空间正义的开放式治理

"地图建构世界，而非复制世界。"[③]作为社会参与治理的最佳"信息入口"，公共安全地图的公开驱动了公共安全治理模式从自上而下的封闭式管理走向"互联网＋"的开放式治理。"在大数据等信息技术的猛烈冲击下，原来存在于政府和公众之间的信息差、文化差、知识差、能力差正在逐步消除。大数据不仅对传统的社会治理和公共管理带来巨大挑战，还为国家、政府和社会的开放式治理提供了现实机遇。"[④]所谓城市公共安全的开放式治理，是指管理部门与公民、社会

---

① 高小平．从传统治理到大数据治理——阅读《大数据时代的国家治理》[C]//陈潭．广州公共管理评论(第3辑)．北京：社会科学文献出版社，2015：287.

② 陈潭，杨孟．"互联网＋"与"大数据×"驱动下国家治理的权力嬗变[J]．新疆师范大学学报(哲学社会科学版)．2016(5).

③ 伍德．地图的力量：使过去与未来现形[M]．王志弘，等，译．北京：中国社会科学出版社，2000：1.

④ 陈潭．大数据驱动社会治理的创新转向[J]．行政论坛 2016(6).

组织、企业等主体依托公共安全地图公开平台,遵循人本主义的城市治理理念,通过大数据社会共享机制,利用公民的集体智慧,贴合城市空间结构特征,针对公共安全问题进行的可视分析、多维透视、精准认知、科学预测、智能决策、人机协作、实时反馈、协同合作等治理活动。

从技术发展上看,城市公共安全治理从封闭式管理走向开放式治理,是信息化浪潮下“开源的城市化”①的产物。“开源的城市化”由美国城市学家萨斯基娅·萨森提出,“开源,来自计算机技术中的‘开放源代码’概念,指网络化、公众化的参与共享机制,她认为这种城市建设机制有助于推进城市向开放、多元和共享方向发展”。② 公共安全地图的公开就是一种亲和力强、友好度高、人性化效果佳的城市大数据开源机制。

从治理理念上看,“开源的城市化”下的开放式治理蕴含着一种超越工具主义、趋向空间正义的人本主义思想。在城市公共安全治理中,人本主义思想过于抽象和宏观,面对城市这一超复杂网络体系,社会参与治理如何适应澎湃汹涌的信息化浪潮,这需要人本主义思想的空间转向。由于“正义是有地理位置和空间属性的”③,人本主义思想在公共安全治理领域具体衍生出空间正义理念。“通过分析城市空间与社会之间的相互作用,空间正义范畴将社会正义和空间联系在一起,以空间政策解决社会问题。”④“空间正义不仅是正义在空间中的表现,而且植根于空间和空间生产的过程,受空间所强化的支配和压制的影响。空间正义保障公民和群体平等的参与有关空间生产和分配的机会,增强弱势群体意见表达的能力。”⑤具体来说,空间正义理念对城市公共安全的开放式治理有如下影响。

第一,空间正义理念坚持以人为本,反对将人物化,注重特定空间内居民的主观感受、合法诉求及权利保障,是信息技术应用于开放式治理的内在价值。根据空间正义的人文性原则,城市空间应该是以人为本的,而不是“物的牢笼”。城

---

① BRADLEY K. Open-Source Urbanism: Creating, Multiplying and Managing Urban Commons [J]. Footprint, 2015, 9(1): 91-107.

② 高小康.智慧城市:技术、功能与场景——城市智能化发展的可持续[J].天津社会科学.2015(6).

③ SOJA E W. Seeking Spatial Justice[M]. Minneapolis:University of Minnesota Press, 2010.

④ FRIEDLAND R, ENTRIKIN J N, HARVEY D, et al. Space, Place, and Modernity: The Geographical Moment[J]. Contemporary Sociology, 1992, 21(1):11-15.

⑤ 曹现强,张福磊.空间正义:形成、内涵及意义[J].城市发展研究.2011(4).

市公共安全治理应尤为注重居民的主观感受，运用地图等信息技术对社会公开存在的问题，依靠地图公开搜集特定空间内居民的反馈意见，并以地图的实时更新为依据接受居民的可视化监督。这种基于地图公开的社会参与治理机制是人本主义理念与信息技术交融生长的产物，而空间正义理念所坚持的人本主义价值理性亦是信息技术应用的指引和约束。

第二，空间正义理念主张立足于城市场景、从空间视角分析公共安全问题，将城市高密度区域的公共安全风险识别与评估视为开放式治理的重点。以往不少研究分别从超大城市、特大城市、中心城市、中小城镇等不同空间类型研讨公共安全治理，但忽视了城市密度这一基本的空间分析范畴。城市在本质上是人口、商业、产业、建筑等要素的高度汇聚，在城市高密度区域，各种潜在的公共安全风险高度集中，失序和犯罪问题尤为突出。空间正义理念主张基于城市密度范式，注重不同城市空间结构的特殊性、差异性，将不同城市类型的公共安全治理转化为城市高密度区域的公共安全风险识别与评估，以此凸显公共安全预测预警预防的重点。

第三，空间正义理念不仅强调自上而下的城市空间构建，而且关注自下而上的城市空间自发生长，同时主张将地图公开等信息技术作为开放式治理各方主体融入系统、互联互通的桥梁。"公共安全工作能否做细做实，关键在于风险防控责任能否落实。应坚持大融合，未来世界将由'分层'转向'结网'，每个个体、节点只有融入系统、互联互通，才能将自身作用前所未有地放大。"[①]公共安全地图是各方主体融入以互联网为支撑的合作治理体系的基础平台。地图不仅为公共安全决策提供数据支持和科学参考，以握图临宇的形式推进城市安全空间的构建；还为自下而上提出公共安全治理议题、发现突出问题、反映基层民意、促进多中心治理提出了依据。

四、应对：开放式治理的基本策略

为实现空间正义，开放式治理与以往治理模式相比在应用中的重点、特色在于"开放"。在公共安全地图公开基础上，以各种信息技术的组合运用促进公共

---

① 孟建柱．提高工作预见性营造安全稳定的社会环境——深入学习贯彻习近平总书记关于政法工作的重要指示[N]．人民日报．2017-02-15(07)．

安全决策智能化,以公共安全大数据的开放及共享助力治理活动的精准性,以微观空间治理保障城市复杂系统的整体安全,以管理者与民众的交互及线上线下的交融实现公共安全的协同治理。以智慧治理、精准治理、微观治理、协同治理等应对策略的合力消弭数字鸿沟、跨越计算机官僚主义陷阱,科学应对社会参与公共安全治理的信息化挑战。

(一)基于信息技术组合运用的智慧治理

当前,各种信息技术"百舸争流千帆竞",基于治理技术的开放性增长,开放式治理首先表现为以"技术—知识—权力"为脉络的智慧治理,即以各种新型信息技术的组合式应用,更新公共安全治理知识,优化治理结构与改变权力秩序。每一种新型治理技术的引入都意味着治理结构的进一步优化和治理资源的再分配,治理技术的开放性将不断引导开放式治理走向智能、实现高效、趋于最优。

"信息化是智能化的基础"①,如同"语言汇聚原始部落,马鞍马蹬成就欧亚帝国"②,互联网、物联网、通信技术、地理信息系统、城市计算、基于互联网技术的普世计算、基于人工智能的计算实验等信息技术使人类步入技术社会,并为城市公共安全的智能化决策提供了支撑条件。作为社会参与治理的"信息入口",公共安全地图在方法上具有天然的集成性、开放性,各种公共安全数据只要具有空间维度和地理属性,就可以接入地图,形成专题性的公共安全风险空间分析。GIS构成了各种信息技术组合演化、集成运用的基础平台,并能够可视化呈现城市的"数字皮肤"③。基于物联网的数字皮肤可以向城市治理者提供此前无法控制甚至无法测量的信息,以地图感知公共安全态势,以人工智能助力公共安全治理,从而揭开城市复杂生态体运作规律的面纱。

由此,公共安全风险得以可视化感知和深度体察,风险信息在互联网的助力下获得及时传递,基于人工智能的多数据、多任务实时风险评估,各种城市治理的碎片化资源得以聚集与共享。这在最大程度上保障了公共安全问题的科学决策、理性应对及过程管理,较好地解决了个体经验与传统策略在城市复杂系统中的应对乏力问题,从而实现"审大小而图之,酌缓急而布之,连上下而通之,衡内外而施之"的治理愿景。

---

① 贾根良.第三次工业革命与工业智能化[J].中国社会科学.2016(6).

② 麻省理工科技评论.科技之巅 2,北京:人民邮电出版社,2017:推荐序五.

③ ZHENG Y, CAPRA L, WOLFSON O, et al. Urban Computing: Concepts, Methodologies, and Applications[J]. ACM Transactions on Intelligent Systems and Technology (TIST), 2014, 5(3).

(二)基于公共安全大数据的精准治理

得益于大数据分析的强悍功能,开放式治理对照公共安全地图可以发展出"城市针灸"式的精准治理。"城市针灸"最初源于社区信息学的数据化决策与干预,"基于社区大数据的步行地图,为社区治理和基础规划提供更准确的信息,规划结构也能更好地满足本社区需求。有学者将这种针对小范围、个别社区的精准式改革称为城市针灸"①。城市针灸是公共安全精准治理的一种形象描述。借助地图的公开,公共安全大数据分析所产生的大知识及大价值能为每一个人所分享,城市针灸式的精准干预能够在城市空间的每一个角落开展。

这种精准干预突出体现在开放式治理的风险评估与主体联动两个层面。在风险评估层面,正所谓"为之于未有、治之于未乱",预测未来的最好办法就是创造未来。为科学研判公共安全形势,及时清除公共安全隐患,应推动关口前移,充分利用地图对公共安全大数据的整合功能,以风险评估的形式对突发事故进行超前管理,从而做到"聪者听于无声,明者见于未形"。地图中载负了极为丰富的城市管理、人口社会、经济产业、城市规划、交通道路、公共设施等多源异构信息及以往发生的公共安全事件地点信息,地图联通了城市的各个"数据孤岛"及城市治理的各个条块,实现了"公共安全大数据"的全面采集、管理与共享。借助智能软件对数据的筛选、挖掘、管理,"结合可视化技术协助人们认识公共安全的现象本质,理解公共安全问题的原因"②,城市公共安全风险的高危空间、高发时间、常见类型、事故预测、应急管理、行业管理、实时监测等事项在地图中均能够获得精细化的分析。在主体实时联动层面,根据属地原则,公共安全风险高危地点周边的居民具有较强的动机、动力参与治理,而地图作为"信息入口"能够将风险识别及预警预防的参与主体对接入防控网络之中,依托城市网格化治理的优势,提升基层一线"第一响应人"的预防处置能力。此外,周边居民还可根据地图的实时更新对特定公共安全事故的治理绩效进行可视化督查。

(三)贴合城市高密度空间的微观治理

随着对"摊大饼"式城市无序蔓延和盲目扩张的反思,新城市主义所提倡的基于精明增长的土地混合利用模式受到重视,"人口和人类活动高密度化、土地

---

① LERNER J. Urban Acupuncture[M]. Washington, DC :Island Press, 2014 :2-11.

② 李一男. 大数据和物联网在国外城市治理中的前沿应用:公共价值促生的可操作化[J]. 兰州学刊. 2015(10).

混合使用和功能紧凑化的'紧凑城市'成为城市空间发展的基本方向"①。城市公共安全风险被人口、产业、商业、建筑、道路、公共设施等各种要素的高度空间聚合所放大,"城市的规模化效应使得城市内部复杂的基础设施之间的依赖性越来越强,导致灾害的发生易出现连锁放大效应,即城市中某一子系统的破坏很容易造成其他相关系统的连锁破坏,使得灾害的损失呈现非线性递增的趋势"②。

针对高密度城市或城市高密度区域的公共安全开放式治理离不开微观的视角,从城市空间的路段、网格、院落、具体建筑物等微观地理单位出发,绘制公共安全地图,在地图中收纳尽可能多的信息。城市大数据之大在于能够"大中见小",故城市很大,大到必须微观。集成运用地理信息系统等技术,画地成图探查城市的各个子系统内部各种要素与公共安全风险的相关性,分类型、分专题制作公共安全事故预防处置地图,以微观决定宏观,实现突发事故及危险源的精准定位、热点探测、风险的可视化分析、特定场所的安全性评估、事故蔓延的轨迹分析、应急资源的科学调配、预防处置的可视化督查、突发事故的预测预警、指导社会公众参与一般预防等功能。

(四)网络化、扁平化、交互式的协同治理

"随着互联网特别是移动互联网发展,社会治理模式正在从单向管理转向双向互动,从线下转向线上线下融合,从单纯的政府监管向更加注重社会协同治理转变。"③由此,公共安全的治理结构优化、治理权力再分配势在必行。随着治理权力从政府向社会分散,空间正义导向的开放式治理要求以网络化、扁平化、交互式方式实现公共安全的协同治理。

随着公共安全地图与互联网结合,公共安全治理的各种主体在"开源的城市化"治理框架下由分层到结网,政府管理部门、公民个人、社会组织、企业共享公共安全信息和资源,基于地图这一新的沟通工具,整合基层治理的碎片,重建互信机制,从源头发现及解决公共安全隐患,在合作的基础上大大降低治理成本。相对于传统"三级政府、四级管理"的垂直化科层结构,开放式治理依托地图公开促进了治理结构的扁平化,客观上减少了治理层级、提高了应急响应速度、拓宽了社会参与的信息渠道,将传统的集中式决策、封闭式管控转变为分散式干预及

---

① 杨永春等.中外紧凑城市发展模式比较研究[J].城市问题.2011(12).

② 戴慎志.设置城市橙线,强化城市安全规划管制能力[J].城市规划.2016(1).

③ 习近平在中共中央政治局第三十六次集体学习时强调:加快推进网络信息技术自主创新 朝着建设网络强国目标不懈努力[N].人民日报.2016-10-10(01).

多中心应对。此外，地图公开还推动了开放式治理的交互性。正所谓“政之所兴，在顺民心”，社会公众能够按图索骥最大限度地了解公共安全状况，集体智慧更易转化为政府决策依据，从而有利于凝结公共安全的社会共识；而管理部门也能够最大限度地收集、采纳社会意见，将民意转化为公共安全的治理行动，营造出一种你中有我、我中有你的融洽治理氛围，从而消弭管理者、执行者、参与者及关联者之间的对立。

政府主体在互联网平台经济治理中的功能转型

◎魏小雨[*]

面对互联网平台经济，政府主体原有的信息与管理优势正逐渐丧失。在治理过程中，难以认定监管对象的合法性、监管机构职能交叉混乱且监管规制工具选择成本高等困难使得政府主体无法实现原有的治理功能。为此，政府有必要在全面认识平台特点的基础上，完成功能转型，利用不同主体的优势创新治理模式。

一、政府主体在互联网平台经济治理中的功能障碍

（一）监管对象合法性判断之难

互联网平台经济作为新兴的经济形态，对其进行监管是一个世界性的监管难题。对于政府主体来说，互联网平台经济性质的认定直接影响着监管中对其合法性的判断。技术创新总是迅速的，然而社会适应却需要更长的时间。① 社会适应既包括行业与公众的适应，更强调政府作为治理主体去接受、了解、熟悉新事物的过程。以网约车平台为例，政府对网约车行业的治理涉及两方面的合法性判断：对网约车平台本身的判断，对网约车平台之上“人”与“物”的判断。

网约车盛行之初，学界通常将网约车平台公司认定为单纯的车辆信息服务

---

* 魏小雨，中共河南省委党校法学教研部讲师。本文系 2014 年国家社科基金重大项目“加快建设法治政府的空间与路径研究”（14ZDC012）的阶段性成果。

① 舍恩伯格，库克耶. 大数据时代：生活、工作与思维的大变革[M]. 盛杨燕，周涛，译. 杭州：浙江人民出版社，2012：26.

提供者。此时政府按照网络服务提供者的既有规定进行规制并无太大的合法性疑难。[①] 然而随着网约车对传统出租车行业的利益侵蚀以及社会公众对网约车人身、信息等安全风险的担忧加剧，此时政府更倾向于使用高于传统出租车的监管标准来规制网约车，认为网约车平台属于提供运输服务的承运人。该合法性的判断来源于网约车的主要业务量在于"专车"或"快车"，由于软件平台的规定，车主将根据每次提供服务的路程、时间、乘客付款等情况向平台缴纳一定比例的管理费，该情形下"专车"或"快车"车主已构成实际营运的事实。如今，网约车平台的业务已越来越多元化，更多的观点认为，网约车平台属于跨界业态："没有必要设定一个非此即彼的'二选一'难题……它是跨界的业态。即便基于公共政策考虑要求平台承担承运人责任，它也应该是特殊的承运人。"[②]对平台性质认定的含混使政府难以比照既往规定或制定新的合理的标准规制网约车。

在对网约车平台的合法性进行判断时，不可避免要涉及对网约车平台之上"人"与"物"的合法性判断。前者指的是接入网约车平台的司机是否应具有相应的职业资质的问题。后者指的是挂靠于网约车平台的车辆营运性质的认定问题。当私家车与私家车主接入网约车平台，依据其提供业务模式的不同，相应人员与车辆的合法性为政府监管带来了巨大挑战。一方面，我国对公路客运驾驶员规定有严格的职业准入制度。根据《网络预约出租汽车经营服务管理暂行办法》，网络预约出租汽车的驾驶员必须获得《网络预约出租汽车运输证》，这为营运时间更为灵活、自由的"快车""专车"司机带来了极高的营运成本。另一方面，私家车提供运输服务使其财产性质变得"民商混用"，政府在管制依据上难以抉择。[③] 目前出台的众多对于网约车的管理办法中，都倾向于网约车辆应采取更高的标准，然而该规定却引起民众质疑仅仅是为了提高网约车准入门槛，在保护乘客的合法权益方面收效甚微。目前，各大城市中大量无证网约车与司机的存在，更说明了现行的"一刀切"政策在现实中的执行困境。

（二）监管机构职能交叉之弊

目前，我国涉及互联网平台经济的主要监管部门包括互联网信息办公室、新闻广电部门、工商管理部门等。平台经济的多属性决定了其往往连接着功能不

---

① 金自宁. 直面我国网络约租车的合法性问题[J]. 宏观质量研究，2015(4).

② 王军. 网约车新规请勿削足适履[EB/OL]. (2015-11-10). http://opinion.caixin.com/2015-11-10/100872399.html.

③ 张效羽. 互联网分享经济对行政法规制的挑战与应对[J]. 环球法律评论，2016(5).

同或功能重叠的多个平台,很难对某一平台划分具体的领域从而确定具体的监管机构。因此,监管过程中各机构之间职能重叠、职权分散,而管理标准与行为方式的差异化更引起大量监管冲突或监管不作为的问题。[①]

例如,在网络直播平台的监管中,《国家新闻出版广电总局关于加强网络视听节目直播服务管理有关问题的通知》中明确提出,各级广电部门应负责对本辖区内网络视听节目直播行为的管理,颁发《信息网络传播视听节目许可证》,对超越许可范围或未取得许可非法开展网络直播服务的予以行政处罚。而国家网信办在《互联网直播服务管理规定》中又规定,网信办具有对全国互联网直播服务信息内容的监督管理执法权限,且当直播平台与直播发布者未经许可或超出许可范围进行新闻信息服务提供时,网信办有权对其予以处罚。[②] 由此,当直播平台未经许可或超出许可范围开展新闻信息直播服务时,广电部门与网信部门均具有相应的行政处罚权。而网信办的处罚依据又涉及《互联网新闻信息服务管理规定》,根据后者的第二十二条及第二十六条[③],面对互联网新闻类信息服务平台便涉及三类主体:网信办、新闻办与电信主管部门。这为互联网平台经济的治理平添了许多复杂情形。

(三)监管规制工具选择之困

政府主体在监管中对规制工具的运用与选择是治理模式的核心要素之一。这要求规制主体具有足够的智慧对规制工具的选择予以考量,这种考量包括三个方面:(1)对治理模式中规制工具的开发与认识;(2)规制工具在互联网平台经济特定领域的适当选择;(3)如何对规制工具的使用施以法律控制。

---

① 尹少成."互联网+"与政府监管转型:机遇、挑战与对策[J].法学杂志,2016(6).

② 《互联网直播服务管理规定》(国家互联网信息办公室 2016 年 11 月 4 日发布)第四条:"国家互联网信息办公室负责全国互联网直播服务信息内容的监督管理执法工作。地方互联网信息办公室依据职责负责本行政区域内的互联网直播服务信息内容的监督管理执法工作。国务院相关管理部门依据职责对互联网直播服务实施相应监督管理。"第十七条:"互联网直播服务提供者和互联网直播发布者未经许可或者超出许可范围提供互联网新闻信息服务的,由国家和省、自治区、直辖市互联网信息办公室依据《互联网新闻信息服务管理规定》予以处罚。"

③ 《互联网新闻信息服务管理规定》(国务院新闻办公室、信息产业部第 37 号令)第二十二条:"国务院新闻办公室和省、自治区、直辖市人民政府新闻办公室,依法对互联网新闻信息服务单位进行监督检查,有关单位、个人应当予以配合。"第二十六条:"擅自从事互联网新闻信息服务,……超出核定的服务项目从事互联网新闻信息服务的,由国务院新闻办公室或者省、自治区、直辖市人民政府新闻办公室依据各自职权责令停止违法活动,并处 1 万元以上 3 万元以下的罚款;情节严重的,由电信主管部门根据国务院新闻办公室或者省、自治区、直辖市人民政府新闻办公室的书面认定意见,按照有关互联网信息服务管理的行政法规的规定停止其互联网信息服务或者责令互联网接入服务者停止接入服务。"

针对第一个问题，由于互联网平台经济的共享特性，很少涉及“自然垄断”或是“经济租”，因此面对互联网平台经济中的市场失灵，政府主要采取的是社会性规制工具。[①] 例如，事前批准与标准便是“命令—控制”型工具的典型表现，政府干预的程度较高，多强调强制功能而忽视激励，使微观经济主体承担较高的守法成本。同时，“命令—控制”型工具重视违法行为发生后的事后处置，缺乏预防功能，不利于规制整体效果的发挥，因此互联网平台经济更适于干预程度较低的规制工具，如信息规制、“私的”规制与经济激励干预等。与“命令—控制”型工具相比，信息规制、经济激励等的优势在于：对私主体的控制力度弱，可以将决策权下放给市场主体，与市场产生良好的互动关系；规制成本较低，不占用行政执法资源，借助市场主体本身的力量；注重事前的预防，可有效抑制市场失灵的产生；防止公权力寻租，增强政府的公信力，等等。[②] 可以看出，面对着日益复杂化的行政任务及治理目标，政府认识与开发规制工具的难度逐渐增大。

而关于如何在互联网平台经济的特定领域内选择适当的规制工具，这受多种因素的影响。例如，公私合作类工具运用较多的领域通常具有以下特点：(1)综合性，规制必须使用综合性的手段与方法，既涵盖社会科学的内容，也关注自然科学与人文科学的特点；(2)广泛性，涉及的主体、调整的对象及社会关系非常广泛；(3)专业技术性，领域内的风险随科学技术的发展而提高，对其进行行政立法必须具有较强的专业技术知识；(4)社会公益性，领域内的风险将危及较大范围内的全体人员。此外，规制工具的选择又必须考虑规制机构对特定工具的偏好与依赖、不同的制度环境的影响、制度实施的要求能否与政府能力、公益性程度、技术相匹配，等等。[③] 由此可见，规制工具的选择是一种极端复杂的情况，政府主体对此往往难以判断。

最后，在关注规制工具的选择与运用时，政府主体不可回避在其运用过程中的法律控制问题。政府主体在选择规制工具时，必然要付出高昂的成本：一是在原则性理论的基础上厘清行政理念，选择适当的法技术与制度；二是分析不同法律形式的差异性，并基于体系的关联对规制工具予以选择、组合、创新等；三是依赖完善的法律体系与有效的法律实施制度对规制工具的选择与运用进行法律控

---

① 张力．共享经济：特征、规制困境与出路[J]．财经法学，2016(5)．

② 岳彩申．民间借贷的激励性法律规制[J]．中国社会科学，2013(10)．

③ 应飞虎，涂永前．公共规制中的信息工具[J]．中国社会科学，2010(4)．

制,以此完成规制工具合理性与合法性的双重证成。[①]

二、政府主体在互联网平台经济治理中的功能转型

互联网平台经济的治理是一种综合性的过程,涉及多元主体的利益诉求,将产生复杂的体系化影响。政府的具体运行是由知识范畴带指向性、理性存在严重局限的行政人员个体所掌控,在对新兴行业进行认知时往往缺乏对新趋势、新变化的了解与对直接利害关系人的切实感受。此时如行业、公众等体系内利害关系人的参与程度不足,必然不利于规制的综合性与完整性,从而使规范体系自身存在不协调,而这又反过来会降低规制中政府的问责性和回应性。

因此,政府主体在传统的规制模式下的角色与功能,已无法匹配互联网平台经济的特点:平台成为具化的市场,对平台上的经济活动产生实际性的影响,因而政府无法再简单地将平台视为供求的任意一方,而必须正视平台自身的利益诉求为其创新规制标准;接入平台主体的繁杂使得平台经济中的利益冲突格外剧烈明显,单一甚至数个政府部门无力对此迅速化解,有时甚至加剧了行政立法执法中的正当性风险;信息与内容服务提供的相互融合体现了平台治理的网络化结构,这使得政府原有的单一类型化规制工具面对复杂的平台运行情况无法做到全面兼容……因此,政府有必要在全面认识平台业务模式与其特点的基础上,重新规划在监管体系中的功能定位。

在合法性认定方面,即使是民营化的倡导者们也不能否认,在治理中政府应牢牢占据"掌舵"的位置。[②] 然而"掌舵"的优劣却被许多因素影响,其首先意味着政府必须以公共利益的提升而非社会秩序的维护为首要目标来确定行动。特别在指明正确的方向后,仍然需要进行不断的过程性调整以适应社会的具体情况,并应反馈过程中的经验教训以为其他可能的利益相关方提供借鉴,最后需要政府确立相应的步骤程序与价值观。[③] 网约车政策出台前,交通部部长杨传堂便曾

---

① 朱新力,唐明良.现代行政活动方式的开发性研究[J].中国法学,2007(2).

② 奥斯本,盖布勒.改革政府:企业家精神如何改革着公营部门[M].周敦仁,等,译.上海:上海译文出版社,2006:1-9.

③ 巴达赫.跨部门合作:管理"巧匠"的理论与实践[M].周志忍,张弦,译.北京:北京大学出版社,2011:154.

明确表态,尽管专车服务是一种创新,但"私家车永不允许进入专车运营"[①]。由此可见,在网约车发展初期,政府经过综合考虑认为私家车进入运营"弊大于利",倾向于以"黑车"类比进行严格限制。而在《网络预约出租汽车经营服务管理暂行办法》出台后,政府已转变态度将网约车的性质类比于"出租车"。在未来,网约车的合法性势必要经历新一轮的调整。在这种过程性的调整中,应尽可能借鉴、考量互联网平台经济领域内的团体与行业规章,弥补政府主体信息知识的不足,并通过公私交融的方式降低平台经济的外部性影响。《电子商务法》第七条、第八条,便以法律的形式肯定了行业规范对于平台经济的治理作用。[②]

在监管职能方面,对互联网平台经济的监管应避免僵化,从理清职能交叉的"乱麻"转向注重运用不同部门乃至非政府主体的特长与优势,使监管部门进行妥当的协调与合作,反而可有效解决互联网平台经济在不同阶段产生的不同问题。例如,《关于加强网络视听节目直播服务管理有关问题的通知》发布前,大多数直播平台只需具备文化部颁发的《网络文化经营许可证》,加之网信办常常采用的"约谈"等新型监管方式,直播平台相对而言具有较宽松的经营空间,这刺激了直播行业的发展,但导致大量"网络恶俗现象"的产生。广电部门则注重对直播"内容"的前置审批,这种审批有利于去除行业的泡沫,规范互联网平台的市场行为。而如将目光转向非政府主体,假若其具有监管权,行使的方式与后果又会不同。这恰恰是政府在治理互联网平台经济中需要创新监管方式的地方。

在监管工具的选择方面,传统治理模式中政府主体倾向于选择干预性较强的规制工具,这往往带来高昂的规制成本,且不利于规制目标的实现。在互联网平台经济中,市场状况的复杂性不仅使规制工具现有的形式渐渐无法满足治理的需要,更使得政府主体无法对规制工具的选择进行妥善全面的考量。对此,有必要通过行政法的理论与规范路径进行创新,即不仅通过法律来回答规制工具的使用程序、使用主体、司法审查的范围等问题,更要分析在面对具体问题时,什么样的规制工具才是最适宜的。此时如依据不同主体的能力进行权力的重新配

---

① 姚毅婧.交通部部长杨传堂:私家车永不允许当专车用[EB/OL].(2015-03-13). http://gb.cri.cn/42071/2015/03/13/7493s4900614.htm.

② 《电子商务法》第七条:"国家建立符合电子商务特点的协同管理体系,推动形成有关部门、电子商务行业组织、电子商务经营者、消费者等共同参与的电子商务市场治理体系。"

第八条:"电子商务行业组织按照本组织章程开展行业自律,建立健全行业规范,推动行业诚信建设,监督、引导本行业经营者公平参与市场竞争。"

置,不仅能够解决新形势下行政权正当性的问题,政府更可通过主导、协调不同主体功能的发挥,使规制工具的运用满足治理的不同目标,以解决监管工具选择的困境。

三、政府主体在互联网平台经济治理中的功能实现

(一)面向市场转变行政理念

解决平台经济的合法性疑难必须建立在行政理念的转变之上。实践中,曾有大量的平台企业试图通过司法途径来突破现有"权力"理念的桎梏,但在对某一种行政规制的合理性认定上,司法机关无权亦无法对行业的性质作出判断。① 例如,在"陈超诉济南市城市公共客运管理服务中心"一案中,专车司机陈超因运营网约车被处以 2 万元罚款,陈超认为网约车并非非法营运,且济南市城市公共客运管理服务中心并无权认定自己的车是黑车,因此该行政处罚应予撤销。在庭审中,法院刻意回避了专车运营是否合法的关键问题,而仅就客运中心的行政处罚主体资格、非法运营证据以及适用法律的准确性进行了审理。② 此案说明在认定平台经济合法性时,政府应起到主导作用,从"权力"到"权利"转变行政理念,以用户(公众)的真正需求为导向,厘清政府与市场的关系。

从"权力"的唯一到"权利"的主导,意味着政府应利用市场这种强有力的和经济的方法而非单打独斗地来完成公共事业的目标。权利理念的具体表现为:其一,政府首先是与其他主体地位平等的规则制定者、执行者与监督者,即"掌舵"中积极吸收其他主体的实质性参与。这里的地位平等是一种相对的平等,政府与其他主体之间的地位仍然具有地位与功能上的差异,但是这种差异不是绝对的、固定的,而是根据具体的情况有所变化。其实质是政府将与其他主体共享规制的裁量权,并共同承担由此引发的规制责任。其二,在决定互联网平台经济的发展方向时,政府在判断的过程中应更多地与行业协会、企业代表、社会公众、专家等私主体进行沟通、论证与协商。这种协商与普通的公众参与不同,不仅强调公众的主动性,更重视双向的互动,即在政府否定或拒绝私主体的意见时,应当说明理由,取得实质性的理解。

---

① 彭岳.共享经济的法律规制问题——以互联网专车为例[J].行政法学研究,2016(1).

② 刘夏."专车第一案"开庭没谈专车合法性[N].新京报,2015-04-16(A16).

(二)面向行政任务设计行政组织法

监管机构的职能交叉彰显出加强行政部门之间的协调合作的必要性。政府主体有必要以行政任务为取向设计行政组织法,建立新的行政组织设置与运作模式。行政组织的设置与运作目的不再是"照章办事"而是确定自己的"使命感"并围绕这种使命组织起来。[①] 具体包括三方面内容。

1. 行政组织的设置以行政任务的实现为导向

在传统规制模式中,行政法的主要任务是保障行政组织的设置是否符合法律的相关条款,而具体实践情形中却往往忽视某个行政组织在实现行政任务时应具有的其他条件。例如,《网络安全法》第七条指出在网络空间治理、网络技术研发和标准制定等方面,应建立"多变、民主、透明的网络治理体系",其中的意蕴在于重视来自社会组织的治理力量,在必要的条件下,政府可在特定范围内授予社会组织自主组织、治理权力,以完成特定的行政任务。这种公私部门之间的权力安排实质是行政组织设置的正当性来源从法律上的"形式合法"转变为"实质合法",从有利于行政任务实现的角度而非符合法律上要求的角度进行行政组织的设置。

2. 赋予行政组织以主动和弹性活动的空间[②]

传统规制中的行政组织严格依照层级间的命令与指示进行运作,虽然有效保障了行政部门内部的"秩序维持",但也造成了下级行政部门工作的被动与消极。互联网平台经济的治理中,法律应赋予行政组织较大的弹性活动空间,即从观察行政行为的合法性转为判断行政任务的完成情况,而行政组织如何完成行政任务应尽可能使其自由裁量。当然,这难免令人担忧——假若法律仅仅关心结果,可能因无法控制行政组织完成行政任务的手段而产生权力寻租。对此应认识到,以行政任务为取向的行政组织设置最大的优势便是提高行政效能,法律的目的并非完全取消对行政组织的控制,而是使这种控制无法"因噎废食"。另一方面,公众可以依靠信息公开、第三方绩效评估等对行政过程进行估量,尽管这种估量没办法做到完美的准确,但这种利弊权衡是解决行政组织运作混乱的必要条件。

---

① 奥斯本,盖布勒.改革政府:企业家精神如何改革着公共部门[M].周敦仁,等,译.上海:上海译文出版社,2006:88.

② 郑春燕.行政任务变迁下的行政组织法改革[J].行政法学研究,2008(2).

3. 构建争端协调机制

互联网平台经济治理的复杂性决定了不可能由任何一个部门单独完成公共管理任务,也不可能达成对每个部门权责的清晰划分。政府部门也具有趋利避害的倾向,这决定了部门间的权力之争只能通过合理有效的安排来解决。其中可行的路径之一就是建立一个总司协调职能的专门性机构,并通过具体的制度与程序将该机构的协调职能规范化。目前,网信部门是一个比较好的选择。《网络安全法》第八条规定:"国家网信部门负责统筹协调网络安全工作和相关监督管理工作。"然而如何进行统筹协调,却缺乏明确的细则。尤其当这种工作运行于地方政府时,网信部门行政级别变低,缺乏明确的法律授权保障,往往无力协调多个部门的职权纠纷。对此,应加强省市级网信部门的独立性,通过法律法规对部门的职责进行明确分工,也为下一步建立完善的部门协作机制筑牢基础。

(三)面向行政过程选择规制工具

规制工具理论的出现,为行政活动方式带来行政过程面向的转变。面向行政过程,"实际上是要明确行政过程中主体双方或多方之间的互动关系"①。这包括行政主体与行政相对人之间的法律关系,也包括行政主体和监督主体之间的法律关系。在互联网平台经济中,监督主体除通常意义上的国家权力机关、司法机关与行政监督机关之外,也包括具有行业利益关系的行业主体与直接或间接涉身于平台经济活动中的公众主体。在互联网平台经济的治理中,目的在于多方利益的协调,因此加强行政主体与行政相对人、行政主体和监督主体之间的协商与合作,将极大提升民主参与与民意表达程度。如前所述,政府选择规制工具的考量包括规制工具的开发与认识、规制工具的选择与法律控制。合作中行政过程的开放性,将对政府降低规制工具的选择成本、提高规制工具的选择科学性大有裨益。

首先,面向行政过程,选择成本收益率较高的规制工具。由于合作中的行政过程要求行政主体与行政相对人之间地位相对平等,二者处于一种良性互动的关系中,这种关系的维护要求政府更注重运用干预性低的规制工具。这种"放松规制"目标的核心概念正是降低规制成本,增加规制收益。② 在互联网平台经济

---

① 湛中乐.行政过程论——以行政法理论基础为视角而展开[C]//国务院法制办."公法的基础理论和范式"学术研讨会论文集.北京:北京大学出版社,2013:434-445.

② 奥格斯.规制:法律形式与经济学理论[M].骆梅英,译.北京:中国人民大学出版社,2008:344-346.

中，由于通信和传媒的高度发达，专业的信息与知识不再是单一主体的“特权”，任何主体都有多种渠道和较大的可行性去获取相关的信息，此时对政府裁量权的制约与其说是司法监督或公众参与，不如说是知识的公开透明导致不同主体的立场趋于一致，从而促使了讨论方向转向利益的划分，最终达成规则理性的“唯一”结果。因此，面向行政过程的规制工具运用提倡将选择权交还市场，由企业自行设计达成目标的成本最低的方式，以及其他成本收益率更高的规制工具。

其次，强化社会各方参与，降低规制工具选择成本。规制工具的选择本身便是行政过程的重要组成部分，受多种因素的影响，政府主体在对工具选择进行考量时难免“挂一漏万”，然而“面面俱到”的考量对任一主体来说都是不现实的。规制工具选择的目的是使工具与规制客体相匹配，换句话说，是为了规制工具具有更高的“正当性”，这种正当性主要来源于与规制客体具有利害关系的相关主体的认可。因此，降低选择成本的可行路径是通过规范化的制度使社会与市场实质性地参与到规制的过程中。习近平在《关于〈中共中央关于全面深化改革若干重大问题的决定〉的说明》中强调，应将协商全面贯彻于经济社会发展重大问题的政府决策的过程中。互联网平台经济亦具有实施协商的技术条件：互联网平台的兴起为意见的搜集与分析提供了技术化的解决渠道，如运用大数据技术可更准确、快速地筛查出参与协商的利害关系人。此外，借助互联网平台技术发生的协商，更容易达成信息的全公开与透明，促进协商过程的公平公正。

最后，规制工具的选择必须处于法治的框架之内。法律控制的主要方式是通过行政程序的建制来限制行政裁量权，以保障行政相对人的权益。以协商行政立法为代表的行政程序，在民主性的基础上具有信息交换、反馈的作用，在这样一个公开透明、多方互动的程序环境中，所作出的行政决策本身便具备合法性与合理性的基础。因为行政相对人的参与是一种程序性的权利，与之对应的要求行政主体的程序性义务履行，行政行为是通过两者的配合与合作完成的，这种合作本身便是行政裁量权外部控制的体现。同时因为行政过程具有开放性，权力机关、司法机关等更易通过立法监督、司法审查等多种手段进行外部监督与控制。① 从这一角度来说，政府主体对于规制工具的开发认识与选择，均属于法律控制的一部分。

---

① 湛中乐. 行政过程论——以行政法理论基础为视角而展开[C]// 国务院法制办. “公法的基础理论和范式”学术研讨会论文集. 北京：北京大学出版社，2013：434-445.

金融诈骗罪非法占有目的的功能性重构

——以互联网融资平台诈骗为例

◎徐凌波*

一、非法占有目的的司法推定及其问题

非法占有目的在金融诈骗罪中发挥着重要的界分功能。我国司法解释多次强调，集资诈骗罪与非法吸收公众存款罪，贷款诈骗罪与骗取贷款罪的关键区别在于行为人主观上是否具有非法占有目的。2018年7月，最高人民检察院公布的指导性案例"周辉集资诈骗案"（检例第40号），在利用网贷平台实施的集资诈骗犯罪案件中，再次强调了非法占有目的是集资诈骗罪区别于非法吸收公众存款罪的关键。但是，我国的司法实践虽然在形式上强调非法占有目的是区分贷款诈骗罪与骗取贷款罪、集资诈骗罪与非法吸收公众存款罪的关键，但并没有从实体上明确非法占有目的的内涵与判断标准，而是将焦点转向总结司法实务中形成的经验，以列举的方式规定了可以推定非法占有目的的存在的具体情形。2001年《全国法院审理金融犯罪案件工作座谈会纪要》（以下简称《纪要》）中总结了非法占有目的的7种情形，包括"（1）明知没有归还能力而大量骗取资金的；（2）非法获取资金后逃跑的……"2010年《最高人民法院关于审理非法集资刑事案件具体应用法律若干问题的解释》（以下简称《解释》）第四条则规定了非法占有目的的8种情形："（1）集资后不用于生产经营活动或者用于生产经营活动与

* 徐凌波，南京大学法学院副研究员。本文为司法部2017年度中青年课题"防范与打击互联网新型财产犯罪研究"（17SFB3017）的阶段性成果。

筹集资金规模明显不成比例,致使集资款不能返还的;(2)肆意挥霍集资款,致使集资款不能返还的……"

在理论上对于非法占有目的概念尚未形成统一共识的情况下,通过司法解释从实务经验中总结出可以推定非法占有目的存在的各种情形,形成这种将构成要素实体内涵问题转化为要素的程序性证明问题的具有可操作性的做法,并非我国所独有。普珀教授将这一类概念称为归属的概念(zuschreibender Begriff)。[①] 例如,如何界定间接故意的意志因素,针对这一问题,德国联邦最高法院在判决中逐渐放弃了在故意杀人案件中精确界定间接故意的"容忍"态度,而是将焦点转移到了如何证明这种态度。即通过在判例中列出能够表征故意的各种要素。但是普珀教授也敏锐地指出,以推定方法取代实体内涵界定的后果,是杀人罪故意的判断在实务中具有高度的不确定性、不可预测性与不一致性。[②] 我国司法解释对于非法占有目的的推定,也存在类似的问题。

首先,我国司法实务长期以来将获取贷款、集资款之后的事后表现,作为推知非法占有目的存在的重要证据。例如,"将钱款用于从事非法活动"便是其推定非法占有目的的重要情形(《纪要》第四项、《解释》第四条第四项)。这与《刑法》第三百八十四条的规定是存在矛盾的。根据该条规定,挪用公款归个人使用从事非法活动是成立挪用公款的情形之一,国家工作人员将挪用之公款用于从事非法活动也仅仅属于挪用,而非以非法占有目的为成立要件的贪污。在其他以非法占有目的为成立要件的罪名中,将事后的非法活动作为推定非法占有目的存在的事实基础是有疑问的。

其次,以欺骗行为推定非法占有目的,架空非法占有目的的独立地位,模糊罪名之间的界限。集资诈骗案件中,行为人虚构投资标的,伪造账簿虚构业绩使集资参与者错误地相信行为人有足够的偿付能力,这本属于认定欺骗行为的范畴,但也同时被作为推定非法占有目的的证据事实。欺骗行为本身就是诈骗罪成立的构成要件,若再一次用于推定非法占有目的的存在,则只要非法集资实施了欺骗行为就可以推定非法占有目的的存在。非法占有目的作为独立的构成要件要素便被架空虚置。

最后,司法解释所列举的情形是对实务经验的总结与归纳,在这些事实经验

---

① Puppe, Kleine Schule des juristischen Denkens, 3. Aufl., 2014, S. 50 f.

② Puppe, in: Nomos Kommentar zum StGB, 4. Aufl., § 15, Rn. 54.

产生冲突时,如何分配不同证据事实在认定非法占有目的时的权重。尤其是在存在相反证据时,仅机械地重复司法解释的规定,难以应对辩方提出的反对意见,无法有效地提升裁判文书的释法说理水平。要充分实现释法说理,仍然要回到非法占有目的的实体内涵解释之中。

刑法上任何一个要素的证明与司法推定都不能取代这一概念在实体法上的概念界定。恰恰相反,前者是以后者为逻辑前提的。构成要件要素的内涵与解释明确了证明对象的范围。在明确证明对象的基础上,才能够继续探讨如何证明以及证明标准的问题。离开准确的内涵界定,司法推定的情形往往缺少体系性与统一的判断标准,无法保证实践中对于该要素的推定标准是一以贯之的。要解决这一问题,需要结合司法实务在金融诈骗罪中的经验,重新检讨财产罪学理对于非法占有目的的一般阐释。

二、非法占有目的的学理阐释与体系重构

(一)内涵与功能的支离:非法占有目的的解释困境

与我国刑法理论将非法占有目的视为盗窃、诈骗、抢劫、敲诈勒索等一系列财产罪共同的主观超过要素不同,德国刑法中以盗窃、抢劫为代表的侵犯所有权犯罪与诈骗罪、勒索罪为代表的侵犯整体财产犯罪具有不同的主观目的。前者以不法所有为目的(Zueignungsabsicht),后者则以不法获利为目的(Bereicherungs-absicht)。[①] 我国刑法中,财产罪的主观目的究竟是不法所有目的还是不法获利目的,主要存在三种倾向性的理论意见。

其一,主流观点仍然以盗窃罪中的不法所有目的为基准来统一解释刑法中各种罪名的非法占有目的,认为非法占有目的包含了排除所有权人与对财物进行利用处分两方面的意思。其二,较为有力的观点认为,与德国刑法理论一样,我国刑法中不同罪名中的非法占有目的的内涵应当根据其各自保护的法益进行分别解释。[②] 盗窃罪保护的法益是所有权,其中的非法占有目的是不法所有意图,而诈骗罪保护的是整体财产,因此非法占有目的指的是不法获利意图。[③] 其

---

① 徐凌波.论财产犯的主观目的[J].中外法学,2016(3).

② 王俊.非法占有目的的不同意义——基于对盗窃、侵占、诈骗的比较研究[J].中外法学,2017(5).

③ 车浩.占有不是财产犯罪的法益[J].法律科学,2015(3).

三,极少数观点认为,我国刑法中盗窃与诈骗保护的法益同为整体财产,从这种整体财产法益出发,非法占有目的应当统一解释为不法获利目的。[①]

然而,无论是将非法占有目的解释为不法获利目的,还是不法所有目的,均无法有效实现非法占有目的在金融诈骗罪中的界分功能。

首先,不法获利目的无法区分集资诈骗与非法吸收公众存款罪、贷款诈骗罪与骗取贷款罪。不法获利目的,指的是行为人主观上积极地追求自己财产总量上的增加。这种积极的逐利意思与《纪要》以及《解释》中所强调的"逃避返还资金"是不相符的,后者侧重于给被害人造成损失,而非积极地使自己的财产总量增加。即便是在非法吸收公众存款罪与骗取贷款罪中,行为人都存在主观的逐利意思。仅根据行为人主观上存在积极的逐利意思即肯定非法占有目的,将导致大多数骗取贷款、非法吸收公众存款的行为升格为贷款诈骗罪、集资诈骗罪,面临更为严厉的刑罚威吓。

其次,不法所有目的同样难以明确上述罪名之间的界限。德日刑法理论中,不法所有目的的存在有效地将轻微的使用盗窃行为排除在盗窃罪的处罚范围之外。若行为人主观上具有使用后归还的意思,则应当否定排除所有的意思。这种以行为人是否具有归还意思来否定非法占有目的的思路,看似与司法解释中的司法推定思路是相符的。然而,在涉及贷款、集资款等金钱债权债务关系中,债务人的还款意愿与使用盗窃行为中的原物归还意愿并不相同。德国刑法理论中,与盗窃罪的保护法益相对应的是所有权,非法占有目的中的排除意思指的是剥夺所有权人对特定物的控制支配力。原物的返还才能表明行为人没有剥夺所有权人控制支配的意思,否定非法占有目的。反之,即便行为人在盗窃财物时留下了与财物价值等额的金钱作为补偿,也不能就此否定行为人对于财物本身具有非法占有目的。

综上,尽管非法占有目的在金融诈骗罪认定中具有重要的罪名界分功能,但事实上无论是以不法所有目的还是以不法获利目的来解释非法占有目的,都无从实现这一要素在金融犯罪案件中的界分功能。司法解释中所强调的行为人归还贷款、集资款的意愿与能力在不法所有目的、不法获利目的的概念中无法获得恰当的安置。这是导致金融诈骗罪的司法实践与非法占有目的的学理阐释完全脱节的重要原因。要厘清这一问题,有必要在我国财产罪保护法益的视角下重

---

① 徐凌波.论财产犯的主观目的[J].中外法学,2016(3).

新审视非法占有目的的内涵及其体系位置。

(二)排除意思的扩张:造成他人财产损害的故意

应当承认,为明确贷款诈骗与骗取贷款罪、集资诈骗罪与非法吸收公众存款罪、合同诈骗罪与普通合同诈欺行为之间的罪名界限,非法占有目的中的排除意思是不可放弃的。只是根据我国当前财产罪的保护法益,排除所有意思应当进行适当扩张。

从保护法益上看,排除意思作为法益侵害的核心,不应限于民法意义上的所有权。德国对盗窃罪中的排除所有意思的解释与该罪的保护法益密切相关。德国对盗窃罪保护法益采取的绝对的所有权保护立场。而我国刑法中,财产罪的保护法益并不限于民法意义上的所有权,而是《刑法》第九十一条所划定的公民合法所有财产。[①] 从法益指导构成要件解释的角度出发,我国刑法中,排除所有的意思扩张为排除他人对于财产的拥有,亦即给他人造成财产损失的主观认识与意欲。[②]

在诈骗罪构造中,财产损害本就是诈骗罪成立的客观构成要件,扩张后的排除意思是诈骗罪故意的组成部分,而非超过的主观故意。我国刑法中非法占有目的因而并不是一个彻底主观超过要素。其中的排除意思在故意之内,而不法获利意思则在故意之外。若探讨非法占有目的的内涵,则应当包含了排除意思与利用意思两部分的内容,且排除意思的存在使得金融诈骗罪有效地区别于其他金融犯罪以及民商事借贷款纠纷。若仅讨论财产罪的主观超过目的,则应只包括不法获利目的。这与德国诈骗罪的一般理论是一致的。德国诈骗罪的理论并非难以适用于我国金融诈骗罪的解释,只是因为长期以来坚信非法占有目的是完全的主观超过要素,因此在学说继受过程中仅关注了诈骗罪故意之外的内容,而并没有注意到诈骗罪与盗窃罪因客观构成要件不同而使两罪的主观目的在内容与结构上存在差异。

首先,两罪的保护法益并不相同。盗窃罪保护的仅仅是所有权,而诈骗罪关注的则是被害人的整体财产。盗窃的对象仅限于有体物,诈骗罪的对象则包括所有财产性利益。因此不法所有意思局限于个别的物上所有权,而不法获利意思则指向财产总量的非法增长。

---

① 徐凌波.财产犯的主观目的[J].中外法学,2016(3).

② 李强.论使用盗窃与盗用[J].国家检察官学院学报,2018(2).

其次，法益侵害结果在两罪构成要件中的地位并不相同。盗窃罪保护的是所有权，但其客观构成要件却是破坏并建立占有(即拿走)，并不要求所有权侵害结果在客观上出现。[①] 诈骗罪的成立则以客观的财产损害结果为必要。德国学者兰珀(Joachim Lampe)教授因而指出，根据宾丁的设想，刑法分则应当尽可能地仅规定实害犯，再通过刑法总则关于未遂的规定来扩张处罚实害结果未出现的情况，唯其如此才能实现罪刑均衡。从一般法理上看，诈骗罪的结构被认为是优于盗窃罪的。[②]

最后，这最终决定了两罪主观目的存在结构性差异：盗窃罪的不法所有目的包括了消极的排除意思与积极的取得意思，而诈骗罪主观上则只有积极的逐利意思，而没有消极的排除因素。盗窃罪中的排除所有意思，是主观化了的所有权侵害结果。通过法益侵害结果的主观化，盗窃罪将既遂时点提前到建立占有之时，而不要求法益侵害结果在客观上实现。[③] 而诈骗罪中，在客观上已经要求财产损害结果出现的前提下，相应的主观内容就只是诈骗罪故意的一部分，而不是超过的主观目的。

(三)小结

我国刑法中的非法占有目的包含了排除意思与利用处分意思两方面的内容，其中从财产罪的保护法益出发，排除意思在内涵上应当理解为给他人造成财产损害的主观意思。这一主观要素是否是一种主观超过目的，取决于诈骗罪的成立是否以财产损害的客观出现为必要。归根结底，客观构成要件决定了故意内容的范围(构成要件的故意规制机能)。某种法定的主观要素究竟是故意内容的组成部分，还是故意之外的主观超过要素，取决于如何规定及解释该罪的客观构成要件。若财产罪的成立不以财产损害结果在客观上出现为必要，如其在德国的盗窃罪中，则非法占有目的尤其是其中排除意思的功能在于法益侵害结果的主观化，凸显财产罪的法益侵害核心。反之，若财产罪的成立要求客观上存在财产损害结果，则非法占有目的中的排除意思只能是故意的组成部分。

将非法占有目的中的排除意思理解为财产损害的故意，不仅有助于厘清目前理论上关于非法占有目的的内涵、体系位置的争议，也能够为金融诈骗罪的认定提供更具可操作性的客观标准。

---

① Vogel, in: Leipziger Kommentar zum StGB, Vor. § 242, Rn. 66.

② Lampe, Objektiver und subjektiver Tatbestand beim Diebstahl, GA 1966, S. 236.

③ 李强.论使用盗窃与盗用[J].国家检察官学院学报,2018(2).

首先,关于盗窃罪与诈骗罪是否以非法占有目的为共同主观目的的问题。中日两国刑法理论上之所以认为"非法占有目的"暨"不法所有目的"是盗窃罪与诈骗罪共同的主观超过要素,这一方面是受到了德国盗窃罪理论的影响,另一方面则是由于日本刑法理论通说始终认为,诈骗罪是侵犯个别财产的犯罪,而非侵犯整体财产的犯罪。行为人在交付占有时个别财产即受到损害,并不需要单独判断财产损害是否在客观上出现。这样一来,盗窃与诈骗的客观要件便具有了同构性。两罪在客观上均表现为占有的转移,差别仅仅在于盗窃为未经他人同意转移占有,而诈骗则是因认识错误而主动交付占有。

其次,非法占有目的究竟属于不法要素还是责任要素的问题。德日对于非法占有目的的犯罪论体系位置的分歧,本质上是故意在犯罪论体系中究竟属于不法要素还是责任要素的问题,只是日本通说在逻辑上并不自洽。其一,日本通说一方面认为非法占有目的是责任要素,与法益侵害无关①,另一方面又认为非法占有目的是区分盗窃、诈骗与不可罚的盗用、骗用行为的关键。盗用、骗用行为之所以不可罚是因为仅具有轻微的法益侵害性,违法性尚未达到可罚的违法性程度。② 若认为非法占有目的是责任要素,则以责任要素界分违法性是否达到可罚程度,便存在混淆不法与责任的问题。其二,在所有权犯罪中,盗窃罪在实质上被视为侵占的未遂甚至预备阶段。③ 而在日本,即便是彻底的结果无价值论者也认为,行为人的主观故意在未遂犯中是违法要素而非责任要素。④ 主张非法占有目的是责任要素的观点,与其通行的未遂故意理论相左。

最后,金融诈骗罪中非法占有目的的认定问题,在根本上首先是如何认定财产损害的问题。"非法占有目的"之"目的"这一表述具有一定的迷惑性与误导性,将理论与实务的关注焦点转移到了行为人的主观目的这一难以运用间接证据证明的心理事实上来,而难以容纳财产损害要素认定过程中所需要考虑因素的多样性与复杂性。下文的阐释将表明,在法律一经济的财产概念下,结合诈骗罪的教义学体系能够更加系统地回答金融诈骗罪中非法占有目的的认定难题,司法解释中所强调的还款意愿与还款能力也能够在财产损害的概念中找到其恰当的位置。

---

① 山口厚.刑法总论(第2版)[M].付立庆,译.北京:中国人民大学出版社,2011:94.

② 西田典之.日本刑法各论[M].刘明祥,王昭武,译.北京:中国人民大学出版社,2007:125.

③ Kindhäuser, in: Nomos Kommentar zum StGB, § 242, Rn. 6.

④ 山口厚.刑法总论(第2版)[M].付立庆,译.北京:中国人民大学出版社,2011:96.

三、财产损害视角下的非法占有目的

如前所述，理论通常认为金融诈骗罪之区别于非法吸收公众存款罪、贷款诈骗罪的关键，在于非法占有目的中的排除意思。在现有的诈骗罪解释框架内，排除意思指的是给他人造成财产损害的意思，是诈骗罪故意的一部分。金融诈骗罪司法实务中围绕非法占有目的所展开的大部分问题可以归结为财产损害的认定问题。以财产损害认定为视角，可以从教义学角度有效解释司法解释从实践经验中总结出来的各类推定因素的正当性，也可以纠正司法实践因机械适用司法解释中规定的推定情形所带来的误区。

(一)债务履行的意愿与能力是财产损害认定的建构性要素

诈骗罪财产损害的认定采取整体收支平衡原则(gesamtsaldierung)，即比较处分行为前后财产的收入与支出情况判断被害人整体财产状况是否发生了恶化。[①] 无论是集资还是贷款，行为人与集资参与人、银行之间都存在一个双方法律行为，通过合同约定双方互相负有的合同义务，即给付(leistung)与对待给付(gegenleistung)。在这种情况下，需要比较被害人的给付与其所获得的对待给付各自的经济价值大小以确定被害人是否遭受财产损害。即便给付与对待给付在纸面上的经济价值大体相当，行为人若欠缺债务的履行能力与意愿，则该对待给付的实际经济价值便归于无，被害人因此遭受财产损害。

在财产损害的认定中，考虑行为人的债务履行意愿在一定程度上赋予了这一要件主观化的色彩。这也是理论与实务始终认为非法占有目的是彻底的主观超过要素的重要原因。行为人主观上是否具有还款意愿，似乎是行为人骗取贷款、集资款的客观行为之外需要进行独立判断的犯罪成立条件。然而前文分析表明，只要承认诈骗罪的成立以财产损害在客观上出现为前提，那么意在使被害人丧失财产的排除意思，就只能是诈骗罪故意的一部分。对于主观还款意愿与还款能力的强调，只是凸显了财产损害这一要件的部分主观色彩。财产损害要件的主观化是由两方面的因素所决定的：

其一，刑法意义上的财产(vermögen)是一个事实性的概念，它区别于民法意义上的财产权。刑法财产之于民法财产权的关系，大体相当于法益之于权利的

---

① Tiedemann, in: Leipziger Kommentar zum StGB, § 263, Rn. 159.

关系：法益是可损的，而权利是不可损的。德国理论虽然坚持认为盗窃罪保护的法益是所有权，但严格来说这并不完全等同于民法上的所有权，而是基于所有权而产生的对物支配可能性。[①] 盗窃行为并不会使财物所有人在民法上失去所有权，而是使其失去了基于所有权对物进行利用支配处分的可能性，刑法所要保护的正是后者。同理，当我们将债权作为财产的组成部分置于刑法的保护之下时，刑法的任务并不在于确保该债权请求权本身在法律上是否存在且有效，而在于保障该债权在事实上能够得到实现。

其二，在权利性质上，物权是支配权，债权则是请求权。债权区别于物权的特征在于，债权是请求债务人为一定行为的权利。[②] 在刑法上，当债权在事实上的履行可能性受到妨碍时，便出现了刑法意义上的财产损害。如果行为人引起此种财产损害的方式符合相应的犯罪构成要件，则需要根据具体的财产犯罪罪名定罪处罚；如果缺少相应的犯罪构成要件，则仅以普通民事财产纠纷进行处理。司法实务在讨论盗窃欠条等案件中，反对盗窃罪成立的观点认为，被害人失去的仅仅是债权的证明凭证，债权本身在法律上仍然存在。这种观点是不能成立的。因为从刑法对于财产概念的事实性理解，以及债权本身的特性来看，一旦失去唯一的债权证明凭证导致债权履行在事实上不可能时，就可以认为已经存在刑法意义上的财产损害。至于引起此种财产损害的行为是否构成盗窃罪，则仍然需要结合盗窃罪的构成要件，判断是否存在违反被害人同意的占有转移。[③]

2001 年《纪要》与 2010 年《解释》所列举的非法占有目的的推定情形，大体可分为欠缺债务履行能力与欠缺债务履行意愿两类：行为人肆意挥霍借款、未将集资款投入生产经营活动或投入生产经营活动与集资规模不成比例的，由于缺少持续的盈利收入来源，行为人在债务到期时必然欠缺足够的偿付能力，给债权人造成财产损失。而行为人携款潜逃、隐匿转移资金、隐匿销毁账簿等情形则表明行为人虽客观上能够履行债务，但主观上却逃避还款，反映其缺少债务履行的意愿。从财产损害角度看，在根据司法解释进行推定时需要注意以下三个方面：

其一，虚构生产经营项目、虚构业绩的事实对于财产损害的影响，并不在于以欺骗行为推定非法占有目的，而是行为人并没有实际的生产经营项目获得盈

---

① Vogel, Leipziger Kommentar zum StGB, 12. Aufl., Vor. § 242, Rn. 53.

② 金可可. 私法体系中的债权物权区分说——萨维尼的理论贡献[J]. 中国社会科学，2006(2).

③ 张明楷. 论盗窃财产性利益[J]. 中外法学，2016(6).

利从而具备归还本金、偿付高额利息的能力。

其二，司法解释在非法占有目的推定中既重视资金的事后用途，又强调单纯的用途变更不能当然地肯定非法占有目的。这一点可以从财产损害角度得到妥当的学理说明。不同的资金用途对应着不同的财产损失风险，关键并不在于资金用途的变更，而在于变更所导致的财产损失风险高低。若用途变更后面临更高的财产损失风险，例如将集资款、贷款用于个人挥霍、非法活动或者是更高风险的投资活动时，则可以肯定财产损害的存在。

其三，刑法看重的是行为人的整体债务偿付能力，因此财产的转移只有在将明显导致行为人偿付能力下降时才能肯定财产损害的存在。相反，若财产只是在个人实际控制的不同公司之间进行转移，则不能当然地认为行为人具有逃避返还资金的意愿、肯定财产损害的存在。

(二)债务履行意愿与能力需要进行规范的综合判断

"非法占有目的"的表述固然凸显了财产损害要素认定中的主观色彩，但也高估了债务履行意愿在财产损害整体判断中的地位与作用，在这一点上强调非法占有目的要件，将证据的证明聚焦于行为人主观意愿这一心理性的事实，不仅增加了证明的难度，从教义学上看也具有一定的误导性。在财产损害的整体判断中，行为人的主观内心事实固然重要，但也需要根据法律一经济财产概念进行规范性的限缩。

一方面，行为人虽然欠缺归还集资款、贷款的主观意愿，但在提供足额、有效担保的情况下，仍能否定财产损害，排除集资诈骗罪、贷款诈骗罪的成立。德国刑法理论中，法定担保始终是财产损害认定的重要因素，因为担保尤其是担保物权的实现并不需要债务人的自愿配合即可实现，因此即便欠缺还款意愿，也不存在财产损害。孙国祥教授正确指出，担保人用于担保的财产，是行为人偿还债务能力的有机组成部分。当担保人承担了担保责任时，应视为行为人履行了还款责任。在担保人已经代偿债务的情况下，对行为人而言，或者认定没有造成损失而不构成犯罪，或者认定被告人因骗取担保而构成合同诈骗罪。①

另一方面，在集资诈骗等典型的庞氏骗局中，即便行为人通过持续、积极的还款行动表明自己具有还款意愿与能力，这种事实上的还款意愿与能力也应当通过规范的视角进行排除。早在2009年的吴英集资诈骗案中，吴英并没有推卸

---

① 孙国祥.骗取贷款罪司法认定的误识与匡正[J].法商研究,2016(5).

自己的还款义务,大量事实表明她在举债后积极地归还欠款就是辩护意见否定吴英具有非法占有目的的重要理由。[①] 互联网金融的兴起与发展,并没有改变这类案件的基本运作逻辑,只是利用网络 P2P 平台的集聚效应,行为人能够在短时间内吸收更多的资金,使骗局吸收的资金规模呈几何级的增长,并能够在更长的时间段内得到维系,造成更严重的危害社会后果。《刑法》第二百二十四条合同诈骗罪存在类似的规定,行为人"没有实际履行能力,以先履行小额合同或者部分履行合同的方法,诱骗对方当事人继续签订和履行合同的",构成合同诈骗罪。这一规定反映了在我国刑事立法者看来,为了继续实施欺骗行为而实施的债务履行,并不能排除诈骗罪的成立。

基于这两方面的考量,德国联邦最高法院近年来关于投资诈骗案件的判决指出,庞氏骗局中诈骗行为所导致的财产损害数额以其骗取的投资总额来进行计算。行为人前期所支付的本息数额,不影响财产损害的认定,而只是作为事后的损害补偿(Schadenwiedergutmachung)在量刑中酌情予以考虑。[②]

(三)财产损害的直接性原则能够有效地区分贷款诈骗罪与骗取贷款罪、集资诈骗罪与非法吸收公众存款罪

诈骗罪在传统上被认为是"自我损害犯罪",基于这一观念,德国理论原则上认为诈骗罪的财产损害必须是由被害人的财产处分直接导致的(直接性原则)。客观归责理论产生后,直接性原则被认为是从诈骗罪的构成要件保护目的中推导出来的,是诈骗罪财产损害归责的重要组成部分。这一原则要求,诈骗罪的财产损害的计算必须以处分行为为时点,处分行为之后由其他原因造成的财产减损或增加均不能影响财产损害的认定,例如事后产生的财产损害赔偿请求权、通过保险而获得的赔偿、风险投资中因为意外因素所造成的财产增加均不能计入整体财产的减损之中。[③]

直接性原则也意味着,只有财产处分行为时的还款意愿才能影响财产损害的成立。行为人在获取集资款、银行贷款之后,事后产生拒不归还意愿导致财产无法归还的,不在集资诈骗、贷款诈骗罪的构成要件保护范围之内。《纪要》与《解释》所列举的各类抽逃、转移、隐匿资金或隐匿销毁账目等事后行为,虽然可

① 浙江省金华市中级人民法院(2009)浙金刑二初字第 1 号刑事判决书。

② BGH NStZ 2016, 409.

③ Tiedemann, in: Leipziger Kommentar zum StGB, 12. Aufl., § 263, Rn. 161 f.

以用以推定还款意愿的存在，但若有相关证据证明行为人只是在事后因为各种原因产生逃避还款意愿的，也应当否定非法占有目的即财产损害的存在。行为人在合法取得贷款后想要逃避债务，如若在逃避债务履行过程中，使用欺骗手段使被害人放弃或减少相应金额的，属于在履行合同中实施的诈骗行为，根据《刑法》第二二四条的规定以合同诈骗罪论处。若单纯的拒不归还、隐匿财产逃避履行的，属于民法调整的范畴，不属于刑法上的侵占罪。[①]

(四)间接故意足以肯定非法占有目的

如果将非法占有目的中的排除意思理解为对于造成他人财产损害的故意，则这种故意的内容显然不仅仅局限于积极追求危害结果发生的直接故意，也包括放任危害结果发生的间接故意。

德国刑法理论中"目的"概念也面临类似的问题。通常认为，"目的"(absicht)具有两层含义：其一，作为总则中故意分类的目的。故意被分为了目的(absicht)、明知(wissentlichkeit)与间接故意(bedingter vorsatz)三种类型，其中目的指的是行为人积极追求结果发生的主观意志态度。其二，作为分则中主观超过要素的目的。目的也可以指分则的具体罪名中单独加以规定的，盗窃罪中的不法所有目的、伪造货币罪中的使用目的、诈骗罪的不法获利目的均属于这一意义上的目的。德国通说认为，分则中的目的不等于总则中的目的。分则具体罪名中虽然使用了"目的"的表述，但并不一定要求行为人主观上必须持积极追求的态度。尤其是盗窃罪中不法所有目的中的排除意思，仅要求存在间接故意即可。[②]

当我们将排除所有意思从原所有权人丧失所有拓展到使被害人遭受整体财产的减损，则行为人主观上只需要对他人的财产损害存在间接故意即可以肯定非法占有目的中的排除意思。《纪要》中明确规定"明知没有归还能力而大量骗取资金的"便是对非法占有目的的间接故意形态的肯定。行为人的还款意愿与能力在财产损害以及故意的认定中具有同等的地位，还款能力的缺失不仅仅是用以推定还款意愿缺失的证据，而是故意造成他人损害的另一种独立形态。

---

① 陈兴良. 合法贷款后采用欺诈手段拒不还贷行为之定性研究——从吴晓丽案切入[J]. 华东政法学院学报，2004(3).

② Vogel, in: Leipziger Kommentar zum StGB, 12. Aufl., § 15, Rn. 87.

四、结论

综上,财产罪理论对于非法占有目的内涵的学理阐释在一定程度上难以满足这一要素在金融诈骗罪中的界分功能。这使得司法实务转而寻求从司法经验中总结可以推定非法占有目的存在的情形,将实体问题转化为证据证明的程序问题。在程序中如何证明非法占有目的的存在并不能取代在实体法上准确解释非法占有目的的问题,离开准确的实体解释,非法占有目的的推定往往缺少系统的判断标准与统一适用的根据。

非法占有目的包含排除意思与利用处分意思两个部分。排除意思的存在是以集资诈骗罪、贷款诈骗罪为代表的金融诈骗罪有别于非法吸收公众存款罪、骗取贷款罪的关键。基于我国刑法财产罪的保护法益是整体财产,排除意思应当扩张解释为"排除他人财产、使他人财产遭受损失"的意思。在承认财产损害是财产罪成立的客观构成要件这一前提下,主观上使他人遭受财产损害的意思是诈骗罪乃至所有财产罪犯罪故意的组成部分。而利用处分意思或者说不法获利意思才是真正意义上的主观超过要素。非法占有目的的认定困难,本质上是财产损害的认定问题。

诈骗罪的财产损害以处分行为直接造成的整体财产减损为限,以处分行为为计算时点,比较前后财产流入与支出判定整体财产是否发生减损,在缔约时主要表现为比较合同的给付与对待给付义务的经济价值大小。若行为人主观欠缺还款意愿,债权人所获得的对待给付的实际经济价值归于零,债权在事实上无法实现。司法解释中所总结的非法占有目的推定情形的核心便在于行为人的还款意愿和能力,二者均是被害人财产损害认定的建构性要素。作为财产损害的建构性要素,行为人是否具有还款意愿与还款能力应当在法律经济财产概念的框架内进行规范判断。集资诈骗等典型的庞氏骗局中,行为人以骗取的集资款偿付早期集资参与者的利息与本金,虽然在事实上看具有还款意愿与能力,但从规范上看,以所骗取的集资款为来源所形成的偿付能力不能被认为是行为人还款能力的组成部分。

非法吸收公众存款罪、骗取贷款罪的成立及定罪量刑虽然也考虑犯罪行为所造成的财产损失,但此处的财产损失并非欺骗行为直接造成。在非法吸收公众存款、骗取贷款案件中,行为人虽然使用了欺诈手段与集资参与者、银行订立借款、贷款合同，但其主观上具有债务履行的意愿，对于未来的债务履行能力也有积极的预期，此时集资参与者、银行相对于行为人所拥有的债权具有经济价值，不能认为财产处分行为直接造成了财产损害。非法吸收公众存款罪、骗取贷款罪中的财产损失，因而是犯罪情节，而非犯罪结果要件。

第二章　网络时代的数据保护

债权自救与债务人的个人信息保护

◎陈金林*

一、问题的提出

当前，公民个人信息的保护已经被提到了一个前所未有的高度。立法层面，处罚的范围和力度越来越大；司法层面也在顺应这一立法进程，强调对侵犯公民个人信息犯罪的严厉打击。这是对犯罪现实的回应，也是全球范围内个人信息保护的主要趋势。当前，通行的个人信息保护原则是“无同意或法律明文允许即禁止”。① 这不难理解，毕竟个人信息与隐私和安全具有高度的关联性，属于个人生活的核心领域，不宜让人随意获取、利用。但即便如此，在欧盟、德国等国家的个人数据保护规定中，也对个人信息的合法使用留下了空间。

我国尚未颁布统一的个人信息保护法，并没有关于个人信息合法获取与使用的一般性规定。当前，司法机关在处理侵犯公民个人信息罪时，很少考虑符合构成要件的行为被正当化的可能性。因此，部分具有一定合理性的个人信息利用方式，如债权人为了实现债务获取恶意逃避债务的债务人的个人信息，也被混入完全没有理由的个人信息侵犯行为中，被一竿子打倒。在“老赖”面前，债权人

---

* 陈金林，武汉大学法学院副教授，武汉大学经济犯罪研究所所长。本文原载于《上海政法学院学报（法治论丛）》2018 年第 3 期，收录时略有改动。

① 如《德国联邦数据保护法》(BDSG)第 4 条第 1 款规定：“获取、处理或使用个人数据，仅在本法或者其他法律规定许可、明文规定或者数据所涉主体同意的情形下，才能被允许。”《欧盟统一数据保护规定》(GDPR)第 6 条第 1 款也规定：“数据的处理仅在下列情形之一出现且未超过各项规定范围的情形下才能被视为合法……”

难道只能寄望于未必有效率且未必能成功执行的民事诉讼？债权人获取债务人基本信息的行为为何不能正当化？辅助债权人以前述方式实现债权的人能否出罪？当前司法实践给出的答案让人忧心，这种实践操作不仅严重限制了债权人的权利，甚至在某种程度上影响着特定类型行业（尤其是金融机构以及资产管理类的企业）的生存状况。因此，有必要在打击侵犯公民个人信息罪的汹涌浪潮中，冷静地探索特殊情形下正当获取并利用公民个人信息的可能性。

二、司法实践的态度及其影响

（一）司法实践的立场

对于以债权实现为理由获取债务人个人信息的案件，法院在审理的过程中通常无视或者回避了个人信息合法使用的可能性，辩护方要么根本没有意识到这一辩解事由的存在，要么在具备这种意识并提出这一辩解事由时，也显得底气不足。这种态度在如下案例中有具体体现：

案例1[①]：自2012年10月开始，被告人田某某曾因购买公民个人信息受过治安管理处罚，后又从网上购买公民个人信息20多条，并利用这些信息成功为3名债权人追回欠债款。判决并没有对公民个人信息用于债权追偿这一事实作出回应。

案例2[②]：被告人马某某通过电脑在互联网上开设数家追债、商务调查、忠诚调查公司，非法从事私家侦探活动，为委托人调查他人外遇情况、讨要债务。其中，马某某曾两次受债权人委托，协助债权人讨要债务，并通过他人获取了债务人的户籍信息、户籍照片等。审判过程中，被告人、辩护人和法院均未对该行为的正当化发表意见。

---

① 田某某非法获取公民个人信息罪一审刑事判决书（[2013]深龙法刑初字第852号）[EB/OL].[2019-10-25]. https://www.itslaw.com/detail?judgementId=023d396a-8e19-4629-9d70-403ee61e9190&area=0&index=1&sortType=1&count=1&conditions=searchWord%2B%EF%BC%882013%EF%BC%89%E6%B7%B1%E9%BE%99%E6%B3%95%E5%88%91%E5%88%9D%E5%AD%97%E7%AC%AC852%E5%8F%B7%2B1%2B%EF%BC%882013%EF%BC%89%E6%B7%B1%E9%BE%99%E6%B3%95%E5%88%91%E5%88%9D%E5%AD%97%E7%AC%AC852%E5%8F%B7.

② 马某某非法获取公民信息案一审刑事判决书（[2015]昌刑初字第00110号）[EB/OL].[2019-10-25]. http://wenshu.court.gov.cn/content/content?DocID=315ef116-676b-4902-be01-7cd37e66b6a6&KeyWord=.

案例3[①]:2011年6月至2012年4月期间,被告人甲某以上海某某有限公司的名义,在公司主页标明“要账公司”“专业要账公司”等关键词,并以QQ号码招揽客户,为他人讨债,从中牟取利益。期间,被告人甲某从公民个人信息非法提供者处购买了公民个人信息,工商企业法人信息,宾旅馆住宿人员信息,车辆所有人信息,联通、移动手机用户等登记信息和民航乘客登机信息等涉及大量公民个人信息的资料。审判过程中,辩护人认为,被告人甲某并非为了牟利而获取公民个人信息,而是为了帮助合法债权人向债务人催讨钱款,并以此作为理由之一,主张被告人犯罪情节较轻,社会危害性不大,建议法院对其从轻处罚。法院并没有在判决书中对这一辩解意见进行回应。

案例4[②]:2012年5月,被告人周某私自设立某商务咨询有限公司,为他人提供“婚姻不忠调查、寻人查址取证、债权债务收讨、宾馆航班监控、资料调查取证、商业信息调查”等有偿服务。从2012年5月起,周某通过网络平台,按照“客户”要求,利用互联网向不法分子收购了80余人的户籍信息,数十人的手机通话资料等,完成“客户”要求后非法获利人民币5万余元。2013年1月14日,被告人周某被抓获,并缴获跟踪器、暗拍器等作案工具。审理过程中,辩护人认为被告人利用信息的目的是帮客户讨债,并以此作为理由之一,主张被告人犯罪情节比较轻微,危害性不大。针对这一辩护意见,法院审理认为,被告人周某非法获取大量公民个人信息,且用于跟踪调查等非法业务,其行为具有严重的社会危害性,符合非法获取个人信息罪情节严重的构成要件,故认为辩护意见与查明事实不符。在该案中,辩护人提出了债权实现这一理由,但仅仅将其作为降低行为危害性的理由,而并非将其作为正当化的事由。法院也没有正面回应这一事由的正当性,而是一方面通过手段的非法性(跟踪调查)进行回避,另一方面又以辩护意见证据不足决定不采纳辩护意见。

案例5[③]:2016年底,以沈某宇为首的犯罪团伙借某资产管理公司广州分公

---

① 甲某非法获取公民个人信息罪一审刑事判决书([2012]徐刑初字第680号)[EB/OL].[2019-10-25]. http://www.hshfy.sh.cn/shfy/gweb2017/flws_view.jsp?pa=adGFoPaOoMjAxMqOp0OzQzLP119a12jY4MLrFJndzeGg9MgPdcssPdcssz.

② 周某非法获取公民个人信息罪一审刑事判决书([2013]穗天法刑初字第1846号)[EB/OL].[2018-03-12]. http://wenshu.court.gov.cn/content/content?DocID=4f7fd392-adda-4b42-b2c5-523c17b56490&KeyWord=.

③ “飓风1号”专案收网6个犯罪团伙被端138人落网[EB/OL].[2017-11-13]http://news.ycwb.com/2017-03/01/content_24326971.htm?winzoom=1.

司名义，购买金融单位的不良债权后，通过向债务人追讨欠债来获利。沈某宇先购买债务人员开房、电信、快递等一系列信息，再将这些信息交给其下属进行追债，多名债务人因信息泄露被多次上门追债。该犯罪团伙自称"16K"，称其可以快速准确获取多达16个省（区、市）的公民个人信息，掌握事主的行踪。该团伙不仅将购买来的公民个人信息用于追债，还通过网络出售公民个人信息谋取不法利益。广州市公安局和越秀区公安分局专案组经过连续数月的追查，抓获沈某宇在内的犯罪嫌疑人22名，收缴大量涉案公民个人信息及一大批作案工具。同时，专案组循线追踪，将向该团伙出售公民电信信息的广州某科技有限公司员工薛某、出售快递信息的黄某某及出售银行信息的刘某等20余人抓获归案。相关侦查工作仍在进行中。

综合前述判例可见，当前的司法实务部门并没有将债权实现作为公民个人信息使用的正当化理由。除案例4之外，其他的案例中，司法机关都没有对债权实现这一辩解事由或事实作出回应。案例4中，辩护人和法院也仅将其作为影响行为社会危害性轻重的事由而非正当化的事由。案例4则涉及一种普遍存在的经营模式——资产管理公司购买金融机构的不良债权并采取措施予以实现。公安机关对其采取的行动，必然会影响到这一类经营的发展前景，并波及金融机构不良资产的处理。

（二）实质的正当化理由

从应然的层面分析，债务人具有及时清偿债务的义务。为了保证债务的清偿，债务人在其基本个人信息发生更改之后，有义务告知债权人。这既是债权债务关系的当然内容，也在诸多合同中有具体约定。以信用卡申办为例，一般的格式合同中都有类似如下条款："乙方及其附属卡持卡人如发生工作变动、通信地址或电话变更、身份证件号码变更等，应当及时与甲方联系并办理资料变更手续。"多数银行（甲方）在接受信用卡申请时，会对申办人（乙方）个人信息的获取提出类似如下的要求："乙方及其附属卡申请人……同意甲方向任何有关方面（包括但不限于中国人民银行个人信用信息基础数据库）了解和查询其财产、资信、个人信用信息等情况，并保留相关资料。甲方有权收集、处理、传递及应用乙方及其附属卡申请人的个人资料。"

然而，在前述案例中，法院并没有分析债权债务关系对犯罪成立的影响。司法实践之所以采取这种立场，多是因为机械地服从制定法，即但凡法律规定的构成要件得以满足，就认为一定构成犯罪，很少主动反思具体案件是否具备不法的实质内容并以超法规的违法阻却事由排除违法性。

同样的行为,在其他国家或地区却具有合法化的可能性。例如,无论是《德国联邦数据保护法》还是《欧盟统一数据保护规定》,均对数据处理的合法化进行了规定,其中基于业务目的的合法化,就包括因为交易关系的一方提供的地址不(再)能联系上对方而向户籍登记处获取其地址[①],也包括调查公司这种业务类型[②],尽管这些合法化事由都必须满足严格的条件。我国尚未颁布统一的个人信息保护法,但合法化并不受制定法的限制,一个行为究竟是合法的还是非法的,应当以实质的法益侵害作为判断的标准,不能因是否有制定法而有所不同。由于债权人获取债务人信息的目的在于实现债权,最接近自救行为这种违法阻却事由,下文将结合自救行为的正当化条件,详细分析其被正当化的可能性。

一般认为,自救行为的合法化应满足如下条件:(1)法益已经受到了违法侵害,且受侵害的状态依然存在;(2)自救行为人具有需要实现的请求权;(3)自救行为的补充性,即通过法律程序、依靠国家机关不可能或明显难以恢复受侵害的法益,或者说不能及时获得公权力的救助;(4)自救的手段具有适当性,所造成的侵害与救济的法益具有相当性。[③] 下面将结合债权实现过程中获取债务人个人信息这一社会现象进行分析。

三、自救权的前提条件与主体范围

(一)自救行为的前提条件

自救行为以请求权的实现受到威胁作为前提。[④] 这里的请求权,既包括债权实现本身,也包括债权的执行,在法院判决执行状况严重恶化的前提下,用公民个人信息弥补国家执行机关能力的不足,也可以被正当化。

自救行为所维护的请求权本身不能违反法秩序。为了查配偶或者男(女)朋友的"奸情"而获取其个人信息,显然不能正当化。因为男女朋友之间的"忠诚"并不受法律保护,配偶之间的"忠贞"义务,也并非法律以强制力保护的对象,它

---

① Vgl. BeckOK DatenschutzR/Bäcker, 22. Ed. 1.2.2017, BDSG § 4 Rn. 42.1.

② Vgl. BGH, GPS-gestütztes Erstellen persönlicher Bewegungsprofile durch Detektei, in: NJW 2013, 2530.

③ 张明楷.刑法学[M].北京:法律出版社,2016:236.

④ Vgl. MüKoBGB/Grothe, 7. Aufl. 2015, BGB § 229 Rn. 5.

仅在夫妻双方离婚时构成损害赔偿的理由之一。因此,案例2和案例4中的"忠诚调查""婚姻不忠调查"显然不能通过自救行为正当化。同样,不受法律保护的赌债、超过法律允许范围的高利贷利息等,也不得以自救行为予以救济。当然,根据德国通行的观点,部分追诉条件欠缺并不导致自救权的丧失,例如外交豁免原则不妨碍行为人通过自救行为救济其权利。[①]

(二)自救行为的主体范围

债权人本人具有自救权,债权的受让人在成为新债权人之后,也获得了保全债权的自救权。在信用卡恶意透支的情形下,发卡的金融机构当然能够采取适当的措施进行自救;从金融机构处获得债权让与的资产管理公司(案例5),也获得了进行自救的权利。不过,在债权转让的情形下,下游的债权人获取债务人个人信息的权限,不得超过上游的债权人,且也仅限于对于实现债权而言有必要的范围之内。[②]

问题在于,债权人或者资产管理公司仅靠自己的力量,很难获取债务人的信息以实现债权,实践中,它们通常依靠专门从事信息捕获的个人或者单位达成目的。这些直接获取债务人信息的个人或者单位能否通过委托方的自救权而正当化?也即,自救权能否扩展至债权人之外的其他主体?德国通行的观点认为,原则上,自救仅能用来实现或者保全自己的请求权,但在例外的情形下,债权人之外的人也能行使自救权,这些例外中就包括在具体的情形中被以明示或默示的方式授权实施自救行为的第三人,也包括请求权人法定或者约定的代理人。不过,与正当防卫和紧急避险的情形不同,自救行为原则上不能由未获得授权的第三人实施。[③] 所以,如果从事信息采集的个人或单位,有客观理由相信委托方是为了实现合法的请求权而委托其获取债务人个人信息的,可以被视为债权人自救行为的委托代理人,因此其获取债权人个人信息的行为,具有合法化的可能。

当然,这也涉及非官方主体从事调查的行为究竟是否合法。在德国,私人调查原则上是合法的。当然,考虑到所涉主体相关利益的保护,其调查手段受到诸

---

① Vgl. MüKoBGB/Grothe, 7. Aufl. 2015, BGB § 229 Rn. 4.

② Vgl. BeckOK DatenschutzR/Wolff, 22. Ed. 1.8.2015, BDSG § 28 Rn. 30.

③ Vgl. MüKoBGB/Grothe, 7. Aufl. 2015, BGB § 229 Rn. 2. 也有人认为自救只能由债权人本人实施,参见孙山,易利娟.如何回应弱化债权下的强势债务现象——论讨债中自助行为与非法拘禁的法益衡量[J].天津法学,2011(3),不过这种限制并无理论根据。

多限制。[①] 1993 年，我国公安部出台了《关于禁止“私人侦探所”性质的民间机构的通知》，严禁开办任何形式的民间调查机构。但违反部门规章并不意味着构成刑事不法，在为自救行为提供帮助的范围内，民间调查机构的行为完全可以在刑法层面被正当化。不过，在一个市场化匿名交往的环境中，从事信息获取的个人或单位不能轻信委托人的一面之词，只有在具备客观依据的前提下，才能相信委托人对拟获取信息的主体存在合法的请求权，才能基于协助债权人自救这一理由出罪。在有人声称自己是为了实现合法债权而购买或要求对方协助获取公民个人信息时，提供或负责获取数据的辅助人应当采取措施避免对公民个人信息自决权的随意侵犯。对于是否存在合法的债权，自救行为的辅助者应承担形式审查的义务。否则，会纵容甚至诱导数据公司动辄主张自己“相信”委托方的目的合法而逃避法律责任。

四、自救行为的限制

(一)自救行为的必要性

只有在“恢复权利事实上不可能或显著困难”[②]时，才有成立自救行为的空间。因此，但凡公权力提供了救济权利的具体可能性，自救行为就没有存在的必要性了。这就是自救行为的必要性，其核心内容是对公权力救济途径的补充性。排除补充性要件的公权力救济，不限于实体层面的、终局性的救济，也包括程序层面的、临时的救济手段。只要临时的保全措施是可能的，自救权就应让位。[③]因此，在探讨利用债务人个人信息对债权进行自救之前，首先要分析公权力提供的救济途径。

1. 公权力的救济可能性

国家公权力对债权人的救济可能性包括：(1)在债务人逃避债务构成犯罪的情形下，可以通过《刑事诉讼法》提供的途径救济自己的权利，因为刑事侦查的重要职能，就是确定、查获犯罪人并解决其责任问题。(2)债务人的行为不构成犯罪，债权人也可以通过民事诉讼救济自己的权利，获得有利的判决后，法律还提

① Vgl. Gola/Schomerus/Gola/Körffer/Klug, 12. Aufl. 2015, BDSG § 4 Rn. 27a.

② 陈家林. 外国刑法通论[M]. 北京：中国人民公安大学出版社，2009：357.

③ Vgl. MüKoBGB/Grothe, 7. Aufl. 2015, BGB § 229 Rn. 4.

供了保障判决执行的措施。法院经申请后,可以通过网络执行查控系统调查债务人(被执行人)的财产信息,如债务人涉嫌拒不履行判决、裁定,则有可能再次转化为刑事案件。

当然,这里的公权力救济应当体现为一种在具体情境下及时保障债权的现实可能性,而不能仅从纸面上考虑“抽象”的救济可能性,否则,自救行为将完全失去存在空间。因此,实施自救行为并不要求完全没有补救的措施,即便有事后提出赔偿的可能性,甚至债权有相应担保,也不排除自救行为的适用可能。① 当然,一旦这种现实的“可能性”被证明是不现实的,就意味着公权力救济途径已经“受阻”,自救的可能性被再次激活。

2. 公权力救济途径的现实受阻

第一,债务人的行为构成犯罪且债权人已提起控告,司法机关应当立案而未立案,或立案后未及时采取有效的侦查措施进行侦查,或进行了侦查但未能有效侦破案件。对于不予立案的情形,债权人可以立即采取自救措施;对于后两种情形,则需要在债权人报案之后留下合理的处理时间,公权力介入之后的通常处理期限,不能被认为是公权力救济不及时。②

第二,债务人的行为不构成犯罪,但又欠缺进行民事诉讼或判决执行的最基本条件。通过诉讼解决相应的债权债务,必须以明确的被告作为前提。因此,如果在债权债务关系形成之后,债权人连对方最基本的身份信息都没掌握,则通过获取其个人信息的方式确定其身份,自然也符合自救行为的补充性要件。例如,冒用他人名义签订合同骗取财物但数额未达到 2 万元以上③,不足以构成犯罪,但又无法确定其基本信息,无法提起民事诉讼(没有明确的被告),债权人即可通过获取债务人个人信息的方式自救。

第三,具有民事诉讼救济的可能性,债权人通过提起民事诉讼的方式救济自己的权利,但司法机关没有正当理由不予受理,或在判决作出之后未能或拒绝采取有效措施予以执行的,债权人也可以获取并利用债务人个人信息的方式实现债权。

其中,第一种和第三种情形原本可进行公力救济,但这种可能性未能转化成

---

① Vgl. MüKoBGB/Grothe, 7. Aufl. 2015, BGB § 229 Rn. 5.

② Vgl. MüKoBGB/Grothe, 7. Aufl. 2015, BGB § 229 Rn. 4.

③ 2010 年 5 月 7 日《最高人民检察院、公安部关于公安机关管辖的刑事案件立案追诉标准的规定(二)》第七十七条规定的追诉标准。

现实,国家机关未能履行为公民提供公共产品的义务,则其对纠纷解决的垄断权应当有所让步,允许自救行为的介入。

3. 官方救济途径不经济

实践中经常出现的难题之一是,公权力提供了救济的可能性,但这种可能性成本高、收益低,以至于选择公力救济明显不经济。这种情形下,是否允许债权人自救?

以信用卡透支这种典型的情形为例:首先,它结合了加害方的责任离散和受害方的损害汇集两种效果:一方面,债务人逃避的债权往往无法越过追诉门槛,刑法无法介入;另一方面,又有数量巨大的同类"轻微"行为汇集于少数金融机构,造成甚至比犯罪更严重的后果。其次,正规法律途径成本高、效率低:债务人更换联系方式逃匿债权后,司法只能选择公告送达,由此增加了预付的公告费用成本和时间成本(60 天),即便忽略这些成本且民事判决胜诉,在缺乏被执行人基本个人信息和可供执行的财产信息的前提下,判决被执行的概率也极低。最后,事实证明这类权利通过公力救济效果很差,这可以通过市场数据反映出来:当前金融机构常将这类债务批量作价 30% 处理给资产管理公司(案例 5 所涉的情形),说明在金融机构看来,公力救济的收益率非常低。

从自救行为的教义学层面分析,也能找到相应的根据。依照当前德国民法学界的意见,只要有充分的根据"担心"请求权的实现将会变得"非常困难",即便并非"完全不可能",自救行为的必要性要件也被认为已得到满足。[①] 这里的请求权"实现""变得非常困难",不仅包括请求权不能或难以实现,也应包括请求权实现明显不经济的情形。正因如此,《德国民法典》第 704 条规定,旅店老板为实现因旅客消费所产生的债权可以留置旅客随身所携带的财物,不要求先寻求正式救济途径(如先提起民事诉讼)。

这一原理也已经适用到了个人信息保护领域,德国理论界在诠释基于业务目的的数据合法处理时,认为当其他途径不能或者不能"适当地"(angemessen)维护债权债务关系一方的正当利益时,可以不经数据主体同意获取其个人信息。[②] 成本与收益之间比例完全失调的救济措施,不能被认为是"适当"的保全方法。同样,德国理论界在分析"直接获取原则"的例外之时,也将获取数据的成本

① Vgl. MüKoBGB/Grothe, 7. Aufl. 2015, BGB § 229 Rn. 5.

② Vgl. BeckOK DatenschutzR/Wolff, 22. Ed. 1.8.2015, BDSG § 28 Rn. 34.

问题作为能否突破直接获取原则的因素之一，即从数据主体处获取个人数据的成本高得“不合比例”之时，可以不经数据主体的配合而获取其数据。[①]

在纯粹的商事领域，由于交易常发生在陌生人之间，且更注重对效率的追求，因此可以适当放宽必要性条件。当公权力救济的成本过高、难度过大，且债权人与债务人之间的陌生程度很高、对其基本信息依赖程度很重时，即便债权人没有事先诉诸成本很高、成功概率很低的常规救济途径，也不违反补充性原则。

(二)手段的适当性

在满足补充性要件之后，需要分析获取债务人的个人信息能否作为获取公民个人信息的适当手段。在这里，可以先分析我国司法实践对类似行为的态度。

1. 获取个人信息与抢劫之间的对比

根据2005年6月8日《最高人民法院关于审理抢劫、抢夺刑事案件适用法律若干问题的意见》第七条第二款，“行为人仅以其所输赌资或所赢赌债为抢劫对象，一般不以抢劫罪定罪处罚”。其手段行为构成其他犯罪的，依照刑法的相关规定处罚。据此，在行为人仅利用不足以致人轻伤以上伤害的暴力、单纯的胁迫或者“其他手段”的情形下，对所赢赌债或者所输赌资的抢劫不构成犯罪。

与暴力(即便不足以致人轻伤以上的伤害)、胁迫或者“其他手段”(例如用迷药使人昏迷)相比，对公民个人信息的侵犯显然更轻；与赌债相比，合法债权更应当受到法律的保护。可为什么在前述案例中，司法机关完全未考虑债权人实现债权的正当理由？不能仅用“非法占有目的”这个学理层面的构造来解释，因为我们完全可以追问：“为什么不能在理论层面给侵犯公民个人信息罪构造一个‘非法使用目的’的要件？”[②]实质差异在于，在财产犯罪中，理论界和实务界已经意识到将没有处罚必要的自救行为和有处罚必要的财产犯罪区分开，也为此找到了教义学上的工具(即非法占有目的[③])，而在侵犯公民个人信息罪中，这种探讨还没有完全展开。

---

① Vgl. Gola/Schomerus/Gola/Körffer/Klug, 12. Aufl. 2015, BDSG § 4 Rn. 28.

② 已经有学者主张将“以从事违法活动或侵害个人权益活动为目的”作为侵犯公民个人信息罪的要件。参见高富平、王文祥. 出售或提供公民个人信息入罪的边界——以侵犯公民个人信息罪所保护的法益为视角[J]. 政治与法律，2017(2).

③ 将这种工具引入侵犯公民个人信息罪未必妥当，因为它是一个构成要件要素，在犯罪认定时需要结合案件事实作构成要件符合性的判断，这会增加证明的负担，违反立法者将侵犯公民个人信息罪独立成罪的宗旨(回避证明侵犯公民个人信息与其他犯罪之间的关联性这一难题)。

2. 个人信息获取的禁止并非绝对

《德国民法典》规定的自救行为手段,并不包括获取或使用个人信息。但《德国联邦数据保护法》的合法化事由中,规定了基于业务目的的合法化事由。当一方的联系地址发生变动或提供的地址不能成功联系该方时,对方获取其个人数据不违法。调查公司为了经营而获取数据,也有合法化的可能性。[①] 因此,获取公民个人信息不能被认为绝对不符合自救行为的适当性要件,当然也不能被认为所有获取公民个人信息的行为都满足这一要求,而是需要结合公民个人信息保护和自救行为的基本原理具体分析。

我国目前对公民个人信息的规定多是禁止性的,没有就公民个人信息的合法获取与使用作出一般性的规定。虽然公权力获取公民个人信息的合法性一直被默认(例如为了案件侦查的需要),不过是否允许非官方主体直接获取个人信息,一直鲜有理论探讨,反倒是实践走在了前面。根据 2017 年 1 月 25 日《最高人民法院关于民事执行中财产调查若干问题的规定》第二十一条:"被执行人不履行生效法律文书确定的义务,申请执行人可以向人民法院书面申请发布悬赏公告查找可供执行的财产。"这一规定意味着,在最高人民法院看来,非官方主体也可以合法查找被执行人的财产信息(以回应悬赏),而且认为这是实现债权这一最终目的的适当手段。

3. 债权债务关系对个人信息的依赖及被害人的事前同意

分析特定的手段行为是否适当,应权衡这一手段所追求的目的和它给行为对象造成的损害。之所以要为债权自救寻求空间,是为了防止正式救济的不能或低效影响到整个交易制度的安全性和效率,并因此制约交易的发展。在当前中国,债权实现已经成了一个严重的社会问题[②],对此应当在理论层面进行回应。从债务人的角度分析,在基本信息发生变化后告知对方、及时履行合同义务,是债权债务关系的当然内容,是债务人应履行的最基本义务,同意债权债务发生,就意味着同意了承担这种义务;而且,合同中往往直接约定了债权人获取债务人个人信息的权利。虽然不能将其解释为被害人同意,但在有事前约定的情形下,采用违背其意志的方法获取债务人个人信息,并不必然是不适当的行为,只是应有所节制。

---

① Vgl. BeckOK DatenschutzR/Bäcker, 22. Ed. 1.2.2017, BDSG § 4 Rn. 42.1.

② 孙山,易利娟.如何回应弱化债权下的强势债务现象——论讨债中自助行为与非法拘禁的法益衡量[J].天津法学,2011(3).

4. 债权人获取债务人个人信息的限度

自救行为必须被限定在必要的范围之内，而且应当选择对于实现或者保全债权有效的措施中对债务人损害最小的措施。[①] 而且，原则上，自救应当具有临时属性，在采取临时措施之后，应立即转用原本不可能或难以获得的公力救济途径。[②] 通过获取债务人个人信息方式救济债权，需要满足以下有关限度的条件。

第一，有关信息的种类，应限于实现债权所必须且适当的范围。基本的个人信息，包括联系方式、常用住址、财产信息以及行踪信息（为了执行所必须），都在债权自救行为的范畴之内。但与债权实现这一目的没有直接联系的信息，例如其家庭成员的信息、恋爱信息等，则不在可合法获取的范围之内。

第二，对这一信息的利用，只能限于实现债权，其他的利用或者扩散，可能构成犯罪。例如，有关债务人基本信息的让渡，只能与债权让与同步，否则，可能构成侵犯公民个人信息罪。

第三，即便获取债务人的个人信息在自救行为所允许的范围内，也不能保证利用债务人个人信息实施的其他行为必然合法。获取债务人信息之后，与债务人联系并进行索债的手段行为的刑法属性，应单独加以判断。获取信息这一源头行为的正当性，不保证其下游所有行为的正当性。

第四，通过获取债务人信息救济债权的行为，不能正当化为了避免举证困难而采取的行为，因为自救行为仅是请求权的保障手段，其目的不是为了成功实现请求权。[③]

第五，行为人应选择尽可能轻的手段，请求权的保全利益与手段之间不能存在明显的不均衡，且不能选择社会伦理上不被允许的行为。能够通过获取联系方式即可实现债权的情形下，不得通过获取其行踪来救济其权利；完全属于行为人核心隐私领域的敏感个人信息，无论如何不能被用来实现债权，例如能够揭示个人的种族、政治倾向、宗教和哲学信仰、关于个人健康或者性生活的数据、基因数据和生物数据等。

---

① Vgl. MüKoBGB/Grothe, 7. Aufl. 2015, BGB, § 230 Rn. 1.

② Vgl. MüKoBGB/Grothe, 7. Aufl. 2015, BGB, § 230 Rn. 2.

③ 金日秀，徐辅鹤. 韩国刑法总论[M]. 郑军男，译. 武汉：武汉大学出版社，2008：310.

五、结语

在“严打”侵犯公民个人信息罪的同时,也需要给公民个人信息的合法使用留下空间,否则,就会在倒洗澡水的时候把孩子也一起倒掉。当前司法实践在追求信息保护的过程中,没能有意识地平衡各种不同的利益,忽略了自救行为在侵犯公民个人信息罪中的适用空间,压制了债权人实施自救行为的可能性。在债权的公力救济能力有本质的改观之前,这种立场会影响交易安定,制约经济发展。

应对这一难题的补救方案是:在公力救济不具有理论上的可能性、公力救济现实受阻或者公权力救济明显不经济的情形下,允许债权人通过获取并使用债务人个人信息实现债权。尤其是在纯粹的商业领域,对那些高度依赖债务人基本信息、债务人曾承诺债权人告知其变更后的基本信息且批量发生的债权债务关系中,宜适度放宽自救行为的必要性条件,允许债权人通过获取债务人个人信息的方式进行自救。当然,自救行为必须有所节制,且举证责任应当由提出自救辩护的一方承担。

以此回顾前述案例,司法机关完全无视或刻意回避以自救行为作为理由的辩护,显然是不合理的。即便前述案例中的债权人或其辅助人获取或使用的公民个人信息并非都是为了实现债权,其实现合法债权的部分,也应当从其犯罪所涉信息数量中扣除。

面对大数据时代的个人信息及其运用,我们应当谨慎以确保安全,但也不能过于保守,以防错过运用信息追求合法利益的契机。这一理念不限于作为传统问题的债权实现,也涉及个人信息的商业运用。如果马拉车时代的人对汽车上路的风险过于谨小慎微,或许今天的我们还在马背上颠簸。不能让下一代回顾大数据的应用史时,对今天的我们充满怨言。

大数据时代侵犯公民个人信息罪的治理边界

——以医疗大数据有效利用为中心

◎储陈城　胡子昕*

一、大数据时代医疗信息的社会价值

医疗健康领域大数据的积累和分析所得到的成果，其重要性已经得到一致的认可，有效利用的框架已经开始在包括日本在内的各国形成。医疗大数据有效利用的背景是超级计算机、数据库管理系统（data base management system，DBMS）的快速进步，以及伴随着DNA测序仪等遗传基因分析机器性能的显著提高，医疗健康领域大数据研究也急速发展。①

从公共卫生、健康政策、医疗评价、医疗政策，到医疗变革（向疾病预测预防的医疗转向）、新医疗技术的创设（包括药物创新）等领域，医疗大数据及其研究成果的使用范围正在变得更广。

---

* 储陈城，安徽大学法学院副教授，硕士生导师；安徽大学陈盛清法律图书馆馆长，证据法律科学大数据研究中心副主任。胡子昕，安徽大学证据法律科学大数据研究中心助理研究员。本文为2018年度安徽省社科基金青年项目"'网络强国战略'下互联网法治化治理问题研究"（AHSKQ2018D05），以及2018年度最高人民检察院检察理论研究课题"保护网络产业发展的司法政策研究"（GJ2018D61）、2018年安徽省社会科学创新发展研究课题"互联网'最大变量'核心法律问题研究"（2018CX011）的阶段性研究成果。

① 中山健夫. 医療ビッグデータがもたらす社会変革[M]. 日経BP社21世紀医療フォーラム編，2014：1.

二、我国医疗大数据利用的隐患

在我国,医疗大数据有效利用的最大风险是刑法中所规定的侵犯公民个人信息罪。目前国内因医生提供和企业获取患者医疗信息而获罪的案件屡有发生。比如在张聪侵犯公民个人信息一案中,“2016 年 8 月 16 日,被告人张聪在担任珠海市香洲区香湾街道水拥社区卫生服务站公卫医生期间,利用其负责公卫资料录入及掌握珠海市卫计局社区卫生服务信息系统的账户、密码的职务之便,在水拥社区卫生服务站内,通过 QQ 联系,以人民币 400 元的价格向孙某(另案处理)贩卖了约 98009 条珠海市患者的个人信息,并将珠海市卫计局社区卫生服务信息系统的账户、密码交给孙某自行登录、下载患者的相关信息”。最终法院认定“被告人张聪违反国家规定,将在履行职责中获得的公民个人信息,出售给他人,情节严重,其行为已触犯我国刑律,构成侵犯公民个人信息罪”[①]。如何在有效利用医疗大数据的流程中,防止刑法中侵犯公民个人信息罪成为负面因素,则应成为我国理论和实务界所关注的核心问题。

三、理论基础:医疗大数据有效利用的合法化体系

如前所述,多国刑法中都有对侵犯公民个人信息行为入罪的规定。然而,由于医疗大数据是具有性,其利用行为也得以正当化,这就是医疗大数据有效利用的理论体系。

(一)去识别化处理

在大数据时代下,如何既能保证公民医疗信息受保护,使其处于低风险状态,又能合理有效地利用和发掘大数据的潜在价值,实现保护与利用的平衡是一个重要的命题。于此,对医疗信息进行去识别化处理,是一条妥当的应对路径。

所谓个人信息去识别化,即数据保有者采用技术手段,对其所保有的数据信息进行集中的筛查,将其中能够识别特定个人身份的数据信息予以删改的过程。通过对具有可识别性的个人数据信息进行删改,在保留信息特定用途价值内容

① 珠海市香洲区人民法院(2017)粤 0402 刑初 159 号刑事判决书。

的同时，也降低了可能对信息主体的隐私造成威胁或损害的风险。①

需要特别指出的是，去识别化处理面临着两个问题：

首先，在大数据时代下，绝对的去识别化或者说匿名化实际上是难以做到的。大数据运用的显著特征和方式就是对海量的数据进行深度挖掘。在大数据技术下，即使是表面上已经排除了可识别性和关联性的数据，在与其他大量数据结合比对分析的基础上，往往也总能识别出特定的个人，即再识别化。因此在深度数据挖掘的大数据技术下，通过与大量的其他个人信息结合，即使是经过现有匿名化技术处理过的数据，也能识别出特定的个人成为个人信息，会属于《与其他信息结合识别特定自然人身份或者反映特定自然人活动情况的各种信息解释》（以下简称《解释》）第一条中规定的“与其他信息结合识别特定自然人身份或者反映特定自然人活动情况的各种信息”，无法脱出个人信息的范围，进而导致合法化的基础被推翻。

其次，匿名化处理往往会导致大数据的某些价值遭到破坏，如医学研究依赖患者个人信息来进行“流程分析”（chart reviews），评价医疗效果、发现药物的副作用并提出改进方案。这些研究无法在完全匿名的状态下展开，尤其是当特定的药物或疗法出现了明显的健康风险时，则需要尽快通知到受影响的患者本人。② 在这种情况下，如果将患者信息进行去识别化处理，则会导致大数据失去价值而无法发挥其作用，不利于医学药学研究的开展。

对于去识别化处理的这两个问题，首先应当认识到，在再识别化技术高度发展的大数据时代下，绝对的去识别化是不存在的。去识别化技术实际上是尽可能地降低个人信息利用过程中，被再识别乃至泄露的风险，而非达到实际上无法实现的百分之百安全。因此，应当降低去识别化处理的标准。日本《个人信息保护法》第 2 条中“包含可以较容易地与其他信息相比照并可以借此识别出特定个人的信息”的规定③认为，所谓“识别”应当是在合理限度内的识别，将去识别化后的、需要耗费极大的努力和运用不合理的手段，才能识别出特定个人的信息排除出“个人信息”的范畴，进而使得去识别化处理得以作为个人信息处理利用的合

① 张勇. 个人信息去识别化的刑法应对[J]. 国家检察官学院学报，2018(4).

② 李丹丹. 论个人医疗信息的法律保护[J]. 吉首大学学报(社会科学版)，2015(2).

③ 《日本个人信息保护法》(平成十五年[02]法律第 57 号)第 2 条：本法所称的“个人信息”系指，与生存着的个人有关的信息中因包含有姓名、出生年月以及其他内容而可以识别出特定个人的部分(包含可以较容易地与其他信息相比照并可以借此识别出特定个人的信息)。

法事由,这对于我国《解释》第一条的正确理解有着重大的参考意义。

参照以上两点,对于《解释》第一条但书规定,在解释“经过处理无法识别特定个人且不能复原的”时,不能以绝对化的去识别化来理解,应当将其解释为经过处理无法在“合理的限度内”识别特定个人且不能“合理”复原的除外。与此同时,对于《解释》第一条个人信息的范围,也应当理解为能直接识别特定自然人或者与其他信息结合,能够“合理”识别特定自然人身份或者反映特定自然人活动情况的各种信息。

(二)患者的承诺

“在传统模式中,相关主体向第三人提供任何医疗信息,患者的承诺依据被害人承诺排除违法性的法理,自然得以作为正当化事由之一,并进一步分为明示的承诺和默示的承诺。”①而在大数据背景下,在医疗大数据收集、处理和运用过程中,患者承诺的方式和适用的情形则与传统模式有所不同。

1. 明示承诺的局限与适用范围

明示的承诺,可以为口头或书面表示的承诺。这是承诺的最基础、最典型的表现方式,也是被最广泛采纳的承诺方式。1980 年国际经济合作与发展组织(OECD)制定个人隐私保护的八项准则之一,就是信息收集限制原则。信息收集限制原则是指个人信息的收集应该受到限制,并且这些信息的获得必须通过合法且合理的方式,在合理的情形下,应该让信息关涉的主体知晓或获得其用意。在 OECD 准则的基础上,欧盟《数据保护指令》要求相关机构在收集用户个人信息前,告知用户信息的处理状况,在网络服务的语境中通常表现为发布隐私声明,用户在阅读声明后作出明确的同意意思表示,作为对个人信息收集及利用的合法授权。② 这就是明示承诺的体现。

然而,一方面,在医疗语境下,即使是传统的少量医疗信息向第三者提供的情形,能够确认或者征得患者明示承诺的场合也非常有限。③ 在取得患者同意的过程中,患者往往出于羞耻、恐惧等心理,拒绝口头或者书面上的同意。而在大数据时代下,个人信息流转的多元复杂性,更是为机构在隐私声明中清晰阐述带来严峻挑战。④ 海量的数据收集、多元化的数据利用和复杂的承诺条款使得建立

① 村山淳子.医療情報の第三者提供の体系化(一)[C].福冈:西南学院大学法学論集,2006(3).

② 范为.大数据时代个人信息保护的路径重构[J].环球法律评论,2016(5).

③ 村山淳子.医療情報の第三者提供の体系化(一)[C].福冈:西南学院大学法学論集,2006(3).

④ 村山淳子.医療情報の第三者提供の体系化(一)[C].福冈:西南学院大学法学論集,2006(3).

在患者充分知情基础上的明示承诺更加难以实现。另一方面，如果在公民医疗信息大数据化利用的过程中一律要求明示的同意，还会导致相关机构的合法成本飙升。

尽管如此，应当注意的是，虽然关于医疗信息的明示承诺具有范围和效率上的局限，使其难以作为公民医疗信息大数据化利用的一般承诺方式，但是，作为患者最有效和最明确的承诺方式，其最大的优势是可以直接明确地反映承诺人的真实意思，以避免对患者个人信息的不当侵害。所以，尽管在大数据时代应该保障对医疗信息的有效利用，但仍然有必要重视明示承诺的功能。

2.默示(推定)承诺的扩张与限度

正如前所述，即使在传统的医疗信息向第三人提供模式下，在实际的医务活动中，提供医疗信息时获得患者明示同意的情形也并不多，大多数情况是只存在患者默示的同意或推定的同意。[①] 具体表现为向患者家属说明患者病状、在体检健康诊断目的范围内将医疗情报提供给委托单位等。[②] 而在大数据背景下，由于大数据所需公民个人信息的海量性和明示承诺的缺陷，基于效率、经济和社会利益的考量，默示的承诺或者说推定的承诺的范围应当不仅局限于几种特定的场合而得到进一步的扩张。

默示的承诺，之所以可以作为公民医疗信息大数据化利用的正当化事由之一，其理论依据在于，默示的承诺实际上是在根据当时情况，现实中无法得到有效的明示承诺或无法在适当的时机征得患者的同意时，如果事先客观地评价所有情况，在基于客观的判断，能够确实地期待患者的承诺的情况下，即使患者没有为明示的承诺，也得以推定患者同意对其医疗信息的提供或者利用。

当然，由于默示(推定)承诺不能直接明确地反映患者的意思，所以这种承诺的范围和效力并不是无限的。可以适用默示(推定)承诺的医疗信息的范围和其利用方式是有限度的。在范围上，其只能适用于公民的一般医疗信息的低风险利用。对于前述公民的敏感医疗信息，或者对医疗信息进行高度风险处理，仍然应当征得患者的明示承诺。这里所称的风险，是指公民医疗信息泄露并识别到其个人对其造成严重的不利益。

在效力上，得到默示(推定)承诺的患者医疗信息的利用也不是无限制的。

---

① 刘建利.医务人员违反守密义务的犯罪界限[J].中国刑事法杂志，2017(4).

② 村山淳子.医療情報の第三者提供の体系化(一)[C].福冈：西南学院大学法学論集，2006(3).

由于该默示(推定)承诺的合理期待性,是建立于医学和健康所需要的数据提供责任和社会利益的考量上,基于情境脉络完整性理论,个人信息原始收集时的具体语境应得到尊重,其后续传播及利用不得超出原初的情境脉络。[①] 因此在默示(推定)承诺下,医疗机构只能依医学药学研究发展的目的,对患者医疗信息进行大数据化的利用,而如以营利为目的将其出售给保健品公司或其他企业等行为就难以合法化。

(三)优越利益原则

在某些情况下,存在两个相互冲突矛盾的利益而只能选择保护其中之一,通过对对立利益进行比较衡量,为了保护价值较大的利益而牺牲价值较小的利益的行为一般被认为是妥当的,具有正当性而不构成犯罪。[②] 在公民的医疗信息的利用过程中,往往会发生公民医疗信息保护与其他利益相冲突的情形,优越利益原则是化解冲突的主要理论工具。

在传统的患者信息向第三者提供的过程中,存在着患者个人信息保护同他人利益以及公共利益的冲突,具体又分为与自身其他利益的冲突、与他人利益的冲突、与国家和社会利益的冲突。[③]

1. 大数据下国家利益与患者信息保护利益的冲突

国家利益是指维持国家存在及正常运转的利益。其中国家存在的利益主要指国家安全利益,国家正常运转利益主要体现在行政和司法的有序运行上。有时为了维护这些国家利益,医务人员会被要求配合国家的行政和司法工作而提供患者的医疗信息。[④] 在大数据视野下,为了维护国家利益,往往需要相关机构提供某些大数据,以保证行政和司法程序的有效运行。在这种利益冲突的情况下,考虑到我国的社会共同意识和价值观,国家利益具有优越性的说法一般被认为是妥当的。

2. 大数据下社会利益与患者信息保护的冲突

一般认为,医学研究的发展有利于全社会医疗健康水平的提升,事关全体公民的生命健康,具有显著的社会公益性。但应当注意到,与传染病的防治不同,医学研究具有长周期性和全局性,医疗大数据在医学研究上的利用,往往需要很

---

① 范为.大数据时代个人信息保护的路径重构[J].环球法律评论,2016(5).

② 村山淳子.医療情報の第三者提供の体系化(一)[C].福冈:西南学院大学法学論集,2006(3).

③ 村山淳子.医療情報の第三者提供の体系化(一)[C].福冈:西南学院大学法学論集,2006(3).

④ 刘建利.医务人员违反守密义务的犯罪界限[J].中国刑事法杂志,2017(4).

长的时间才能取得一定的成功，难以迅速而直接地影响到社会公众个体的切身利益。一般与患者医疗信息的保护不具有紧迫性和不可调和性的冲突。即使在某些情况下，因为没有得到患者的同意或者进行匿名化处理导致医疗大数据无法用于医学研究，也不会导致社会利益不可避免且不可逆地丧失。当然，也有学者认为，如果考虑到医学研究、医学教育支撑着医疗的进步和国民的生命、健康的社会利益的话，只要以正当的方法进行，在必要的范围内其正当化的可能性在理论上是存在的。但在这种情况下，"以正当的方法进行"中的"正当的方法"，往往已经可以作为正当化事由而排除违法性，而不需要进行优越利益的衡量来正当化。所以，在目前难以达成共识的情况下，医学研究过程中的大数据运用，还是应当采取其他正当化事由的路径，如征得患者的同意（明示的或默示的）或采取去标识化手段等等。

四、规范适用：侵犯公民个人信息罪的限缩解释

（一）制度障碍：侵犯公民个人信息罪对医疗信息有效利用的限制

我国现行《刑法》第二百五十三条"侵犯公民个人信息罪"及相关司法解释的规定，虽然体现了加强对公民个人信息保护的态度，但也存在限制医疗大数据的收集、处理和运用的潜在因素，不利于医疗大数据巨大红利的释放，具体体现在以下几个方面。

1."违反国家有关规定"对医疗大数据利用的限制

《刑法》第九十六条规定："本法所称违反国家规定，是指违反全国人民代表大会及其常务委员会制定的法律和决定，国务院制定的行政法规、规定的行政措施、发布的决定和命令。"《刑法修正案（九）》将"出售、非法提供公民个人信息罪"和"非法获取公民个人信息罪"整合为"侵犯公民个人信息罪"，并将其中的"违反国家规定"改为"违反国家有关规定"。最高法、最高检的《解释》第二条将"违反国家有关规定"界定为"违反法律、行政法规、部门规章有关公民个人信息保护的规定"，这和《刑法》第九十六条的规定对比来看，一方面将全国人民代表大会及其常务委员会的决定、国务院规定的行政措施、发布的决定和命令排除在外，另一方面将国务院部门的部门规章纳入其中，这种一减一加的方式对公民医疗信息大数据化的利用产生了限制作用。

首先，《刑法》第二百五十三条规定"违反国家有关规定……"，实际上是起到

了提示违法性的作用。本罪的“违反国家有关规定”是在向司法者提示本罪的构成要件的消极事由。[①]“国家有关规定”实际上成为公民个人信息合法利用的依据。《解释》第二条将全国人民代表大会及其常务委员会的决定、国务院规定的行政措施、发布的决定和命令排除在外,某种程度上限缩了公民信息大数据化收集、处理和利用的相关依据。如《全国人大常委会关于加强网络信息保护的决定》第二条规定:“网络服务提供者和其他企业事业单位在业务活动中收集、使用公民个人电子信息,应当遵循合法、正当、必要的原则,明示收集、使用信息的目的、方式和范围,并经被收集者同意,不得违反法律、法规的规定和双方的约定收集、使用信息。”实际上从反面规定了在诸多情况下,网络服务提供者和其他企业事业单位可以合法收集、使用公民个人电子信息。将其排除在国家有关规定的范畴外,实际上限缩了个人信息大数据化利用的依据。

其次,《解释》第二条将国务院部门规章纳入到国家有关规定的范畴中来。但是,我国现行部门规章中除工信部于 2013 年出台的《电信和互联网用户个人信息保护规定》(仅适用于电信业务经营者、互联网信息服务提供者)外,并没有专门规定关于公民个人信息尤其是医疗信息保护的规章,而关于公民个人信息保护尤其是医疗信息保护的规定往往零星地散布于不同部门颁布的大量规章中,如《结核病防治管理办法》第三十三条、《食品药品监督管理统计管理办法》第八条,“部门规章中虽有关于个人信息保护的诸多分散规定,但是对个人信息的保护几乎均为泛泛规定,内容碎片化,法律操作性不强”。[②]

2.“向他人出售或提供”对医疗大数据利用的制约

侵犯公民个人信息最终“向他人出售或者提供公民个人信息”属于本罪重要的构成要件要素,从行为要素上体现了本罪所要保护的法益。但是,在信息高度流通化、财产化的大数据时代背景下,将“向他人出售或提供”做形式解释,也会给大数据尤其是医疗大数据的利用埋下入罪的隐患。

首先,“向他人出售或者提供公民个人信息”中的“他人”的范围界定不能过于宽泛。第一,在如今现代化系统化的医疗体系中,不同于传统单一医师与患者面对面的诊疗方式,特别是近年来,随着互联网医疗、远程医疗、团队医疗、医药

---

① 江耀炜.大数据时代公民个人信息刑法保护的边界——以“违反国家有关规定”的实质解释为中心[J].重庆大学学报(社会科学版),2019(1).

② 王秀哲.我国个人信息立法保护实证研究[J].东方法学,2016(3).

分工合作的推进，与医疗信息保护要求的高涨相反，这里的信息传达的必要性和范围却在扩大。甚至对于某些疑难症状还需要组织一定地区范围内的专业医师进行会诊，在这个过程中，必然会涉及向广义上的"他人"提供和交换公民医疗信息的行为。在医疗就诊过程中的医疗体系内部，过于广泛而模糊的"他人"的定义会使得医疗诊断的进行，以及医学研究的发展陷入刑法规制的困境。

其次，"出售"和"提供"两种行为的差别性规定也存在着制约性隐患。出售一般是指具有对价的交易行为，而提供则是无偿行为。"出售"行为一般表现出牟利的目的，会被认为社会危害性较重。《解释》第三条规定："未经被收集者同意，将合法收集的公民个人信息向他人提供的，属于《刑法》第二百五十三条之一规定的'提供公民个人信息'，但是经过处理无法识别特定个人且不能复原的除外。"这一条但书规定从反面确定了"提供"公民个人信息的例外条件，射程在形式上不及于"出售"行为。这似乎符合一贯以来对"出售"行为着重打击的态度。但是，一则，以对价的有无作为评价法益侵害性大小的标准是有待商榷的。二则，在信息数据高度流通化和财产化的大数据时代下，对于出售行为仍然站在保守的立场上进行差别对待，不利于激发大数据潜在价值。

（二）保障路径：通过实质解释促进医疗信息的有效利用

鉴于我国《刑法》第二百五十三条关于侵犯公民个人信息罪的规定，以及两高的相关解释对侵犯公民个人信息罪的相关概念和行为的界定过于宽泛和模糊，立场侧重于公民个人信息的保护而不利于医疗大数据的利用。为了挖掘医疗大数据的潜在价值，促进医学领域相关技术和相关产业的长足发展，有必要对侵犯公民个人信息罪构成要件的部分概念进行实质解释，将部分行为排除出刑法规制的领域，具体如下：

1."违反国家有关规定"范围的实质解释

有学者认为"违反国家有关规定"不同于"违反国家规定"，前者的范围更为宽泛。[①] 原因在于"违反国家有关规定"将"违反国家规定"中所没有的部门规章纳入其中，也符合了《刑法修正案（九）》和《解释》对公民信息扩张性保护的原则。但应当注意到的是，相较于《刑法》第九十六条的"国家规定"的范围，"违反国家有关规定"在将部门规章纳入其中的时候，又将全国人民代表大会及其常务委员会的决定、国务院规定的行政措施、发布的决定和命令排除在外，而实际上这一

① 喻海松．网络犯罪的立法扩张与司法适用[J]．法律适用，2016(9)．

部分也存在着诸多关于个人信息保护的规定,如《全国人大常委会关于加强网络信息保护的决定》等,因此从这个角度上来说,很难说"违反国家有关规定"的范围较"违反国家规定"究竟是扩大了还是缩小了。

既然从范围上难以确定"违反国家规定"与"违反国家有关规定"的差异,那么又应当如何理解从前者到后者的立法变化呢?本文认为,其关键在于"有关"的表述。"违反国家有关规定"的意思不是指形式上所有有关个人信息的规定,而是具体化到实质上有关该特定种类涉案信息保护的规定。如对于公民网络信息,《网络安全法》《电信和互联网用户个人信息保护规定》就可以被认定为有关规定。而对于不涉及网络因素的特殊的公民医疗信息,规制电信业务经营者、互联网信息服务提供者的相关规定就很难被理解为"有关规定"。

当然,并非所有种类的公民信息都具有特定相关的保护规定。因此,还应当进行一个概括性的解释,即所有种类的公民信息无论是网络信息、交通信息还是医疗信息等,其都属于个人信息,《个人信息保护法》中的相关规定当对此有"相关性"。虽然我国《个人信息保护法》尚处于草案阶段,但其最终出台乃至正式施行只是时间问题,基于前瞻性的考量,我们也应当确定如下的"国家有关规定"的解释体系:即以《个人信息保护法》为兜底性或者概括性的规定,以实质上有关该特定种类涉案信息保护的规定作为具体的"国家有关规定"。

2."他人"的实质解释

侵犯公民个人信息罪的条文中"违反国家有关规定,向他人出售或者提供公民个人信息",正如前文所述,过于宽泛和模糊的"他人"概念会使得正常的医疗信息传递陷入构罪的危险之中,因此有必要对"他人"的范围进行实质解释。

首先,对于共同参与实施医疗诊断行为的医疗体系内部机构和人员,不宜认定为他人。日本《针对医疗护理行业者的个人信息收集适当处理指南》中,同一个人信息处理行业者(医疗机关等)内部的信息交换,不被视为向第三方提供。然而在现代医疗体系中,由于区域医疗联合体的发展[①],跨医院联合性医疗行为的增多,即使是不同医疗机关,只要是医疗体系中基于同一医疗行为而组成的特定临时的医疗团队中,也应当排除出"他人"的范围。

---

① 区域医疗联合体,是将同一个区域内的医疗资源整合在一起,通常由一个区域内的三级医院与二级医院、社区医院、村医院组成一个医疗联合体。2017 年 5 月,国务院办公厅印发指导意见,全面启动医疗联合体建设试点,推动医疗资源下沉,病人双向转诊,逐步缓解看病难。

从实践上来说，现代化医疗技术的实现和发展，需要大量的不同类别甚至是不同病院的医务人员共同参与到某一个特定的诊疗行为之中，如果不将这些人排除出“他人”的范围，必然会造成在诊疗过程中信息传递时的违法性危险。

从理论上来说，患者之所以能够在受诊过程中将个人医疗信息告知医院，正是基于其对自己进行诊疗的医务人员的信赖，然而在如今一体化、综合化的医疗体系中，不同于以往独立诊所式的诊疗过程，患者所信赖的对象不再是面对面的、单独的个体医务人员或者单独的某一病院诊所，而是其背后整个参与到该特定患者医疗行为中的医疗体系和医务团队。随着这种信赖范围的扩大，信赖关系内部的人即整个医疗体系内的医务人员，基于这种信赖关系，而得以自然地在该范围内传递患者个人医疗信息。

其次，对于接受医院委托进行医疗大数据处理的特定数据处理机构，也不宜被认定为“他人”。如日本《个人信息保护法》中第 23 条规定：“凡属下述情形的，接受该个人数据的当事人就前三款之规定的适用，不属于第三人。一、个人信息处理业者在达到利用目的所需的范围内接受委托处理全部或者部分个人数据的……”[①]也体现了这一点。

医疗信息不同于其他公民个人信息，其产生的过程和场所具有特殊性。医疗信息一般是在公民医疗受诊过程中产生的，产生的机构场所一般是医疗保健机构。而由于医疗保健机构是特定医疗服务机构，往往本身不具有处理和分析大数据的能力，需要委托其他专门数据处理机构进行。因此，应当将其排除出“他人”的范围，也有利于减轻相关信息产业者的负担，实现信息产业者的经营、医疗大数据的利用和个人信息保护三者的平衡。

3.“出售或提供”的实质解释

正如上文所交代，“出售”与“提供”两种行为在客观表现上具有显著的差异，即对价的有无。《刑法》第二百五十三条一方面规定了“出售或提供”行为，将两者都作为犯罪的构成要件的客观行为；另一方面《解释》第三条又仅仅针对“提

---

① 日本《个人信息保护法》第 23 条：凡属下述情形的，接受该个人数据的当事人就前三款之规定的适用，不属于第三人。一、个人信息处理业者在达到利用目的所需的范围内接受委托处理全部或者部分个人数据的；二、因合并或者其他事由而继受业务并接受个人数据的；三、特定当事人共同利用个人数据的，对于其宗旨以及共同利用的个人数据的项目、共同利用个人数据的当事人的范围、利用人的利用目的以及就该个人数据的管理负有责任的当事人的姓名或者名称，事先通知本人或者将其置于容易知悉相关内容的状态的。

供”行为做了但书规定,却没有针对合理的“出售”行为做出相关规定。虽然对于“出售”行为的例外规定,可以通过“违反国家有关规定”中的“国家有关规定”进行补足,但这无疑使得相关机构在出售医疗大数据之前还需进行相关的法律法规检索,大大加重了相关产业的合规性成本,限制了大数据的交易和流通,不利于大数据潜藏价值的进一步发掘。

因此,基于实质性和体系性解释,将“出售”行为解释成特殊的“提供”行为,就可以把“出售公民个人信息”的行为纳入到《解释》第三条的但书规定中去,有助于实践中相关机构确定合理“出售”公民个人信息的行为方式和行为依据。

(三)小结

医疗大数据背景下,我国医疗信息有效利用的最大隐患就是侵犯公民个人信息罪。本罪在构成要件要素上,存在制约医疗大数据有效利用的因素,主要是“违反国家有关规定”界定不清晰、“向他人出售或者提供”的标准不统一。因此,将两者通过实质解释,拓展医疗大数据有效利用的规范基础,限制“他人”的范围,统一“提供”和“出售”的出罪标准,能够最大限度地降低在医疗大数据有效利用的流程中,相关主体落入侵犯公民个人信息罪的制度陷阱。

五、结语

大数据既是人类历史伟大的创举,也可能存在巨大的隐患。但是,如果固守传统严苛的对个人信息进行保护的态度,不给大数据有效利用疏通发展的空间,则大数据无法实现其原生性价值。我国规定的侵犯公民个人信息罪,通过实质解释,可以限缩本罪的伸展空间,解除医疗大数据有效利用的后顾之忧。当然,对于医疗大数据有效利用扫清刑法障碍的同时,仍须尽力保护个人的医疗信息权利,这有待于未来《个人信息保护法》在相关制度设计上,合理平衡保护与利用之间的关系。

比较法视野下的欧盟与中国知识产权法律制度发展及变革

◎倪　静*

一、中国及欧盟知识产权制度起源及发展条件有天壤之别

(一)欧洲是全球知识产权制度的发源地

欧洲是现代意义上知识产权保护制度的发源地。知识产权法律保护是经济发展到一定阶段的产物,它产生于18世纪资产阶级革命时期,是欧洲国家工业发展的主要条件。近代意义上的知识产权法的基本制度,包括专利法、版权法和商标法等均首先诞生于欧洲。

在专利法领域,1474年威尼斯共和国颁布了世界上第一部专利法——《发明人法规》,该法案与现代专利法的立法宗旨基本一致;就版权法而言,1710年,英国颁布了《安妮女王令》,这是世界上第一部现代法律意义上的版权法;商标法起源于17世纪的欧洲,当时手工业日益兴盛,随着手工业的发展,手工业者有意识地以标志来区分自己的产品时,自然而然地产生了商标。最早的商标成文法一般认为是法国1809年颁布的《备案商标保护法令》。反不正当竞争法也是在欧洲发源的。以案例法著称的英国反不正当竞争的规范则可以追溯到15世纪,而世界上第一部反不正当竞争法为1896年德国制定的《不正当竞争防止法》。

由此可见,知识产权制度从其产生到发展一直带有浓厚的欧洲色彩。知识产权的保护与欧洲工业革命的兴起和兴盛密切相关,那一时期的技术革新与进步反过来也进一步推动了知识产权保护法律的建立、健全与完善。

---

* 倪静,华东政法大学国际法学院副教授,上海国际仲裁中心仲裁员。

(二)我国传统文化排斥知识产权私有化

中国是一个历史悠久的文明古国,从公元3世纪至13世纪,中华文明始终走在其他人类文明的前列,引领着人类最先进的文化和科技,中华民族并不缺乏创造力和智力成果。但是为何中国没有产生像欧洲大陆那样的现代知识产权保护制度呢?

知识产权是社会生产力发展到一定阶段后,才在法律中作为一种财产权出现的。而在我国古代社会既没有商品经济发展的驱动,也不存在欧盟那样的私权财产观念,知识产权制度起源缺少经济、文化和社会根基。一方面,自然经济导致中国社会长期处于相对封闭的自给自足农耕状态,直到我国封建社会末期仍占统治地位,它使我国商品经济和资本主义萌芽发展缓慢,无法培育和培养起类似欧洲那样的规模化工业产业,对产业成果进行保护的知识产权制度当然没有产生和发展的土壤;另一方面,中国传统社会崇尚儒家,儒家学派推崇"仁义礼智信"的社会价值取向。所谓"夫礼,天之经也,地之义也,民之行也,天地之经,而民实之",而"见利忘义""利欲熏心""唯利是图"则被大家视为小人所不齿,这也导致民众的个性、创造力、思索力和革新精神的发展都受到严重阻碍。另外,社会对人的评价标准是重义轻利,因而也导致人们在自己的权利受到侵犯时,往往尚和谐、求无讼,这与知识产权的财产权、私权和排他权的性质相悖。

(三)中国知识产权法律制度主要源于欧盟成员国

我国知识产权法律制度起步于20世纪50年代,后因历史原因而一度中断。党的十一届三中全会以来,为适应我国改革开放和社会主义现代化建设的需要,我国先后制定并颁布了一系列旨在鼓励发明创造、促进科学技术进步、保护知识产权的法律、法规,并初步形成了以商标法、专利法以及著作权法为主体的知识产权法律体系。

我国知识产权法制建设大致经历了重建、发展和完善三个阶段:(1)恢复重建阶段。从80年代初到90年代初,我国先后颁布了《商标法》(1982年)、《专利法》(1984年)、《著作权法》(1990年)、《反不正当竞争法》(1993年)等,初步建立了知识产权法律制度体系。(2)快速发展阶段。自20世纪90年代初至新世纪初年,我国知识产权立法工作进入"快车道"。中国在加入世界贸易组织前,全面修订《著作权法》(2001年)、《专利法》(1992年、2000年)、《商标法》(1993年、2001年),颁布了《植物新品种保护条例》(1997年)、《集成电路布图设计保护条例》(2001年)等,使我国知识产权保护标准和水平达到了知识产权国际公约的要求。(3)基本完善阶段。自参加 WTO 全面修法之后,我国知识产权立法开始进入战略主动期,除对《专利法》《商标法》《著作权法》再次进行修订外,还对《信息网络传播权保护条例》《集成电路布图设计保护条例》《植物新品种保护条例》等进行修订。①

就我国现行的《专利法》《著作权法》《商标法》等相关法律来看,无论是在法律理念还是在具体制度方面,都无一不反映出欧盟成员国家知识产权法的影子。可以说,我国的知识产权制度,主要源于欧盟成员国家,其中尤其受欧盟主要成员国之一德国的影响很大。在很大程度上,我国的这种立法属于被动接受西方知识产权文化的结果。当然,随着中国对外开放和对外贸易的发展,加强知识产权保护也越来越成为推动我国经济发展和科技进步的内在要求,知识产权制度建设与完善已经成为中国构建创新型国家、实现自身经济社会发展的需要。

二、我国与欧盟知识产权法的现实差距与恰当定位

(一)欧盟仍然拥有全球领先的知识产权制度并不断变革

欧盟在知识产权观念、制度方面的探索也一直走在世界前列。欧盟及其成员国特别注意知识产权保护,并将之视为欧洲经济增长的发动机。欧盟近年来积极探索适应数字时代的知识产权保护体系,努力推进在欧盟层面统一知识产权保护,包括单一专利、共同体商标等,另外加强知识产权执法一直是不变的目标。

1. 立法层面的发展与变革

(1)版权领域的最新发展。为了进一步适应数字时代的发展,促进欧盟文化的跨地域传播和文化创意产业的新发展,欧盟版权法律体系进行了新一轮的变革。2014 年 9 月 25 日,欧盟法律事务委员会(Legal Affairs Commission)正式创立了关于知识产权和版权改革的工作组。2014 年 12 月,欧洲议会议员朱莉亚·利达(Julia Reda)向欧盟法律事务委员会提出了关于"执行信息社会指令"的报告初稿,正式开始了欧盟新一轮版权法改革的序幕。此次欧盟启动版权法改革目的是促进欧盟构建统一的数字市场,保护欧洲文化多样性,保证公民能够更为便捷地获取文化信息,同时维持权利持有人与使用者之间利益的合理的平衡,提

① 吴汉东.中国知识产权法制建设的评价与反思[J].中国法学,2009(1).

高对版权的价值分享。①

(2)商标体系立法改革持续进行中。为了深化欧盟商标制度一体化进程、促使欧盟商标制度更加现代化。2013 年 3 月 27 日,欧委会推出商标体系改革法案。修改内容主要集中在四方面:一是简化和统一商标注册程序;二是修改已过时的商标法条款,删除模糊不清的条款,明确商标权;三是改进打击过境欧盟假冒商品的方式;四是加强欧盟成员国之间以及成员国与欧盟商标注册机构之间的合作,以促进措施以及操作的一致性。欧盟最终于 2015 年 12 月正式通过了欧盟商标制度的一揽子改革方案,此次改革对主管机构的名称、注册程序、收费标准、涉嫌商标侵权的过境货物、商标保护程度等多个方面都做了重点调整。欧盟作为一体化程度最高的区域性政治经济组织,其商标法改革不仅将对欧盟内部产生影响,对商标的国际保护也会产生一定的影响。②

(3)建立起欧盟单一专利制度。1949 年欧洲理事会就提出创建欧洲专利的可能性,1953 年签订《关于专利申请格式要求的欧洲公约》、1954 年签订《关于发明专利国际分类的欧洲公约》、1963 年签订《统一发明专利实体法中某些规定的公约》,以上都是实践专利制度一体化的标志性事件。1973 年 10 月,《慕尼黑条约》的签订将缔约国专利权的授予统一于欧洲层面的专利制度框架下。1975 年签署的《卢森堡条约》旨在保证欧洲专利在欧共体每个成员国内具有同等的效力,以彻底结束欧共体共同市场因各成员国保护知识产权立法的差异而侵害知识产权的状态。1977 年《欧洲专利公约》(EPC)开始生效。1978 年《专利合作公约》(PCT)也开始生效,这是专利制度统一化不可或缺的重要进展。2011 年,欧盟成员国就专利制度一体化达成协议,欧盟统一专利制度的成熟模式已跃然纸上。2012 年 12 月 11 日,欧洲议会批准了有关欧盟国家实施统一专利制度的协议,欧盟于 2014 年 1 月 1 日起开始实施统一专利制度。建立统一专利制度后,只要进行一次专利申请就能在所有欧盟成员国内生效,可以节省 80%的相关费用。另外欧盟设立了新的专利仲裁法院,在巴黎、伦敦和慕尼黑分设 3 个法庭,有关专利的诉讼将分门别类地在这 3 个法庭进行。这次统一专利制度的实现跨越专利权的地域性、司法权的统一、对语言尊重等各种长期存在的问题,无论对欧洲

① 史仲静.欧盟版权法改革趋势分析[J].科技与出版,2016(3).

② 易继明,黄晓稣.欧盟商标法的改革及意义[J].陕西师范大学学报,2016(6).

还是对全球都将产生重要影响。[①]

2.强化知识产权海关执法和严厉打击侵权假冒刑事犯罪

(1)高效的海关执法。2013年6月,欧洲议会和理事会通过了欧盟知识产权海关执法新规(608/2013号)。新规扩大了知识产权海关执法的范围,进一步细化和明确了海关扣留货物、销毁货物的程序和时限,加强了海关的执法权力等。[②]总体而言,欧盟知识产权海关执法保护体系完备,既有对贸易伙伴进行激励、援助、监督和制裁的单边措施;也有积极通过双边和多边机制、推行欧盟标准与经验、参与并主导国际海关执法规则。[③]

(2)强化打击侵权假冒犯罪知识产权刑事措施。2004年4月以来,欧洲议会和欧盟理事会分别通过了包括《知识产权刑事措施指令》(以下称《指令》)在内的一系列法律文件,旨在通过协调各成员国,在欧盟范围内进一步加强打击侵权假冒犯罪。其中,《指令》对知识产权的范围、侵犯知识产权的罪刑以及刑事程序等作出了较为全面的规定,确立了有威慑力的、可适用于整个欧盟的刑罚体系。[④]

3.集中发力数字化及中小企业创新保护

(1)加强数字化时代知识产权保护的制度发展。2011年5月,欧盟提出了新的知识产权保护战略,集中指向数字化时代的知识产权保护。这一战略是《欧盟2020战略》《单一市场法案》《数字欧盟议程》的补充和有机组成部分。新战略的目标是,努力促进改革创新,保护创作者权益,同时让消费者更好地享受到受知识产权保护的商品和服务。

(2)鼓励中小企业创新投资知识产权制度。在经济下行压力下,创新成为全球经济复苏的重要抓手,中小企业和初创企业更是蕴藏着巨大的创新潜力,而这离不开知识产权的支撑。作为现代知识产权制度的诞生地之一,欧盟早已意识到这一点。[⑤] 为确保知识产权得到充分保护,2017年11月29日,欧盟委员会提出了旨在鼓励欧洲企业,尤其是中小企业和初创企业投资创新发明活动,主要包括两项措施:一方面,继续加强假冒盗版打击力度,确保欧盟范围内法律保护具

---

① 于凯旋.欧盟达成统一专利制度[J].电子知识产权,2013(Z1).

② 欧盟部长理事会通过新的欧盟海关知识产权计划.[EB/OL].[2018-10-18.].http://www.sohu.com/a/260377424_99941697.

③ 朱秋沅.论欧盟知识产权边境保护制度的国际化战略[J].上海海关学院学报,2011(3).

④ 元明,张建忠,余岚.欧盟知识产权保护制度及启示[J].人民检察,2014(21).

⑤ 木叶.欧盟委员会提出保护知识产权建议[N].中国知识产权报,2017-12-15.

有同样的高水平和可预见的司法框架;鼓励打击知识产权侵权的行业行为;减少进入欧盟市场的假冒产品数量。另一方面,建立公平、平衡的标准必要专利体系。目标是使包括初创企业在内的欧盟企业在全球技术创新竞争中保持领先,充分把握5G和物联网的潜力。①

(二)我国知识产权制度发展与欧盟存在现实差距

我国改革开放40多年来,走过了发达国家几百年走过的道路,建立了完备的知识产权法律体系,形成了行政保护和司法保护优势互补的、具有中国特色的法律保护制度安排。但是,我国作为一个发展中国家,实施知识产权制度的历史不长,与欧盟发达国家相比,知识产权制度和执法、保护等方面仍然存在较大的差距。比如,从知识产权运用方面看,我国知识产权发展还存在不足,知识产权大而不强、多而不优,以及运用效益与贡献不足的问题依然存在。②

另外,虽然我国已经建立起较为完备的知识产权法律体系,加入了世界上绝大多数的知识产权国际条约,但是知识产权的实施在我国尚缺乏与之相应的文化基础。根据《我国公民知识产权意识调查报告》,近年来,"我国在知识产权立法、司法和行政保护方面不断加强投入,社会整体对知识产权认识程度和自我保护意识也明显提升,但在公众尊重知识产权的行为规范的完善方面却未收到明显成效"。③

(三)我国知识产权制度应当坚持适度保护和可持续发展的道路

我国与欧盟的知识产权制度起源与发展具有截然不同的历史背景、社会基础和经济条件,虽然我国目前距离欧盟知识产权保护还存在很大的差距,但是笔者以为,我们可以借鉴欧盟部分的先进制度来解决目前所遇到的一些实践难题,但是在知识产权保护的方法和强弱度上,仍然应当坚持适度保护和可持续发展的思路。

知识产权制度的合理性,并不仅仅在于为知识财产提供私权保护,而在于实现知识创新、社会进步的政策目标。加强知识产权保护,对于激励科技创新,促

---

① 中科院IP信息.欧盟委员会颁布知识产权保护新举措.[EB/OL].[2017-12-21]https://mp.weixin.qq.com/s?biz=MzA3NTYzNjEwMw%3D%3D&chksm=8498822bb3ef0b3dbaff8d1337c25bd8d81a724cff398a512f5db460b5abb5f2697101eb3a67&idx=1&mid=2650910403&scene=21&sn=37fa31b3bda3b634d40c90af08cacd40.

② 吴汉东.新时代知识产权强国建设使命艰巨[N].中国知识产权报,2018-01-16.

③ 吴汉东.中国知识产权蓝皮书[M].北京:北京大学出版社,2007:417.

进文化繁荣有益，但是知识产权保护水平应有助于实现本国经济社会发展的总目标。有学者指出，经济理论和实践都已经证明，知识产权保护水平应当与一国的发展水平相适应，一个国家的知识产权制度应当以是否有利于本国发展为评价标准。① 知识产权保护具有阶段性和行业性特征，我国知识产权制度发展应当关注本国国情实际，不能盲目超越发展阶段而追求高标准、新标准。发展中国家要走上新兴的工业化、现代化发展道路，应该通过坚持适度和可持续的知识产权保护原则为本国经济、社会发展提供持久的动力。

三、中国互联网等领域知识产权制度建设上有后发优势

(一)欧洲互联网产业趋势放缓会阻碍相关制度的发展与进化

欧盟成员国普遍拥有较长的互联网历史，且整体发展水平较高，但目前增长速度明显趋缓，而且全球市值最高的 20 家互联网公司没有一家来自欧盟，欧盟没有本土互联网巨头。欧洲缺席了近年来互联网发展的繁荣，原因可能是多方面的。首先，欧洲是几十个小国家组成的，每个国家的人口都比较少，而且每个国家都保留着自己的语言和文化，文化市场的分裂和多语言的阻碍使得欧洲的互联网发展起来比较困难；其次，欧洲普遍推行高税收高福利政策，严重阻碍了创新和创业，大部分国家在新经济发展中缺乏竞争力；再次，欧洲大部分国家，包括希腊、西班牙、意大利等政府财政出现问题，至今未从欧债危机中走出来。最后，欧盟人口老龄化问题突出，使其无论是在互联网的消费市场还是在劳动力市场上都缺乏竞争力。据欧盟委员会数字化单一市场主席安德鲁斯・安西普估算，随欧盟信息产业发展，每年新增工作岗位约 12 万，但到 2020 年欧洲 ICT 技术人才缺口将超 80 万。②

知识产权制度是对科学技术和产业革命进步的回应，因为新的商业模式和经济形态必然会改变原有对知识产品的占有、使用的利益分配格局，因此催生出新的法律保护机制需要重新平衡鼓励创新与满足社会大众使用智力成果的利益需求之间的矛盾。欧盟互联网产业的整体滞后，会导致互联网相关知识产权法

① Commission on Intellectual Property Rights. Integrating Intellectual Property Rights and Development Policy, iv (2002).

② 王欣然. 欧盟称 ICT 技术人才缺口巨大，中国信息产业网. [EB/OL]. [2018-11-06]. http://www.cnii.com.cn/internation/2015-05/06/content_1569453.htm.

律制度缺少催生的因素和发展的土壤,相关制度的变革与完善也因为缺少产业实践的支撑而可能成为纸上谈兵。

(二)中国产业领先优势必然催生相应制度的完善与发展

21 世纪是中国互联网的世纪。中国互联网发展至今 20 年,从无到有、从小到大、从大到强,改变的不仅是 14 亿中国人的生活方式,也开始改变着全球发展的基本格局,以及人类整体发展的进程。中国走向网络强国、引领全球互联网的序幕已经拉开。[①] 中国互联网产业发展如此迅速,既是市场机遇使然,更是中国深化改革开放的必然。有学者认为,中国互联网和电子商务的发展,使工业化与信息化两次现代化合二为一,极大缩小了中国和西方发达国家现代化的差距,为中华民族的伟大复兴注入了强劲动力。[②]

电子商务的崛起则拓展了中国互联网的深度和厚度。我国 2018 年《电子商务法》的出台可谓是“呼之而出”“应运问世”。颁布以“电子商务法”命名的全面规范电商行为的法律,中国也是全球首例。虽然中国电子商务发展只有 20 多年的历史,但是在很多方面已经积累了全球领先的经验。我国电子商务立法能够为全球电子商务的发展提供一个方向性引领,成为国际上电子商务立法的代表,为其他国家和地区的电子商务立法提供中国样本。

四、中国未来引领全球知识产权规则制定的机遇与可行性

(一)借鉴欧盟如何增强在知识产权国际规则中的影响力

完成工业化革命较早、法律相对完备、经济发展水平较高的欧洲国家,不仅在本土建立起了完善的知识产权保护体制,同时,也将自己的知识产权法律制度和观念推广至世界的其他区域。欧洲国家主要以推动缔结一系列国际公约的方式来实现这一目标。当今国际知识产权保护的几个主要公约,如《保护工业产权巴黎公约》(1883)、《保护文学艺术作品伯尔尼公约》(1886)、《商标国际注册马德里协定》(1891)等,都是欧洲知识产权制度从本土化走向国际化的例子。需要指出的是,欧洲国家在推进知识产权国际化的进程中,仍以保护本土利益为出发点。例如,在世界贸易组织有关知识产权问题的谈判中,以法国为代表的欧盟国

① 方兴东.中国互联网激荡 20 年[J].互联网经济,2016(12).

② 阿里研究院.中国电子商务知识产权保护回顾与展望[R].2018.

家极力主张扩大地理标志的范围，目的就是为了保护其拥有的传统优势产品（如葡萄酒、奶酪、香水等），而在其不具有优势地位的计算机软件的保护上，则强调授予专利权的方案必须具有技术属性，不同意美国所持的与计算机程序有关的商业方法可纳入受专利保护范围的主张。可见，欧盟国家在知识产权国际保护体制中同样会面临知识产权本土化与国际化的问题，只不过，作为最初的国际规则制定者，欧盟显然比中国具有更强的制定、运用并适应国际规则的能力。[①]

另外，欧盟在对外贸易中积极维护自身知识产权，通过区别对待属于以及不属于欧盟的相同知识产权领域来维护欧盟利益，并不断通过国际合作来增强自身的影响力。比如，欧盟一方面加强与美国、日本的合作，另一方面加大对中国、泰国等发展中国家的盗版和仿冒市场的打击，其实质是要和发达国家一起致力于打击海外侵权，共同构筑一个知识产权保护的高标准化体系。

（二）推动国际知识产权保护规则走向更加普惠包容与公平合理

毋庸讳言，当今国际知识产权法律体系尽管保护了创新性成果和知识，加速了技术的进步和完善，但是也保护了技术和市场的垄断和独占，加剧了在技术、资金等方面实力相差悬殊的发达国家和发展中国家之间的不平衡和不公正。如果知识产权异化为知识产权贸易和投资壁垒，将不利于推动国际贸易和投资的自由化便利化，不利于新兴国家市场的培育。

事实上，在发达国家内部，高水平知识产权保护也正面临越来越多的质疑。美国自20世纪80年代开始推行的“亲专利”政策出现各种问题，其中最明显的表现就是困扰美国的“专利流氓”。专利法不再孕育真正的技术创新，而成为一场不产生社会价值的“纸面寻租”法律游戏。[②] 知识产权垄断在成为西方主要发达国家核心竞争力的同时，也是导致这些国家逐渐进入“虚拟资本主义”的重要因素。发达国家过度依赖知识产权高附加值，导致金字塔底端的技能和工作机会都转移到了其他国家，这种经济模式面临着不可持续的问题。[③] 因此，发达国

---

① 万霞. 论知识产权法律制度的本土化与国际化——以中欧知识产权问题为视角[J]. 外交评论，2007(6).

② MERGES R P, The Trouble with Trolls: Innovation, Rent-Seeking, and Patent Law Reform[J]. Berkeley Tech. L. J. 1583, 2009(24).

③ BREZNITZ D, MURPHREE M. China's Run-Economic Growth, Policy, Interdependences, and Implications for Diverse Innovation Policies in a World of Fragmented Production[M]. In Dan Breznitz & John Zysman (eds)., The Third Globalization: Can Wealthy Nations Stay Rich in the Twenty-First Century? Oxford University Press, 2013: 51.

家内部也在反思其过去几十年所推行的高标准知识产权保护政策。

目前西方价值主导的知识产权的全球化进程已经成为维持西方发达国家贸易优势、导致全球发展不平衡的重要因素。国际知识产权规则变革,总体方向应当使其朝着普惠包容、公正合理的方向发展,让创新创造更多惠及各国人民。在知识产权竞争日益激烈的情况下,普惠包容、公正合理的国际知识产权规则是推动全球经济可持续发展的重要保障,也是让各国人民共享创新创造成果的必要条件。在国际知识产权变革中融入普惠包容、公正合理理念,就是要避免国际知识产权规则成为个别国家实施贸易保护主义的手段,保证大多数国家利益得到公平的对待,以实现各个国家共同发展进步;保证国际知识产权规则既有利于促进技术创新,也有利于大多数国家通过适用国际知识产权规则获益,实现人类整体可持续发展。①

(三)以中国为代表的新兴经济体崛起让知识产权国际规则变革成为可能

2008 年国际金融危机和随后的欧洲债务危机,引发了世界经济格局的调整,新兴经济体的崛起促使其在全球经济治理中的地位加强。美国和欧洲的经济低迷带来对外需求的下降,而以中国为代表的新兴经济体较强的市场需求支持全球经济复苏。目前,中国已经成为仅次于美国的全球第二大经济体。国际政治理论认为,国际结构转型受物质力量变动、国际制度变动以及观念变动所影响②,客观上,各国经济实力对比的调整为贸易规则制定主导权的调整提供了基础。近年来,中国在全球经济和贸易格局中已经占有举足轻重的地位。对于经济实力日渐增强的中国而言,在新一轮全球治理结构调整中,应该更主动的谋求与自身实力相当的地位,发挥核心作用。

目前,相对于国际贸易、投资、金融等领域已形成相对稳定的国际规则来看,在知识产权领域,因发达国家和发展中国家之间矛盾重重,相关国际规则一直处于变动之中。国际知识产权规则对处于不同技术发展阶段的国家而言,其影响是不同的。对我国来说,应当适时把握国际知识产权规则变革的契机,推动建立更为公正合理的国际知识产权规则,扭转当今知识产权强保护和过度保护给处于经济弱势的广大发展中国家和不发达国家造成的不公平局面。

---

① 徐红菊.人民日报新知新觉:在国际知识产权规则变革中融入中国理念[N].人民日报,2017-01-09.

② 徐秀军.新兴经济体与全球经济治理结构转型[J].世界经济与政治,2012(10).

(四)中国自身发展需要在国际知识产权规则变革中融入中国理念

近年来,我国科研投入大幅提升,自主创新能力不断提高,科技进步对于经济发展的驱动作用也正在加强。我国要实现从世界大国向世界强国的转变,关键在于改变经济发展动力,其基本路径就是要发挥知识产权激励和保障创新的制度功能。因此,在国际知识产权规则变革中融入中国理念是我国经济发展的内在需求。有学者指出,近现代知识产权国际公约,都是在西方国家主导下制定的,其无疑是西方中心主义的范式。进入后 TRIPs 时代,东西方国家基于各自的立场,对知识产权利益协调与分享提出了新的要求。在这种发展变革的态势下,从国际正义和人本主义的价值理念出发,对国际知识产权秩序进行批判性、对策性的解读,是当代中国推行知识产权法制建设的重要价值取向。①

中国首先应当通过国内知识产权制度改革等来不断健全、适应有利于中国经济发展的规则,同时中国不应放弃在新规则制定中的主导权。中国应该通过多边、区域、双边等层面,代表新兴经济体、发展中国家、金砖国家和东亚国家的利益,平衡发达国家和发展中国家的利益诉求,推进适合全球贸易发展的新知识产权保护规则体系,包括:第一,掌握国际贸易规则发展的动向,在新规则谈判中反映发展中国家知识产权保护的诉求,倡导建立面向 21 世纪的平衡发展中国家和发达国家知识产权利益的新标准。第二,可以充分利用双边或地区自由贸易协定中相关规则制定的契机,植入发展中国家知识产权保护的利益诉求。第三,可以充分利用世界贸易组织争端解决机制。当前,我国尤其要积极参与国际知识产权争端案件的解决,在解决争端的过程中对相关规则作出符合普惠包容理念、符合大多数国家利益的解释。第四,中国作为世界知识产权组织重要的会员国,在知识产权的发展议程和相关议题中,也应积极参与,主动作为。第五,知识产权制度是各国通行的保护无形资产、激励创新、鼓励创新的法律制度。我国也应当努力跟世界各国的同行之间加强知识产权的合作,共享发展的经验,共同研究探讨并致力于解决新技术、新商业模式带来的新问题。

---

① 吴汉东.知识产权法价值的中国语境解读[J].中国法学,2013(4).

大数据给法律实证研究带来的困境与思索

◎朱嘉珺*

一、引言：大数据对法律实证研究的现实影响

被称为人类认知世界“第四范式”的大数据技术，是对数据处理方式的又一次革新。“大数据时代将要释放出的巨大价值使得我们选择大数据的理念和方法不再是一种权衡，而是通往未来的必然改变。”①维克托·迈尔—舍恩伯格(Viktor Mayer-Schonberger)和肯尼斯·库克耶(Kenneth Cukier)在划时代的论著《大数据时代：生活、工作与思维的大变革》中的这番言论，似乎为大数据在各领域的迅猛发展埋下了伏笔，此后，大数据更是以非凡的姿态成为各行各业争相关注并引入的先进技术。

大数据对法律界的辐射亦不小。大数据最核心的功能是预测，通过深度的数据挖掘和收集，再进行细致的分析与运算，大数据能根据既往的数据分布情况预测出研究事物的运行轨迹并指导决策。据此，大数据成为在律师行业、司法诉讼领域以及警务系统广受欢迎的预测工具。从世界范围来看，大数据的应用主要包括：(1)预测法律纠纷结果；(2)进行电子化证据开示；(3)衡量犯罪嫌疑人的社会危害性，以确定保释金数额；(4)预测再犯可能性，作为量刑和批准假释的依据；(5)辅助犯罪侦查，包括类型化犯罪趋势预判、金融犯罪欺诈甄别等；(6)辅助

---

* 朱嘉珺，苏州大学王健法学院讲师。

① 舍恩伯格，库克耶.大数据时代：生活、工作与思维的大变革[M].盛杨燕，周涛，译.杭州：浙江人民出版社，2013：94.

律师办案，包括辅助审阅、自动检索、分析撰写合同以及文本纠错等。① 就我国而言，司法领域也因为大数据的发展而展开了深刻的变革：2016 年 7 月，《国家信息化发展战略纲要》中明确将建设"智慧法院"列为国家信息化发展战略；2016 年 12 月，国务院印发《"十三五"国家信息化规划》强调支持"智慧法院"建设，推行电子诉讼，建设完善公正司法信息化工程；2017 年 7 月，我国首个司法大数据研究机构——中国司法大数据研究院建立；2017 年 8 月，全球首家"在线法院"杭州互联网法院挂牌成立；2017 年 11 月 30 日，中国司法大数据服务网正式开通；2017 年 11 月，《最高检关于人民检察院全面深化司法改革专项报告》中提出，将发布检察大数据行动指南，推进"一中心、四体系"建设，即建设国家检察大数据中心、建设检察大数据标准体系、应用体系、管理体系和科技支撑体系；2018 年 9 月，北京互联网法院挂牌成立。这一系列有力举措都标志着大数据对我国司法建设的深刻影响，也意味着我国的法律体系正从传统型向数据型和智慧型转变。

大数据提高了侦查效率，简化了诉讼程序，节约了诉讼成本，给法律界带来了许多新气象；但在迎接大数据的同时，我们更应注意到大数据的内在局限，以及给传统法学理论界造成威胁的可能。因此，本文将对大数据自身以及大数据与法律间可能存在的各种困境做一个梳理和分析，或可为我国法律实证研究在现阶段的发展提供一个不一样的审视视角。

二、大数据的内在局限

大数据技术对法律研究带来的巨大影响，一方面突破了人们对研究对象数据化的想象力，另一方面也促使研究者打破传统的研究视角，来重新研判行为、事件的发展规律和立法走向。值得注意的是，大数据虽然包罗万象，具有远超传统数据库软件工具范畴的优势，但是大数据的现实发展似乎并不像它的拥趸们所描述的那样万能，它的生成机理与验算模式存在着固有的局限性，这使得大数据在实证研究中体现出的与传统理论的相悖性足以引起实证研究者的警惕。

---

① See generally Moses L B , Chan J (2014). Using Big Data for Legal and Law Enforcement Decisions: Testing the New Tools. UNSW Law Journal, 37(2): 643-645; Bello-Orgaz G, et al. (2016). Social Big Data: Recent Achievements and New Challenges. Information Fusion, 28: 45-59; Avaneesh Marwaha. Seven Benefits of Artificial Intelligence for Law Firms[EB/OL]. [2017-07-13]. http://www.lawtechnologytoday.org/2017/07/seven-benefits-artificial-intelligence-law-firms/, last visited.

(一)认识论困境:"理论终结"对因果关系论的冲击

早在2008年,《连线》(*Wired*)杂志首席编辑克里斯·安德森(Chris Anderson)就提出了"数据喷涌而来将导致既有科学方法过时,理论不再有效"的论断[①],引发了大数据的发展会否最终导致实证研究中的"理论终结"的论战。

数据驱动认识论(data-driven epistemology)学派认为,数据本身即可直接窥测问题实质,而无须探求其中的因果关系。早在18世纪,苏格兰著名哲学家大卫·休谟就主张,人们对于因果关系的概念只不过是我们期待一件事物伴随另一件事物而来的想法罢了。此后,尽管强调"因果性、必然性和规律性"的决定论一度大行其道,并成为20世纪绝大多数科学家和哲学家,如爱因斯坦、波尔、马克思和波普尔等人所共同采用的观点,但是"混沌理论"的出现给笃定数学公式即可准确预测自然界规律的科学家们一记重击。[②] 据此,数据驱动认识论者认为,"混沌理论"之所以能在航空、航天等领域广泛适用,正说明了理论不再是解决问题的关键,只要确认数据与问题之间存在关联,就无须再证明特定模式形成的原因和机理。[③]

而理论驱动认识论的维护者则以多种方式来回应数据驱动认识论的挑战。一种普遍观点是,数据关联不透明性让数据结论的可信度大减。[④] 由于大数据的运算机理是庞大的数据集合,数据与数据间的耦合方式无法直接窥视,据此认为运算结果正确,更像是用以验证提前预设好的假设,而不是令人确信的真正的结果。[⑤] 当然,除了对理论驱动认识论的极端维护,还有相对中立的"科学感知论"的支持者,他们认为"科学理论无法超越人类感知",既然无法确定经由大数据推广放大的数据科学究竟是否属于数据密集型科学,那么不妨将科学视作实践中

---

① ANDERSON C. The End of Theory: The Data Deluge Makes the Scientific Method Obsolete. Wired Magazine.[EB/OL].[2008-06-06]. https://www.wired.com/2008/06/pb-theory/.

② 巴拉巴西.爆发:大数据时代预见未来的新思维[M].马慧,译.北京:北京联合出版有限公司,2017:77.

③ Jurgenson N. View from Nowhere. The New Inquiry.[EB/OL].[2018-07-01]. https://thenewinquiry.com/view-from-nowhere/.

④ Harkin J. "Big Data," "Who owns the future?" and "To save everything, click here."[EB/OL].[2018-07-01]. https://www.ft.com/cms/s/2/afc1c178-8045-11e2-96ba-00144feabdc0.html#axzz2MUYHSdUH.

⑤ Chan J and Moses L B. Is Big Data Challenging Criminology? [J]Theoretical Criminology, 2016, 20(1).

的工程，尽管依据传统理论，科学和工程的发展是由不同理论推动的。[①]

由此可见，数据驱动认识论和理论驱动认识论一直处在交锋中，并且由于大数据发展的不完全状态，这种无定论的探讨还将持续很长一段时间。

(二)技术性困境：数据体现本意的边界之争

数据化的发展中，数据的"量"和"质"一直是人们探讨的重点。对大数据来说，"大"除了体现数据的规模，也就是"量"之外，也暗含着对"质"的要求，依赖数据构成的不同，大数据对事物实质的反馈也会截然不同。基于此，对大数据的使用就主要存在三方面的问题：(1)数据选择；(2)数据统计；(3)数据呈现。

首先，数据选择是从数据收录角度出发，探讨哪些数据应当被收录，哪些数据应当被排除的问题。"数据的收集会牵涉各种利益的社会代表，而在社会产生的过程中又不可避免会存在不能公开或必须内部封存的情况。"[②]因此，数据选择的范围划定和收集过程就变得非常重要。那么，实现算法过滤的前提下，如何判定哪些数据应当被剔除？

其次，数据统计是指在对数据进行显著性检验并将结果反馈输出时，存在因样本择取偏差而导致的论证结果错误问题。学者达纳·博伊德(Danah Boyd)和凯特·克劳福德(Kate Crawford)将之称为"现象上的幻想性错觉"(phenomenon apophenia)：由于大数据的运算原理是基于数据与数据的相互关联，极有可能出现因为数据的全方位辐射的相关性，导致虽然测试样本的结果分布情况与假设一致，但实际的检验模板并不存在的情况。[③] 由于大数据技术的实质是在对事物描绘的基础上反映事物的表征，因此样本选择的偏差就严重影响结论的客观性。

最后，数据呈现指的是大数据通过图表等可视化形式呈现计算结果时可能出现的结论偏差问题。由于大型数据集无法完全展示所有数据，因此用图表方式呈现成为研究者建模和进行交流的关键要素。作为大数据可视化的一个直观体现，制图(mapping)软件意在"设计良好的数据可视化呈现方式，用相对简单的

---

① CALLEBAUT W . Scientific Perspectivism: A Philosopher of Science' Response to The Challenge of Big Data Biology[J]. Studies in History and Philosophy of Biological and Biomedical Science, 2012, 43 (1).

② HELLES R, & JENSEN K B. Introduction to the Special Issue "Making Data-Big Data and Beyond."[EB/OL]. [2018-07-01]. http://firstmonday.org/ojs/index.php/fm/article/view/4860.

③ See Boyd and Crawford, supra note 4, 668-669.

感知推论替代认知计算，并促进对事物的了解、记忆，有助于做出决断”[①]。然而，数据的可视化转换却蕴藏着不少失真的风险。目前，大数据在可视化过程中的失真原因主要包括：(1)可视化的技术盲点（数据集到视觉设计中存在的障碍空间）；[②](2)可视化编码的设计路径差异（众多编码路径中很难确定最理想的设计方案）；[③](3)可视化转码过程中可能出现的决定性数据丢失问题。[④] 显然，大数据要想弥补理想和实践中的差距，还有很长的路要走。

（三）伦理困境：数据共享与隐私权的侵犯

信息时代，人们常说的一句话就是“个人没有隐私”。依靠数据网络进行工作、学习、商贸和交流沟通似乎成为常态，而在这些日常行为的背后，实际是个人信息被政府机关和各大互联网企业大量收集。对于企业而言，利用大数据收集目标客户的信息数据来制定相应的产品和服务策略，已经成为一种普遍做法。但是，除了明文规定不得泄露的个人隐私信息外，还有哪些个人信息也不得被随便收集，成为一个颇具争议的话题。

此外，更大的隐患来自互联网商业巨头对用户个人信息的全面掌握。2018年最轰动互联网界的一件事，莫过于Facebook创始人扎克伯格就如何处理用户数据和隐私公开接受参议院的质询。尽管扎克伯格的回答获得了公共演讲和危机专家的好评，但不难看出，他实际回避了很多问题。而对于用户个人信息保护的态度，国内互联网巨头百度创始人李彦宏的回答同样模棱两可。由此可见，在大数据时代，数据共享早已成为一柄双刃剑，如何合理划分数据边界，有效保护个人隐私，是个任重道远的课题。

三、大数据与法律的结构性矛盾

大数据的飞速发展对法律研究和实践的影响是惊人的。从法律合同的自动生成，到法律服务的私人定制，从区域犯罪发展预测，到再犯可能性的量化……

---

① HEER J, et al. A Tour through the Visualization Zoo[J]. Communications of the ACM, 2010,53(6).

② See Heer J, et al., supra note 20, at 59.

③ KOSTELNICK C. The Visual Rhetoric of Data Displays: The Conundrum of Clarity[J]. IEEE Transactions on Professional Communication, 2007,50(4).

④ MARKHAM A N. Undermining “Data”: A Critical Examination of a Core Term in Scientific Inquiry[J]. 2013,18(10).

大数据技术越来越向法律界展现出其蓬勃的野心。然而，在向法律人展现其优势的同时，大数据也逐渐显现出了与法律在结构上的本质矛盾。这些矛盾，也许可以调和，也许不可调和，但在大数据来势汹汹的今天，必须对这些问题有清醒的认识，才能更好地迎接科技大爆炸对法律界带来的机遇和挑战。比较大数据的运行机理和法律的实质，主要存在如下四点对立。

(一)数据建模的“循旧”与法律演进的“向前”

大数据一个广为人知的定义，即包含所谓的“3V”特性——大容量(Volume)、高速度(Velocity)和多种类(Variety)。依靠前所未有的数据收集能力和各种演算方式，大数据超脱了传统统计学的应用范畴，被视作“一种结合了技术手段、分析功能和高阶智能的文化、科技与学术现象”[①]。而引发这一现象的关键在于：量变引起质变。“大数据的核心功能是预测，通过将数学算法运用到海量的数据上来预测事情发生的可能性……系统的数据越多，算法就能更好地改善自己的性能。”[②]基于此，大数据在犯罪学界广受欢迎，因为传统的警务预测方法就是依靠对过往的相关数据进行收集和分析，例如热点分析、犯罪制图等，而大数据工具将分析模型建立在这些传统实证方法上，只是对数据的收集更为细致完整、使用的算法更加准确而已。[③] 然而，随着大数据的进一步应用，一些深层次的问题暴露了出来，利用大数据的预测功能对犯罪嫌疑人进行犯罪风险评估开始大行其道。

然而，大数据的建模模式决定了对信息的收集只可能是对既往数据的收集，决定大数据预测核心能力的机器学习。可见，对大数据而言，它做出的所有判断和预测都是对以往事实和经验的高阶总结。从传统实证角度出发，机器学习的容错度较高，是一种非常好的统计工具；不过，一旦将大数据广泛应用到法律领域，尤其是影响决策制定时，很可能结果并不如预想的那样。因为大数据应用的关键是寻找规律，所以在应用过程中会“制定容纳‘硬’信息的框架，而排除只适用于个别情形的策略信息或‘软’信息，以保证只有符合预设‘相关’的信息数据才会被收集”[④]。当建立在历史数据上的结论生成并指导决策制定后，新决策又

① Boyd and Crawford, supra note 4, at 663.

② 姚海鹏，王露瑶，刘韵洁. 大数据与人工智能导论[M]. 北京：人民邮电出版社，2017：4.

③ See Chan J and Moses LB, supra note 12, at 27.

④ DEVINS C, et al. The Law and Big Data[J]. Cornell Journal of Law and Public Policy, 2017 (27).

会作为历史数据再一次被大数据所收集,并成为下一次决策制定的数据基础……周而复始,指导决策制定的信息类型越来越雷同,而信息渠道也会趋于单一。然而,法律的发展绝不是永恒地躺在立法预设的框架内的,“从社会学角度来看,显而易见,从习性到惯例,再由惯例到法律的过渡是变动不居的”[①]。在社会发展中,科技的革新带来生产力的爆发,经济的发展又带来物质条件的改善和生活方式的转变,伴随着人的理念的转换,旧的法律规范或被废除或被修正,而新的更符合人们行为惯例的法律规范被制定。可见,法律的演进过程中掺入了大量的新鲜因子,包含政治、经济、文化等各方面的因素共同推动着新老法则的更迭,而这恰好与大数据的运行方向相左。

(二)数据关联的“单一”与法律解释的“多元”

“当社会允许生物学成为工程化的学科,会让科学沦落为改变世界却不明所以的状态,这将是非常危险的……工程化的生物学也许仍然能告诉我们如何到达目的地,然而它却并不知道所谓的目的地究竟是个什么地方。”[②]卡尔·乌斯(Carl Woese)的这番警告虽然是针对生物学,却揭示了一个简单而深刻的现实:建立在数据关联上的大数据预测,也许能展现给人们某些事实或答案,却无法说出真相。例如,对同一地区的两所不同学校历年的学生违法犯罪数据进行收集和分析,发现两校学生都是在一年前犯罪率开始激增,且都有严重暴力化的倾向。如果仅从数据关联性来看,因为两校过往的地理位置、社会环境、生源等都相近,则无法判断各自犯罪率激增的成因。而如果引入变量,对数据的占比进行调整后就会发现,一年前分别有两种文化对两校学生进行了侵蚀:暴力游戏动漫和“古惑仔”式黑社会文化。显然,如果没有对关联数据的进一步细分和解读,对两校犯罪率成因的判断很可能趋同,从而对犯罪治理造成阻碍。

与数据关联的“单一”呈现不同,法律最突出的特征之一就是解释。“任何法律规范都需要解释。”[③]“我们的法律存在于对我们的整个法律实践的最佳论证之中,存在于对这些法律实践做出尽可能最妥善的叙述之中。”[④]虽然对法律解释的

---

① Weber M. Economy and Society[M]//Guenther R, Claus W. An Outline of Interpretive Sociology. CA: University of California Press,1978:325.

② WOESE, C R. A Nice Derangement of Epistemes: Post-Positivism in the Study of Science from Quine to Latour. Chicago: University of Chicago Press,2004:173.

③ 魏德士.法理学[M].丁晓春,等,译.北京:法律出版社,2005:314.

④ 德沃金.认真对待权利[M].信春鹰,吴玉章,译.上海:上海三联书店,2008:147.

使用一般存在法律发现和文义的澄清和确定两种角度的思辨，但是有一点是比较明确的，即无论是英美法系还是大陆法系，法官在适用法律的过程中对具体案件作出的对法律文本的解释，更能体现法律解释的本质。[①] 也因此，法律的解释虽然遵循一定的标准和原则，但结论并不恒定，这也导致出现了扩大解释、限缩解释，乃至判例法中的法官造法情况的出现。例如，刑法在制定之初并不存在虚拟财产的概念，因此电子货币、游戏装备是否属于"财物"就存在争议。可社会生活的快速变革要求司法必须尽快对相关问题作出合理的回应，这时，适度拓展"财物"的内涵和外延，以包容评价虚拟财产的价值属性就成为必然。显然，相对于机械的数据解码，法律更像是一种修辞和语言的游戏。[②] 它的逻辑中蕴含开放，刻板中包含灵活，规则中蕴含不确定的特性，也许恰恰是有别于数据运算的魅力所在。

(三)数据预测的"趋同"与规范适用的调整

哥伦比亚法学院教授伯纳德 • 哈考特(Bernad Harcourt)指出，用基于历史数据的关联性得出的决策所做的预测，会形成反馈环路，从而削弱或摧毁干扰因素的影响，而这种干扰因素往往是推动决策改进的关键。[③] 因为机器学习缺乏人类思维的创新，它只能通过不断增加既往的判断结果和衡量因子，在最初预设的运算框架内进行最优选择。实际上，它观察到的数据改变并不是研究条件变化时形成的，更有可能是之前输出的数据再次输入时形成的——如此，输入和输出循环往复，就容易形成一个闭环。[④] 这也就意味着，如果没有外来的新鲜因子不断被输入进数据库的话，只依靠大数据自运算，最终的预测结果将陷入停滞不前的泥淖中。这一点显然与人类的发展轨迹并不相符。如是，当大数据应用于指导人们的行为习惯时，实质就是把过往的经验数据填塞进预设好的框架内，然后根据某些特定的情势时不时调整信息输入，将其中一些数据作为新的经验数据变为指令框架的一部分。然而情势的变化往往突然而至，一旦情势的转变没有按照预测的变化而变的话，大数据的预测就会变成一股保守的力量，从而阻碍创

---

① 肖光辉. 法理学专题研究[M]. 上海：上海社会科学院出版社，2016：240.

② See Devins C, et al. , supra note 33, at 379.

③ HARCOURT B E (2007). Against Prediction: Profiling, Policing and Punishing in an Actuarial Age. Chicago, IL: University of Chicago Press.

④ See Devins C, et al. , supra note 33, at 409.

新的发展。[①]

这种运算模式强调的是一般规律的遵守,排除意外的变量因子,最终或可能导致对多样性的排斥。“多样性是应对不可预知的环境条件改变的关键,过度的行为一致性将增加系统运行的风险。”[②]卡琳·德文斯(Caryn Devins)等人将相似情况类比于Facebook等网络社交媒体的使用情况,得出结论:大数据不仅能预测人们的行为,还能影响人们的行为,甚至在过程中影响权力的分布。[③] 那么,当数据运算应用于司法裁决时就更要警惕了——过于一致性会导致司法僵化,甚至社会发展的停滞。规范的适用固然需要一根准绳,但社会的变化又需要规范做出适度的调整,而这种调整依靠完全一致的行动、思维显然无法实现,必须汇集不同方向的力量和声音,共同完成对规范运行轨迹的调整。

(四)数据决策的“暗箱”与司法裁决的公开

本文前述在探讨大数据的技术局限时曾指出,大数据为了更为直观地表达运算结果而进行的数据和图表转换过程中,暗藏着关键数据丢失的风险。这个局限性同样影响着大数据在法律领域的应用。“数据不经过压缩成为理论或更精简的叙述的话,就不具有任何意义。”[④]由于大数据的运算数据量过于庞大,将运算过程全部展示出来根本不现实,因此,对运算结果进行转换和压缩就成为必然。这时会让人产生一个疑问:原本用以表达某个细节的数据,会否因为数据链的压缩而就此丢失?然而,已知的数据关系只有离散的关联,具体某个数据与确切事实的因果关系并不可查,也就是说,即使意识到了可能存在的失真风险,也并不能找到具体的原因。那么,当大数据被应用到司法裁判,因为数据压缩而导致裁判结果严重偏差却又找不到具体原因时,这麻烦可就大了!

“裁判公开与审理公开是审判公开制度的两大基本内容,其有利于显示司法民主、遏制司法腐败、保障正义实现、提高诉讼效益、培育法官素养、保证裁判质量、发现法律漏洞和促进学术研究。”[⑤]人们依靠审判公开制度,对公正司法实行有效监督,可以说裁判过程、法官的释法说理能最大限度满足社会公众的知情

---

① See Devins C, et al. ', supra note 33, at 405.

② AYRES I, MITTS J. Anti-Herding Regulation[J]. Harvard Business Law Review, 2015,5(1).

③ See more Devins C, et al. , supra note 33, at 357.

④ CHAITIN G, COSTA N, DORIA F A. Godel's Way: Exploits into an Undecidable World[M]. Leiden: CRC Press, 2011:62.

⑤ 尹西明.裁判公开制度研究[J].河北法学,2003(5).

权,是司法制度稳定运行的重要保证。然而,当大数据,如它的坚定拥趸所言,完全取代法官实行量化裁判后,人们就会发现,原先仰赖裁判公开的信任基础消失了——因为数据运算无法释义。并非不愿,而是不能,冗长的关联数据间的耦合是阻挡人们解读的第一重障碍,因为没有因果关系而不存在推理过程是第二重障碍,除非进行语义压缩否则无法呈现结果是第三重障碍。如此一来,整个裁判过程好比一个无法打开的"暗箱"!

四、我国法律实证研究的态度与应对

毋庸置疑,大数据正以超乎人们想象的速度影响并占领社会生活的方方面面,这是科技爆发的大势所趋。"科技既不是好的,也不是坏的,更不是中立的。"[①]当大数据裹挟着分析和预测两柄利剑气势汹汹地出现在法律领域时,我们必须保持高度的清醒,并给自己抛出这样三个问题:(1)大数据的运行机理和法律本质是否存在冲突?(2)大数据的观察分析功能是否存在技术漏洞?(3)大数据的预测功能是否存在上限?法律界自然不是第一次迎接科学技术带来的挑战,可是这一次的科技格外野心勃勃——"社会科学是被 N=all 程式撼动得最为激烈的学科之一……社科研究者们也许将丧失他们在该领域的主导地位"[②]。这样的论断自然是武断的,迄今为止还没有一种学科可以完全替代另一种学科;但是,这样的论断也给我们提出了一个严肃的问题:智能时代,我们作为人文社会科学研究者,作为法律实证研究者,究竟该以什么样的姿态来应对科技爆发带来的冲击?

(一)意识准备:"我们的一举一动都能在某个数据库中找到线索"——艾伯特-拉斯洛·巴拉巴西

大数据引领的"智能化"革新浪潮之所以能在各行各业引发激烈探讨,是因为它在验证这样一个假设:"人类的大部分行为都受制于规律、模型以及原理法

---

① KRANZBERG M. Technology and History: "Kranzberg's Laws"[J]. Technology and Culture, 1986(27).

② 舍恩伯格,库克耶. 大数据时代:生活、工作与思维的大变革[M]. 盛杨燕,周涛,译. 杭州:浙江人民出版社,2013:65.

则,而且它们的可重现性和可预测性与自然科学不相上下。”[①]当人类的一举一动都可以被量化时,以规范人类行为为主要研究对象的法律,也必须直面大数据运算所带来的冲击。“从研究对象看,大数据法律研究扩展了法学研究的问题域……从研究范式看,大数据法律研究可能推动实证研究的跨越式发展……形成‘数据驱动+理论假设驱动’的范式革命,最终重构传统法律实证研究。”[②]

人们在讨论大数据的法律应用时通常会陷入两个极端,要么认为大数据的“入侵”避无可避,要么认为大数据的所谓“威胁”微不足道。因为不了解而排斥,因为不了解而盲从,不仅是法律界存在这个困惑,叫嚣着大数据技术终将让法官、律师失业的唯数据派又何尝不是如此呢?大数据时代,“知识结构单一的研究者甚至研究团队,往往难以应付……法学研究者需要通过加强团队建设,特别是加强与计算机科学、软件科学、统计学等相关学科的专业人士以及大数据、人工智能科技公司之间的合作”[③]。法律规则与数据原理并非泾渭分明,当我们充分意识到彼此的共性与差异时,也许才能说研究之船可以起锚了。

(二)理论准备:“你能发现的东西取决于你使用的理论”——阿尔伯特·爱因斯坦

大数据对法律的影响绝不仅限于作为某种技术工具,尽管目前有些法律界人士并没有意识到一点,那就是大数据收集的数据范围不仅是可控的,而且是必须用理论控制的。一旦认识到这点,我们就会发现,衔接法律实证研究与大数据所需要做的理论准备真的是太多了。

“一方面,可以说,得益于法律数据的几何级增长,法律实证研究在中国遇上了最好的时代……另一方面,法律实证研究在当下中国又遇上了最坏的时代,因为看似丰富的数据海洋下面,实际上处处存在暗礁。”[④]受限于多种原因,我国的法律实证研究长期以来都面临着数据不足,理论欠缺,操作随意的特点。[⑤] 样本不具代表性,缺乏对实证理论研究的重视和科学态度,都成为长期困扰我国法律

① 巴拉巴西.爆发:大数据时代预见未来的新思维[M].马慧,译.北京:北京联合出版有限公司,2017:13.

② 刘涛雄,尹德才.大数据时代与社会科学研究范式变革[J].理论探索,2017(6);转引自左卫民.迈向大数据法律研究[J].法学研究,2018(4).

③ 左卫民.迈向大数据法律研究[J].法学研究,2018(4).

④ 程金华.迈向科学的法律实证研究[J].清华法学,2018(4).

⑤ 程金华.迈向科学的法律实证研究[J].清华法学,2018(4).

实证研究领域的症结。但是，大数据的出现给予了我们快速成长的平台。"机器学习已遍及各个领域，且随着电子数据的激增可能会在大数据时代发挥更重要的作用……今天，我们仍然可以使用传统计算机运行机器学习和其他计算任务，但从长期来看我们可能需要考虑其他方式。"[①]现如今，我们困惑的问题也是一样的问题：如人们在网络中的行为轨迹究竟能否作为衡量一个人日常行为轨迹的依据(美国有学者将推特用户的行为数据预设为"人群"的行为数据受到了批评[②])；如裁判量化、司法量化究竟能否实现，量化的边界究竟在哪里(有学者认为量化并不是公正裁判的最佳途径[③]，也有学者认为裁判量化实现并非不可能[④])；再如数据的权属界定、算法歧视的规避、个人化法律的发展前景、传统实证理论的沿革等等，无不是海内外法律实证研究者共同关注的话题。在这样的大背景下，我们需要迅速调整研究思路，规划出一条较为完整的数据化法律研究路线图来，毕竟正如左卫民教授所言，"基于大量数据的研究并非严格意义上的大数据研究"[⑤]，而信息数据化的迅猛发展也容不得我们再一次跟在别人后头亦步亦趋。

(三)手段准备："我们制造工具，而工具让我们走得更远"——雷·库兹韦尔

虽然本文分析了大数据的技术局限以及与法律间存在的各种结构性冲突，但是目的并不是要排斥大数据在法律上的应用，而是想为法律实证研究者们提供几个观测口，以此来探查并研究大数据在某个环节上的应用是否存在过限和严重偏差等问题。从实用角度出发，大数据应用于我国法律领域的内容已经包括建立司法大数据库、成立互联网法院、建设"智慧"司法体系等，尽管囿于各种限制，目前"我们口中的'法律大数据'，还只是一个虚构的大饼"[⑥]。但是正是由于各方面建设还处于初级阶段，才更有利于我们提早介入，与技术领域一起进行探讨和研究。我们必须要认识到的是，大数据算法正在急速演进中：如传统数据挖掘技术依赖神经网络算法，而以决策树为理论基础的随机森林算法则在犯罪

---

① 托斯. 人工智能时代[M]. 赵俐，译. 北京：人民邮电出版社，2017：215.

② See Boyd and Crawford, supra note 4, at 669.

③ See more Devins, et al., supra note 33, p. 357-399.

④ RACHLINSKI J, et al. Can Judges Make Reliable Numeric Judgments? Distorted Damages and Skewed Sentences[J]. Indiana Law Journal, 2015(90).

⑤ 左卫民. 迈向大数据法律研究[J]. 法学研究，2018(4).

⑥ 程金华. 迈向科学的法律实证研究[J]. 清华法学，2018(4).

数据(尤其是再犯率)的预测上显示出了超越神经网络算法的优势,然而随着数据规模的变化,神经网络算法的革新(即深度学习)再度展现出了新的优势。[①] 如此,法律实证研究者就面临了知识储备和时间压力的双重挑战。当务之急,我们切实的应对手段是什么?

首先,从研究需要出发,应培养法律实证研究者的跨学科知识理论基础。如前所言,衔接大数据、云计算、人工智能的机器学习的发展速度是极其惊人的,而随之而来开发的应用软件也如雨后春笋一般,只是依靠常规的讲座,法律研究者可能并不能及时跟进技术发展的速度。此外,对于信息技术领域的研究者而言,他们也急切需要法律人士的指导,因为机器学习的输入需要理论支撑的人工观测。目前,各领域都在迫不及待引进大数据和人工智能系统,然而出于利益的需求,这些软件开发公司在初始设计时可能就没有认真思考过学科壁垒的存在,或者即使思考过也选择性忽略,这就造成了目前市面上各类大数据鱼龙混杂的局面。如此,尽快进行跨学科建设,系统培养跨学科人才就十分必要。

其次,对于跨学科人才教育的设计规划应当一分为二。目前,已经开始构建跨学科人才培养方案的高校多把重心放在教学方案的设计上,以传统的培养综合人才的思路来应对大数据时代带来的挑战。对法学研究而言,科学化、数据化已经是不可避免的严肃课题,而注重解释理论的法教义学与强调验证理论的实证法学间的携手,也许才能实现正确指导大数据在法律领域的应用这一共同目标。

总之,我国的法律实证研究正处于改革的最佳机遇期。我们必须具备跨学科的知识储备,强化跨学科的团队建设,增强研究理论体系的升级意识,正视大数据带给法律实证研究的困境与挑战,如此,才能真正让大数据在法律领域内发挥它应有的价值和作用。

---

① BERK R,BLEICH J. Statistical Procedures for Forecasting Criminal Behavior[J]. Criminology &Public Policy, 2013,12(3).

第三章　网络犯罪的证据与证明

网络犯罪定量证明的转型
——从印证论到综合认定

◎高艳东*

近几年，在网络犯罪领域，严厉的立法政策与低效的司法现状之间的矛盾日益突出。刑法修正案不断增加打击网络犯罪的立法供给，但是，刑法大规模的犯罪化尝试，并没有起到遏制犯罪的效果。刑法供给无效的原因是多方面的，其中，程序法与实体法没有互相配合、同步更新，是立法失灵的重要原因。尤其是，网络犯罪"定量"的证明标准仍然停留在工业时代的"人证中心主义"，没有迈向信息时代的"数据中心主义"，机械贯彻印证论，导致大量"有数据、无人证"的网络犯罪逃避了处罚。

一、高证明标准与"机械＋定量"的刑法模式冲突

(一)刑事法律"双高"标准导致网络犯罪惩处率低

我国刑事法律采纳了"双高标准"：一是定罪标准高，与西方不同，我国刑法采取"定性＋定量"的立法模式，很多罪名设置了"数额较大""情节严重"等数额、数量标准，提高了入罪门槛。二是证明标准高，我国采用"犯罪事实清楚，证据确实充分"的刑事证明标准，在客观真实的基础上又增加了"排除合理怀疑"的主观性标准。如学者指出，"犯罪事实清楚，证据确实充分"是属于客观方面的"确定

---

* 高艳东，浙江大学光华法学院副教授。本文为司法部课题"量刑对定罪的反作用力研究(13SFB2019)"及"人工智能与法学专项课题(18ZDFX001)"的阶段性成果。

性”,而“排除合理怀疑”作为与“内心确信”表达方式不同的同义术语,是属于主观方面的“可信度”。作为客观方面的“确定性”与作为主观方面的“可信度”两者相结合,构成了我国传统证明刑事标准的完整内容,不会导致“机械唯物主义”或“唯心主义”,是一种高刑事证明标准。①

刑事法律的双高标准,导致了网络犯罪惩处难。我国多数网络犯罪要求数额或情节,既需要“定性+定量”的高定罪标准,又要求高的证明标准。以制售假货为例,司法机关不仅要严格证明行为人有售假事实,还要严格证明销售金额达到5万元——不仅要核对销售记录,还要找到购买者或实物加以印证。我国把查证事实之有无的证明标准,一概适用于定量要素,出现了因证明标准过高而放纵罪犯的现象。事实上,5万元等数额要素在西方国家属于量刑问题,其证明标准相对较低。因此,产生于认定杀人罪、盗窃罪事实之有无的刑事证明标准,不能直接适用于网络犯罪的定量判断。

(二)高刑事证明标准适用于“只定性不定量”的刑法模式

首先,多数西方国家刑法没有采用“定性+定量”的立法模式,高证明标准只是针对事实有无的定性问题。英美法系的“排除合理怀疑”、大陆法系的“内心确信”,同我国的“案件事实清楚,证据确实充分”一样,均属于高要求的证明标准。但是,在多数西方国家刑法中,成立犯罪只有行为要求,而无数额、数量要求,这大大降低了定罪难度。西方国家多采取“厉而不严”的刑事政策,入罪门槛低,司法机关只需证明被告人实施了某种犯罪行为,就完成了“定性”部分的证明责任,就能够对被告人定罪。

其次,在西方国家,对定量问题常常适用不同的证明标准。虽然数额、数量不影响定性,但也是西方国家刑事诉讼中的常见问题。但是,除死刑等重罪之外,数额的证明标准,不同于定性的证明标准。如学者所言,英国的刑事司法实践严格区分定罪与量刑两个阶段,其中定罪阶段适用刑事诉讼通常的程序与证据规范,比如对抗程序、严格的相关性、可采性规则与证明制度等;而量刑阶段则由于没有陪审团的参与,其程序与证据规范相当宽松。② 在很多情形下,数额认定问题在西方国家属于量刑程序,不一定适用定性阶段所要求的高证明标准。

---

① 陈瑞华.刑事证据法学[M].北京:北京大学出版社,2014:296.

② 彭海青.英国量刑证明标准模式及理论解析[J].环球法律评论,2014(5).

二、对数额的证明要求应当考虑网络犯罪的特殊性

(一)数额犯的立法缺陷需要简化证明要求

基于刑法谦抑性的原则,各国都不可能把所有小额盗窃、诈骗认定为犯罪。虽然日本等国家的盗窃罪无数额要求,但也不可能把盗窃一个信封作为犯罪处理。在世界范围内,缩小犯罪圈有两种方式:司法缩限与立法缩限。

1. 司法限缩犯罪圈的模式有利于治理网络犯罪

西方国家相信司法人员的裁量权而选择了司法缩限,由检察官根据案件情况裁量定罪的数额标准。这样,虽然对"有无盗窃行为"的定性问题采用了高证明标准,但是,数额的证明宽松化又缓和了高证明标准导致的定罪难问题。换言之,在西方,即便检察官只能证明被告人盗窃了 10 元钱,但是,如果检察官确信这是一个惯犯(无业被告人有大量无法说明来源的资金),仍然可以起诉之并最终定罪,高证明标准并不会带来定罪难的问题。网络犯罪具有隐蔽性和非接触性,需要立法宽松化、司法紧缩化的模式。这是西方治理网络犯罪的成功经验。不难发现,高证明标准的国家都采用了行为犯的立法模式,由司法人员裁量定罪的数额标准,这符合治理网络犯罪的现实需要。

2. 立法限缩犯罪圈的模式导致定罪难

中国立法者不相信司法人员的裁量权而采用了立法缩限,立法直接规定数额以限制犯罪圈,这会导致放纵罪犯。如果检察官只能证明被告人电信诈骗了 2000 元(电信诈骗数额较大的标准是 3000 元),即使检察官确信这是一个惯犯(无业被告人有大量无法说明来源的资金),也无法将其起诉并定罪。在司法实践中,很多惯犯就是利用数额犯的缺陷逃避法律制裁。既然诈骗罪要求数额,诈骗分子就采用"薅羊毛"策略,小额多笔,使单笔查证数额很难达到定罪标准;既然生产、销售伪劣产品罪要达到 5 万元的销售金额,制假者就不再采用前店后厂的囤货方式,而实行定制化生产、货标分离,使查证的物证数额很难达到 5 万元。

笔者认为,未来,我国也应当遵从世界立法趋势,采用"立法定性、司法限缩"的思路,刑法典不再规定财产犯罪、网络犯罪的数额、情节,司法解释可以规定数额标准但要赋予检察官、法官较大的自由裁量权。事实上,我国一直在克服数额犯立法模式的定罪困境。一方面,刑法不断在数额之外增加其他定罪情节,如对盗窃罪增加了"多次盗窃""入户盗窃"等非数额的入罪条件。另一方面,司法解

释也在变相废除唯数额论的定罪标准,2011 年 3 月两高《关于办理诈骗刑事案件具体应用法律若干问题的解释》规定,对于发送诈骗信息 5000 条以上,或拨打诈骗电话 500 人次以上的犯罪嫌疑人,可以认定为诈骗罪(未遂)。这一司法解释用短信次数、电话次数等"行为数据"推定"犯罪数额",实际上是将诈骗罪修正为了非数额犯。

(二)网络犯罪的海量数据超出了证明的极限

传统证明标准是以杀人、盗窃等自然犯罪为蓝本设计的,而网络犯罪的海量数据超出了证明标准的设计峰值。1 个小偷 1 晚入户 10 次已经算高手,而 1 个木马软件 1 小时就可以盗窃数万笔资金。例如,借助网络效应,仅 2 年时间,e 租宝涉案金额就高达 762 亿元。按照传统刑事证明标准,在侵犯公民个人信息案件中应确定每一位受害人、逐一核实每一条个人信息,排除存在虚假信息、重复信息的可能性,准确认定信息数量。但是,网络犯罪的海量数据,使一一查证不具有可能性。例如,在尹某某侵犯公民个人信息案中,被告人电脑硬盘内存储邮箱账号、密码约 23 亿条。[①] 犯罪手段已经实现了智能化,而证明标准还在强调人工化,这相当于以木棒对付核武。

无疑,传统刑事证明标准与"定性+定量"立法模式的冲突日渐加深。我国司法实践对网络犯罪的定量因素,已经采取了与传统犯罪不同的差异化标准,"案件事实清楚,证据确实充分"的证明标准逐渐被虚置。在网络犯罪数额、数量存疑的情况下,司法机关会结合其他间接证据、辅助信息综合认定,并定罪量刑。

三、网络犯罪证明标准两分论:准确定性、综合定量

不难发现,我国立法者对定性、定量问题一视同仁,均采用了"排除合理怀疑"的证明标准,这是不切实际的理想主义。未来,《刑事诉讼法》修改时,应当对定罪与量刑采用不同的证明标准。具体到网络犯罪而言,网络犯罪"定性"和"定量"的证明标准应当有别:对"定性"仍应强调"案件事实清楚,证据确实充分";对"定量"则达到优势证明标准即可,只要"数据真实,信息充分"就可以定量,不需

---

① 袁解杰、尹振斌侵犯公民个人信息一审刑事判决书([2016]皖 1623 刑初 830 号)[EB/OL].[2018-06-05]. http://wenshu.court.gov.cn/content/content? DocID=64832abd-fde8-4af9-b82e-a789015365d&KeyWord=.

要达到排除合理怀疑的程度。同时,未来的网络犯罪司法,应当逐渐从"人证中心主义"转向"数据中心主义",降低对物证、人证的依赖,提高对数据的运用程度。

(一)"定性"应坚持最高刑事证明标准

1."定性"的高证明标准不因网络空间而改变

对网络犯罪事实的有无问题,应严格适用"案件事实清楚,证据确实充分"的刑事证明标准。"定性"是犯罪行为有无的问题,是质的、基本的要素,不同于"定量"的程度问题。如学者所言,若因事实不清、证据不足而导致犯罪基本事实难以决断,应严格坚持"疑罪从无"原则,不做"留有余地"的判决。[①] 虽然"案件事实清楚,证据确实充分"是带有强烈工农业时代色彩的刑事证明标准,但是作为强调犯罪基本事实之有无的"定性"标准,在网络犯罪的"定性"中也应严格遵守。换言之,对于犯罪行为有无等基本事实的判断仍应采用高证明标准,即达到"证据与证据之间、证据与案件事实之间不存在矛盾或者矛盾得以合理排除"的程度。

2.高证明标准只限于犯罪行为有无的"定性"

本文所称的"定性",仅指犯罪行为的有无,而不包括入罪数额。有学者看到了数量要素证明难的问题,提出了"底线证明规则","要追究网络犯罪者的刑事责任,指控证据必须证明其已经触及法定的入罪门槛;而要追究网络犯罪者的加重刑事责任,指控证据还必须证明其已经触及法定的加重处罚门槛。办案人员就必须在证明作为底线的数额/数量指标方面,达到'案件事实清楚,证据确实充分'的要求;至于其在多大程度上超过了作为底线的数额/数量指标,则只需要进行概要性的证明或展示"。[②] 笔者不赞同这一观点。

"底线证明规则"没有注意到网络犯罪小额多笔的特征,没有实质性地解决网络犯罪定量难的问题。一方面,"底线证明规则"无法应对我国假货泛滥但司法无力的形势。生产、销售伪劣产品罪的入罪数额是"销售金额 5 万元以上",按照"底线证明规则",对 5 万元的入罪数额或者 20 万元的加重处罚数额,必须达到"案件事实清楚,证据确实充分"的程度。在"张某网络销售假香港月饼"案中,消费者只要在网店购买满 100 元即可以 5 元价格购买香港月饼一块,按照"底线

---

① 卞建林,张璐.我国刑事证明标准的理解与适用[J].法律适用,2014(3).

② 刘品新.网络犯罪证明简化论[J].中国刑事法杂志,2017(6).

证明规则”,要逐一确认 1 万笔交易中的月饼确实为假货,就要找到分散在全国各地的消费者,取证成本极高;而且,月饼多数都被食用,原物已经不存在,达不到“案件事实清楚、证据确实充分”的证明程度。另一方面,“底线证明规则”无法解决“小成本、多笔数、大收益”的中国特有问题。中国网民基数大,很多罪犯借助网络的低成本,实行薅羊毛式的诈骗,以减少受害人报警的概率。在“刘某一元木马红包诈骗案”中,刘某把木马病毒伪装成红包发到群里让大家转发,每个点击者被骗数额只有 1 元,但依靠网络的放大效应,罪犯半年内获利 60 万元。电信网络诈骗要达到 3000 元才能定罪,按照“底线证明规则”,至少要找到 3000 个全国各地的被害人确认诈骗事实,才能定罪。事实上,很少有办案机关愿意并有能力承担这种“大炮打蚊子”式的取证成本,也很少有被害人会因为 1 元损失而配合调查。

按照笔者观点,只需要对事实有无问题的定性——张某是否有过售假行为、刘某是否有过诈骗行为,采用严格的“案件事实清楚,证据确实充分”的标准。按照西方国家刑法,只要有诈骗或售假行为,就可以构成犯罪。而对 5 万元、3000 元的定量要素,都可以降低证明标准,采用综合认定的方法,提高司法效率,节省司法成本。

(二)对网络犯罪的定量因素可以“综合认定”

定量难是网络犯罪惩治难的主因。网络犯罪的行为痕迹明显,有大量数据,但人证、物证缺失。网络售假、侵犯公民个人信息、电信诈骗等案件,均表现为定性易、定量难,侦查机关可以确定存在售假、侵犯公民个人信息的行为,但无法追踪每一笔假货以获取物证、无力核对每一条公民个人信息以排除重复性。事实上,客观数据不需要通过印证等方式核实,只要数据形成证据链条即可;而且,分析客观数据本身也可以直接得出结论。因此,在大数据时代,仍按照传统的刑事证明标准对定量问题一一核实,实属画蛇添足,应予简化。

如果适度降低定量因素的证明标准,司法机关就可以采用更简化的证明方法。近些年来,为了解决海量数据证明难的问题,司法机关简化了证明方法,开始“综合认定”犯罪数额。2014 年 3 月,最高人民法院、最高人民检察院、公安部《关于办理非法集资刑事案件适用法律若干问题的意见》首次确立了“综合认定”的证明方法。

四、对定量"综合认定"有利于克服印证论的缺陷

"综合认定"是工业时代"人证中心主义"转向信息时代"数据中心主义"的结果,其核心是允许突破传统的证明方法(印证论)和传统证明标准("案件事实清楚,证据确实充分")。"综合认定"简化了证明方法,它不会必然导致证明标准降低,但是,面对类似30亿条公民信息泄露这样的海量数据,综合认定允许降低证明标准——不要求把每一条信息与被害人印证、不必达到"排除合理怀疑"的程度,而只要达到优势证明标准即可。

(一)孤证可定量:"综合认定"不苛求其他证据印证

在传统刑事诉讼制度中,认定"案件事实清楚,证据确实充分",要求所有的定罪量刑事实都有证据证明,且证据之间要一一印证,以达到排除合理怀疑的程度。按照通说,印证论是我国的主流证明方法,是指在刑事诉讼中利用不同证据内含信息的同一性来证明待证事实,目的在于确定自相矛盾的言辞证据的证明力、审查案件是否达到法定证明标准,以及判断被告人供述是否得到补强。① 通俗地讲,只有证据之间能够相互印证,才能达到"案件事实清楚,证据确实充分"的证明标准。但是,在大数据时代,同一数据可以蕴含不同信息,孤证可以认定犯罪数额。分析数据本身就可以认定数额,无须寻找其他证据加以印证。

首先,电子数据的客观性更强,本身就是事实的证明。数据的证明力比人证更高。同样是售假,小卖部手工记录的账本,可能有笔误,金额可能不准;但网络售假中自动生成的账单不存在误记的可能,300元每瓶的五粮液销售记录,足以证明售假数额。人的记忆、判断更容易受到外界因素的影响,但数据不会。例如,发生在美国的"大数据比父亲更早识别少女怀孕"案中,超市计算机系统利用25项商品的大数据分析预测出某个少女怀孕,遭到其父亲投诉,超市经理也进行道歉,而事后证明少女确实怀孕了。父亲、经理的判断带有强烈的价值、感情因素,但数据的判断更加客观。

其次,在大数据时代,数据分析能力更强,结论更可靠。在"刘某1元木马红包诈骗案"中,根据刘某的到账记录及规律就可以认定犯罪数额。刘某账户中60万元的收入每笔均是1元,都是通过非好友(没有其他聊天或联系记录)的微信

① 龙宗智.刑事印证证明新探[J].法学研究,2017(2).

渠道转账,且转账分时段呈集中分布,到账记录显示的这些特征符合病毒红包被发到群里,大家短时间内抢红包的行为规律。在刘某提不出反证的情况下,可以直接认定诈骗数额为 60 万元。同理,在"张某网络销售假香港月饼案"中,被告人辩称存在刷单情形但提不出具体证据,如果分析销售记录、快递记录等客观数据,发现销售时间分布均匀(职业刷手一般会集中刷单);购货 IP、来款账号随机分布(职业刷手一般会重复、多笔下单);张某没有使用低成本的空包网发货(刷单一般用空包网,不实际寄货而只发个空包拿个单号)。在被告人提不出有效反证的情况下,法官均可以实行自由心证,认定售假数额。

总之,在"人证中心主义"向"数据中心主义"转型过程中,只要电子数据真实,结合数据蕴含的其他信息,就可以综合认定犯罪数额,而无须寻找其他证据加以印证。

(二)数据即事实:"综合认定"不强求"案件事实清楚"

1. 网络犯罪无须再现案发过程

"案件事实清楚"的前提是案发现场具有还原、再现的可能性。但是,网络犯罪是非接触性犯罪,不具有还原现场的可能性。就犯罪数额而言,电子数据就是案件事实,对犯罪数额等问题不必达到"案件事实清楚"的程度。在移动电脑和智能手机广泛使用的今天,网络犯罪的现场是虚拟和流动的,诉讼过程不具有还原现场的可能性,甚至不存在物理的犯罪现场。例如,在网络售假案件中,只存在售假的聊天记录、支付记录和产品图片展示等证据,而不存在真实的售假现场。因此,在电子数据成为主要证据形式的信息时代,只要数据的真实性得到确认,就无须还原案发现场。数据就是现场,就犯罪数额而言,分析电子数据的结论,就是案件的基本事实。因此,"综合认定"犯罪数额时,无须考量能否还原案件现场,无须达到"案件事实清楚"的程度。

2. 认定网络犯罪的数额无须查清被害人

对"案件事实清楚"的标准,存在不同理解。在认定传统犯罪的数额时,找到受害人是"案件事实清楚"的基本条件。但是,在网络售假、电信诈骗案件中,很难将所有被害人查清,其情形包括如下。

一是网络犯罪无国界,被害人四散分布导致无法查证。例如,2015 年某电商平台发生了多起跨境诈骗案,中国卖家收了中东、南美洲等地消费者的货款,不发货或发空包,部分海外消费者在平台投诉,但多数消费者没有报案或者仅注销了账号。基于执法权限等问题,司法机关无法到海外查证被害人,此时,根据卖家的进货、交易、发货记录(如发空包时包裹的重量与商品不一致)等数据,即使没有被害人信息,法院也可以综合认定犯罪数额。

二是被害人本身有违法行为,承认被害事实会带来不利影响。例如,在刷单诈骗中,如果商家承认因刷单被骗,很可能因刷单而被平台处罚、关店,反而因小失大。在色情视频、招嫖诈骗中,罪犯通过添加微信、QQ好友,以发色情视频、特殊服务为由要求被害人发10元红包,收到红包就拉黑被害人,被害人知道购买色情视频、招嫖是违法行为,多数会基于名誉考虑而选择沉默。此时,根据罪犯的进账记录(如都是陌生人发的10元红包),法院就可以综合认定犯罪数额。

三是网络犯罪常具有小额多笔的特点,使查证被害人的成本过高。例如,在实体店售假中,购买者一般是本地居民,司法机关可以通知集中取证,打假成本较低。但是,在网络售假中,购买者分散在全国各地(主要是郊区或农村),据办案人员透露,查证一双200元的假耐克鞋,平均司法成本需要几千元。面对高昂的打假成本,司法机关普遍存在消极情绪。按照本文观点,虽然查不清被害人、无法提取假耐克鞋,但只要有相应的交易、转账记录,法院就可以综合认定售假数额。

总之,对网络犯罪的数额问题,即使找不到赃物(如假货)、查不清被害人(甚至否认被害事实),达不到传统犯罪所言的"案件事实清楚"的程度,法院也可以综合认定犯罪数额。

(三)信息即证据:"综合认定"不苛求"证据确实充分"

"证据确实充分"是以传统犯罪为基础的,其潜在含义是有多个、多种证据互相印证案件事实。然而,网络犯罪的证据单一,有时很难找到像传统犯罪那样的人证、物证,"电子犯罪不需要大量的设备或工具,不需要车辆运输、物理存储仓库或劳动密集型的实践,所有这些都增加了发现和执法的难度。另外,从有形世界(其中的物体可以看到、摸到、闻到等)到虚拟世界(其中边界、混凝土护栏和物质的东西均无关紧要)的这种转变,进一步阻碍了对犯罪的执法"①。在网络犯罪逐渐数据化的今天,对犯罪数额仍然要求"证据确实充分",用工业时代的证明标准应对信息时代的新型犯罪,其结果必将不尽人意。

本文认为,综合认定网络犯罪的定量因素无须"证据确实充分",这主要体现在几个方面。

---

① 布里提.计算机取证与网络犯罪导论[M].戴鹏,周雯,邓勇进,译.北京:电子工业出版社,2016:6.

首先,综合认定的依据更广,可以根据所有信息而不是只根据法定证据判断。根据《刑事诉讼法》第五十三条的规定,“证据确实、充分”应当符合“定罪量刑的事实都有证据证明”“据以定案的证据均经法定程序查证属实”等条件。我国的法定证据只有八种,但在网络犯罪中,认定犯罪数额可以采用比法定证据范围更广的信息。某个信息,如鼠标在页面上停留的位置,可能与结论的关联度只有千分之一,无法作为证据使用,也不是法定证据。但是,综合大量信息后形成的大数据,就能够得出可靠结论。工业时代缺乏数据分析能力,信息无法直接成为法定证据;在信息时代,随着大数据分析能力提高,任何信息都可以成为证据的一部分。

其次,“综合认定”允许根据算法模型认定数额。综合认定可以跳出传统证据的种类,采纳计算模型、数据分析结论,在无人证、物证等证据证明时,通过数据分析得出定量结论。在美国,法院可以采纳算法模型的结论。2017 年 9 月,亚马逊公司起诉了名为 Arobo 贸易有限公司、Aumax Direct 和 Cyande Group 几个网店,认为这些网店交易中 50%的评论都为虚假评论,法院支持了亚马逊公司的诉讼请求,并且根据仲裁裁决确认亚马逊公司获得 531773.24 美元的损害赔偿。[①] 上述据以定案的数据,都是经过计算推演得出的。

虽然民事诉讼与刑事诉讼的证明标准不同,且算法模型很难做到“案件事实清楚,证据确实充分”,但是,只要合理设计程序,如允许被告人选择第三方机构建立算法模型等,网络犯罪的定量因素完全可以采用算法模型来证明。在综合认定时,即使假货流向、被害人情况等事实缺乏证据,但算法模型的分析数据经过质证可以作为定量的依据。

(四)以刑制罪:从轻量刑以交换对罪量的综合认定

按照“定罪与量刑互动”的理论,司法机关可以从轻或减轻量刑,以缓和非精准化、非印证式定量的遗憾。换言之,对数额犯的罪量因素可以“以刑制罪”,用从轻量刑交换从宽认定罪量。当前,司法实践已经在进行“以从轻量刑缓和从宽定量”的尝试。在“韩某网络售假酒案”中,被告人韩某因在淘宝网上销售假冒汾酒,被一审法院以销售伪劣产品罪判处有期徒刑 4 年。后韩某提起上诉,认为其销售有部分真酒,不全是假酒。二审法院认为,本案受害人涉及面广、人数多,大

---

① Amazon. com. Inc v. Arobe Trade. Inc, Washington States District Court, Case NO. C17-0804 JLR (filed Sep 8, 2017).

部分受害人购买的各种酒已饮用，实物已不存在，无法做出鉴定。因此，在真酒的数量和金额无法查证核实时，可在量刑时对被告人从轻处罚。最终，二审法院维持原判罪名，改判一审量刑。[①] 同样，在“黄某销售假烟案”中，法院认为，由于本案关于部分涉案卷烟的真假、数量存疑，在量刑时酌情考虑。[②] 未来，司法解释应当就从宽定量时从轻量刑的做法、幅度做出详细规定。

五、“综合认定”的具体化、法定化之路

(一)创新综合认定数量的具体方法

在理论上，综合认定就是独孤九剑，以无招胜有招，允许不拘泥于印证论而采用一切新内容、新技术、新方法证明犯罪数额。目前广泛使用的一些网络犯罪证明新方法，都可以纳入综合认定的范畴。这些综合认定的新方法包括如下。

一是部分抽样取证，全案综合认定。抽样取证已经在司法实践中大量采用，在中国裁判文书网中的搜索结果显示，涉及抽样取证的刑事案件数量有近3000例。有学者质疑抽样取证的可行性，“网络犯罪的电子证据散布于网络空间的各个角落，被害人、证人等知情人也散迹于物理空间的天涯海角，试图在它们之中均匀取样并确保代表性，很容易被理解为天方夜谭”[③]。但是，随着数据分析能力的提高、人工智能判断的增强，抽样取证完全可以进一步科学化和细化，如对不同时间、地点、对象的数据分别抽样取证，从全案一次抽样变为分类多次抽样。未来要做的，不是否定抽样取证本身的合理性，而是让其结合大数据技术更加科学。

二是等约计量。针对海量数据问题，有学者提出了以等约计量代替精准计量，“等约计量与精准计量相对应，是按照大约等于的方式，对网络犯罪中的数额加以计量”[④]。这一方法辅以大数据技术，可以在有利于被告人的情况下，处理涉

---

① 郭伟俊生产销售伪劣产品案刑事二审判决书([2015]晋市法刑终字第386号).[EB/OL].[2018-06-05]. http://wenshu. court. gov. cn/content/content? DocID = a735fad5-0270-4eb5-ae6b-955b67822db&KeyWord=.

② 王某甲生产、销售伪劣产品罪一审刑事判决书([2016]辽0102刑初691号).[EB/OL]. [2018-06-22]. http://wenshu. court. gov. cn/content/content? DocID=8545dc8e-3a3f-41ea-b256-445c24065cab&KeyWord=.

③ 刘品新. 网络犯罪证明简化论[J]. 中国刑事法杂志，2017(6).

④ 罗猛，邓超. 从精确计量到等约计量：犯罪对象海量化下数额认定的困境及因应[J]. 预防青少年犯罪研究，2016(2).

案的海量数据。等约计量实际是不同量级上的准确定量,如我国的人口统计很难精确到个位数,但是,在以亿为单位的量级上,则是精确的,如果 14 亿无法确定,则 13 亿的等约计量就可以接受。传统的司法寻求的是准确到个位数的定量,而等约计量无非是在百、千、万的量级上实现精准定量。

三是举证责任倒置后进行综合认定。在被告人掌握着有利于自己的证据(线索)时,可以采用举证责任倒置,在其不提供证据(线索)时,综合认定犯罪数额。《关于办理电信网络诈骗等刑事案件适用法律若干问题的意见》规定了举证责任倒置规则的适用:"确因客观原因无法查实全部被害人,但有证据证明该账户系用于电信网络诈骗犯罪,且被告人无法说明款项合法来源的,根据《刑法》第六十四条的规定,应认定为违法所得,予以追缴。"在被告人主张真假参半的售假案中,如果被告人能够提供真货的进货渠道线索而拒不提供,也可以采用举证责任倒置,通过数据分析,将所有售价统一、时间集中的销售数额,综合认定为犯罪数额。

同时,应当允许实践中继续创新综合认定的新方法,尤其是随着人工智能的发展,通过算法模型分析犯罪数额有可能实现突破。

(二)立法建议

为了防止综合认定被滥用,成为万能法则,应当逐渐通过司法解释确认综合认定的具体方法,最终把综合认定纳入《刑事诉讼法》,确立其合法性。笔者建议,在《刑事诉讼法》第五十三条后增设关于网络犯罪的特别规定:

对网络犯罪案件的数额、数量等应当结合数据和信息进行综合认定。数据真实、信息充分的,可以认定犯罪数额、数量。

人民法院、人民检察院和公安机关在办理网络犯罪案件时,可以根据工作需要进行抽样取证、等约计量或采用算法模型。

被告人对网络犯罪的数额、数量有疑义的,可以提出反证,但应当提出可供查证的线索。

微信证据的可采性问题研究

◎何邦武　凌雯婧*

一、前言

微信证据根据其性质可以归为电子数据，我国有关电子数据研究的著述颇多，微信证据的研究对其具有代表意义。近年来，"微信借条""微信合同""微信借贷"多次出现在公众视野中，微信聊天记录、转账记录、微信语音等资料在司法实践中也越来越多地作为证据提交，被用以证明案件的部分或者全部事实，成为定案证据。例如：原告肖金平诉至人民法院称，被告简时抡由于缺乏资金，从2014年12月30日起陆续向原告借款。双方于2015年7月15日通过微信确认，被告尚欠原告人民币66000元。原告经多次催讨未果起诉，请求判令被告归还借款本金人民币66000元及支付从起诉之日起按年利率6%计算的利息。[①] 对于原告提供向法庭提交的包括微信聊天记录、转账记录等一系列证据，结合银行开户信息、对账单和证人证言可以证明微信双方即案件双方当事人，证据真实有效合法，形成完整的证据链，法院认为原告诉讼请求正当，应予支持。

基于微信内容被越来越多的作为证据在诉讼中出现，实践中对于微信证据如何定性、取证、保全以及法庭审判中如何采信等问题的规定仍然存在诸多空白，有鉴于此，研究微信证据的可采性十分必要，本文将对微信证据的证据资格、如何完善微信证据取证、保全的技术和手段，进行全面探讨。

---

* 何邦武，南京审计大学法学院教授；凌雯婧，南京审计大学法学院学生。本文系国家社科规划课题："近代中国证据法学知识体系形成研究"(14BFX068)阶段性成果及浙江大学互联网法律研究中心研究成果。

① 肖金平与简时抡民间借贷纠纷一审民事判决书[(2015)靖民初字第2821号]. [EB/OL]. [2018-09-18]. https://www.itslaw.com/detail?judgementId=a3be5911-4c7c-49c5-b568-ee1e9d5519cb&area=0&index=1&sortType=1&count=1&conditions=searchWord%2B.

二、微信证据在司法实践中的应用现状

随着微信这一软件的高度普及和全面覆盖,微信内容在司法实践中多次被作为证据提交,但对微信内容这一新类型证据,法律目前还没有非常明确的规定。微信内容因其具有易变性,笔者在此先就微信证据的定性问题进行探讨。

以微信录音为例,根据学者姜琳炜的观点"视听资料是指以录音带、录像带、光盘以及其他设备所储存的信息资料来证明案件事实情况的证据。视听资料主要是通过模拟信号把某一声音、图像储存在一定的介质上,形象地再现当时的情景"。① 微信证据中的音视频,即是通过模拟信号将其储存在手机这一载体上,通过播放来证明某一事实。所以,在此可以将微信证据中的语音视频功能视为经过转化归为视听资料,进而适用现行法律中有关视听资料的法律规定,使得微信证据可以被有效使用。

再比如有关书证,我国学者的观点认为书证应该包含以下几种含义:"它首先是一种物件或物品;该物件是一定文字、符号、图表等的载体;这些文字、符号、图表等记载或代表一定的内容、含义,而且能证明案件事实。"②由此,微信证据中的聊天记录截图、朋友圈截图等图片、文字证据在法律没有明确规定的情况下,法官或许可以参考书证的相关规定进行采信。

虽然,微信证据出现在诉讼实践中形式多样,在一定情况下可以转化为书证、视听资料等其他证据类型,这是一种不可逆的单向转化,目的是满足证据客观性、合法性的要求,但这些并不是微信证据的"原件",是经过转化的证据形式。笔者认为,在实践过程中,不应该过分苛求其形式,应以便宜诉讼为原则,灵活多变地采信不同形式的微信证据。究其本质,经过转化的微信证据还是属于电子数据,它的原始数据还是依托手机等移动设备或计算机程序存在,根据它的载体特殊性,符合电子数据的定义,不论形式如何还是应该将微信证据这一新类型证据定性为电子数据,适用电子数据的相关制度。它在满足一定条件的情况下,可以成为定案根据,用以证明全部或者部分案件事实。

实践中,微信证据要想被采信依然存在诸多问题。第一,微信证据本身具有

---

① 姜琳炜.视听资料与"最佳证据规则"[J].上海大学学报(社会科学版),2002.9(5).

② 张永泉.书证制度的内在机理及外化规则研究[J].中国法学,2008(5).

开放性，对使用者身份认定困难。微信的受众广泛，用户群庞大，软件使用时并没有采用实名制认证，现实生活中微信号的盗用、冒用也屡见不鲜。所以，在诉讼过程中，使用微信证据来证明案件事实时，对于微信证据中涉及的微信用户是否就是案件双方当事人的认定也存在很大困难。例如在“(上海)投资中心诉深圳牛樟芝制药有限公司等民间借贷纠纷案”①中，原告声称被告通过微信向其借款，并同样通过微信出具借条，但被告辩称该微信并不是本人所用，也从没有出具过该借条，因原告未能充分证明该微信证据所指向用户系本案原被告当事人，所以对该借条的真实性存疑，法院不予采纳。同时，在庞大的数据流中取证，存在侵犯无关第三人的隐私权的可能。第二，微信证据本身具有脆弱性，数据不易被保存。因为它依托手机设备而存在，在软件运行的不稳定性和网络技术高度发达的环境里，微信证据很容易被删改、伪造或丢失，在司法运用中往往会对微信证据的真实性鉴定存在困难。除此之外，还存在取证人员水平不高、方式错误造成证据被污染，受损证据难以恢复等一系列问题。例如以 2014 年“秦火火诽谤、寻衅滋事案”②为例，该案遇到的问题是在微信公众号或者微博上发表的公开言论，经发布者删除后，想要再找到发布者当时带有造谣诽谤内容的文章有很大困难，删除后的文章非经后台专业技术人员很难恢复，这就使微信证据在举证时具有很大的难度，并且在原告和被告之间存在非常严重的信息不对等性，原告很难获取被告是否发表过言论的证据，只有被告对自己曾经做过的行为知悉，这时要求原告举证证明诽谤事实显然有失公平。此时，在涉及类似的微信电子证据的举证存在难度的问题时，充分考虑当事人举证的经济成本和困难程度，应根据便利举证的原则，适当采取举证倒置等原则来保障当事人的合法利益，维护司法的公平正义。

① 樟芝(上海)投资中心诉深圳牛樟芝制药有限公司等民间借贷纠纷一案二审民事判决书[(2015)沪一中民四(商)终字第 965 号]. [EB/OL]. [2018-09-18]. https://www. itslaw. com/detail? judgementId=6da73e10-d2d0-46d6-b77b-af42fe0bea43&area=0&index=1&sortType=1&count=1&conditions=searchWord%2B(2015)沪一中民四(商)终字第 965 号%2B1%2B(2015)沪一中民四(商)终字第 965 号.

② 秦志晖犯诽谤罪、寻衅滋事罪刑罚变更刑事裁定书[(2016)湘 06 刑更字 1069 号]. [EB/OL]. [2018-09-18]. https://www. itslaw. com/detail? judgementId=bfb70e37-2d3e-4477-956b-8b1d3535c4fe&area=0&index=1&sortType=1&count=1&conditions=searchWord%2B(2016)湘 06 刑更字 1069 号%2B1%2B(2016)湘 06 刑更字 1069 号.

三、微信内容的证据资格问题探析

一般来说,在任何案件的审理中,证据的作用尤其关键。证据提交给法庭后,由法官按照法定程序对证据进行审查,当证据符合真实性、关联性和合法性时,才可对证据进行采信。具有可采性的证据,才能作为法官判断案件事实或者争议的依据,才能作为定案证据。

(一)微信证据的关联性

从电子证据步入司法舞台伊始,学术界对于电子证据关联性理论的认识,就承袭传统证据的关联性理论,鲜有变化。例如,我国第一本电子证据专著《电子证据法研究》中曾经作出过如下论断:“一般来说,关联性在很大程度上是一个事实问题,电子证据是否具有关联性与传统证据相比并无特殊之处。”[①]这一否认电子证据关联性具有特殊之处的观点,长期流行于学术界,且几乎未受任何质疑。证据的关联性标准是指证据必须要与待证明的案件事实或者争议事实有一定的联系。法院因为这种联系,才能判断该证据是否被采纳并作为定案的根据。然而,因为微信证据依托手机等电子设备存在,如果说在一般的案件中,证据模式是“人—事”,那么在证明关联性时只要证明提交证据内容与案件事实有关联即可。但是,笔者认为,微信证据的模式是“人—微信—事”,这时候仅仅证明微信证据内容与案件事实有关是不够充分的,而是应该分为“从人/事到微信”或者“从微信到人/事”两个环节[②],除了要证明微信证据内容与案件事实有关,还应该对人是否与案件事实有关进行考查。笔者将其分为内容关联性与载体关联性,内容关联性是指电子证据的数据信息同案件事实之间的关联性,载体关联性是电子证据的信息载体同当事人或其他诉讼参与人之间的关联性,也就是说符合关联性标准要达到两个要求,具体来说,可以分为两步走,其一是人的关联性,即主体关联性,要确定账号的实际使用人,来判断该实际使用人是否与案件事实或争议存在直接或者间接的联系,这是判断关联性的第一步也是最为基本的一步;其二是事的关联性,即行为的关联性或者说内容关联性,要求所提交的微信证据的内容与案件事实或者争议存在联系,且所要证明的案件事实在微信证据中有

① 何家弘.电子证据法研究[M].北京:法律出版社,2002:115.

② 刘品新.电子证据的关联性[J].中国检察官,2017(9).

明确、清楚、完整的表达。

(二)微信证据的客观性

这里所说的微信证据的客观性,主要包括两个含义,其一是微信证据的客观真实性。其中又包含两个方面,分别是微信证据内容的客观和形式的客观。微信证据是电子数据的一种,依托手机等电子设备存在,依靠软件运行,究其根本它是一种数据、一种代码,其本身不具有客观性,作为证据向法庭提交时,应该是经过转化的物证。比如针对录音视频转存、刻录在光盘、U 盘中变为视听资料的形式,使它物化成我们看得见摸得着的东西,形式上符合客观性的标准。其二是微信证据的完整性,其中包括三个方面。完整性原则第一要求微信内容完整全面,只有完整的微信证据才能准确地判断当事人在当时的情景下的真实意图。不同含义的词语放到不同的语境中联系上下文会出现不同解释,这就要求微信证据完整,不能是片面的文字、图片或者音频资料,这样容易断章取义,不能全面地证明案件事实,容易造成错误的判断。第二是微信证据外部整体完整,与其他证据相互佐证,形成完整证据链,例如在“易洪刚诉冯雪赠与合同纠纷案”[①]中,原告易洪刚主张被告将其赠予的 1.5 万元财物返还,但原告易洪刚只提交了表示被告冯雪愿意返还的聊天记录,被告冯雪主张该聊天记录是原告易洪刚自己登录微信自己和自己聊的,由于微信只要有账号和密码就能登录,且原告易洪刚只提交了微信证据这一项证据,没有其他证据佐证,所以法院判定驳回原告易洪刚的诉讼请求。由此可见,单一的微信证据作为定案根据的可能很小,因为法院在面对单一的微信证据时,对该份微信证据的真实性和完整性证明存在很大难度,无法判断,所以要想微信证据作为定案根据来达到证明案件事实的程度,还需要有其他证据证明,形成完整的证据链。第三是微信证据的过程完整没有瑕疵,即微信证据保管链完整,因微信证据有易损坏、易灭失的特点,对于申请保全公证的微信证据,证据在提取、转移、保管过程中都有完整记录,来保证在证据动态转移的过程中,微信证据始终保持“原有状态”,用过程的完整性来证明微信证据的真实性。[②]

---

① 新疆法院网.微信聊天记录让官司反败为胜[R/OL].[2017-11-29]. http://www.xjcourt.org/public/detail.php? id=16056.

② 刘方权.犯罪侦查中对计算机的搜查扣押与电子证据的获取[M].北京:中国检察出版社,2006:121.

(三)微信证据的合法性

合法性又称法律性,是指诉讼主体在诉讼中提交的证据应当符合法律规定。具体是指由审判人员、检察人员、侦查人员和当事人依照法律规定的诉讼程序,进行收集、固定、保全和审查认定证据,才具有合法性。关于微信证据的合法性,笔者将从主体合法、形式合法、手段合法、程序合法四个方面探讨。

第一,微信证据的主体必须符合法律规定,具体是指形成证据的主体符合法律规定。主体不合法会直接导致证据不合法,只有主体符合法律规定才能保证证据真实性。微信内容作为证据,出于保护微信使用者的隐私,最先应当被证明的是被提交的作为证据的微信内容使用者是诉讼过程中的当事人,因为微信内容渗透生活的方方面面,微信聊天记录可能暴露对话者个人隐私,微信转账记录可能涉及使用者的银行卡信息、财产信息等个人信息,出于对实际使用者隐私的保护,必须证明微信号的实际使用人是诉讼当事人。

第二,形式符合法律规定,具体是指作为证据不仅要求内容真实客观,还要求形式上符合法律规定。目前,我国对微信证据的形式并没有作出相应的明确规定,通过对微信证据的性质分析,它实际上是一种电子数据的形式,储存在手机等移动设备中,但由于微信证据具有载体特殊性和可转化性的特征,存储在手机里的是数据电文的形式,将截图打印下来是书证形式,将录音、视频刻录、转存在光盘等介质中是视听资料形式。由此,如果当事人签订的是"微信保证合同",明显不符合保证合同的形式要求,但是,如果该微信合同符合真实性、关联性、完整性等其他标准,此时再一味苛求它的"书面形式",显然不合适。所以在诉讼过程中,我们不应该苛求不同功能、不同类型的微信证据有同一种形式,法庭应该将其作为定案根据采纳,使司法程序更加灵活、高效、便民。

第三,手段符合法律规定,是指诉讼主体在诉讼过程中向法庭提交的证据能否作为法院认定案件事实的证据,还要看该证据的取得方式是否符合法律规定。在较为常见的微信证据中,微信语音是双方对同一事实都知情的情况下录制的证据,不属于偷拍、偷录的形式,一般不会侵犯合法权益或者违反禁止性规定,可以作为证明案件事实的证据采纳。而对于微信视频,因为录制视频往往是一个单方行为,对于录制时是否采取偷拍、偷录等不正当方式,是否侵犯对方合法权益或者违反禁止性规定,法庭应作出严格的审查,再判断其是否能作为定案的依据。

第四,程序符合法律规定,即证据材料要作为证据还必须经过一定的诉讼程序。没有经过法律规定的诉讼程序的证据材料不能作为证据。当事人在证据交换过程中认可并记录在案的证据,经审判人员在庭审中说明后,可以不经过质证,直接作为认定案件事实的根据。例如当双方就一份聊天记录质证时,对方往往仅声称自己不是该微信号的使用者或者声称该份聊天记录是证据提交方自己伪造的,笔者认为,在质证环节仅仅提出质证意见法院不应该采纳,质疑方应该就怀疑证据真实性部分提供依据,不能仅仅含糊其辞、一概而论地因为提交方无法证明该证据真实性而判定证据无效,有时质疑方也应该负举证责任。在双方均无法证明的情况下,还可以委托相关鉴定机构进行鉴定。经过严格、公正、合理的质证程序,微信证据才能被采纳作为证明部分或者全部案件事实的根据。

但是就证据资格而言,综合两大法系关于证据资格或证据可采性的规则及理论,证据资格或证据的可采性实为某项证据是否具备作为证明某一事实的能力从而为裁判者所采纳。但两大法系各自重心有别,英美法系倾向于强化裁量而放宽证据采信规则,而大陆法系倾向于借鉴和吸收英美法系国家的证据可采性规则。

所谓英美证据法中的证据可采性规则,是指在陪审团制度下,帮助法官适用证据排除规则,通过证据排除规则,法官对陪审团进行指导与监督,保证采纳与案件事实或者争议相关的证据。也就是说,证据可采性有两大原则:一是必须与争议事实有关;二是不属于排除规则范畴。因此,根据证据可采性原则,诉讼主体在选取微信内容作为证据时,必须选取与证明案件事实或者争议相关的证明材料,无关的应该予以排除。至于是否符合排除规则,笔者认为,微信内容作为证据不属于排除规则范畴,因为根据微信证据属于电子数据的特点,对其是否在排除规则之内主要看其是否属于最佳证据规则,最佳证据规则是指以文字材料内容证明案情时,必须提交该文字材料的原件。根据此定义我们可以知道,最佳证据规则的适用条件应为:(1)该证据是文字材料;(2)该文字材料是以其所载内容为证明手段的。[①] 微信证据并不仅仅只局限于文字证据,它有可能转化为视听资料等证据形式,这种情况下应该考虑到英美等国对最佳证据规则做的例外规定,即无论是判例法还是成文法都将电文作为电子证据予以确认与许可。根据“微信”证据中文字证明材料与电文和电子数据的相似性,因此我们就可以推断,“微信”证据是不应该被最佳证据规则排除的。

---

① 卞建林.证据法学[M].北京:中国政法大学出版社,2000:491.

四、微信证据有效取证的几点设想

(一)规范取证

在实践过程中如何有效取证非常重要。笔者认为在取证过程中我们应该注意以下几个方面。

首先,应该及时保存重要信息,对原始信息不删不改,保证"原件",在确有必要的情况下及时进行保全公证。因为微信证据作为一种电子数据,其本身易被丢失、删除、篡改、伪造,所以对于有用的微信信息,应该第一时间保存,可以运用微信程序自带的"收藏功能",也可以在没有任何删改的情况下及时截图,对于语音交流功能,将其刻录到光盘等其他设备中后,不应该删除手机中原有的信息,方便自己日后在法庭上进行举证质证。

其次,应该保证内容清楚、全面、准确。当事人双方对于事实都表达了明确态度。例如,对于借贷、合同等问题,提倡线下达成一致,有书面的借条或者合同,如不可避免地要在微信完成的话,应该对于借贷关系、合同内容有明确的说明,双方对于事实都有明确的表态,不能含糊其辞。

再次,应该积极寻求其他证据。单一的微信证据在司法实践中用来证明案件事实存在难度,几乎不可能作为定案根据。这就需要我们积极寻找其他证据来佐证,与微信证据形成完整证据链,以此来达到证明案件事实的目的。

最后,在微信证据的使用过程中,难度最大的是对于用户身份真实性的证明,即提交的微信证据中的用户是否是案件双方当事人。对于用户身份证明最直接的方式是当事人的自认,但在实际运用中,想要当事人自认几乎不可能,那么就需要我们从其他途径来证明用户身份。例如在"唐蜀军、刘彪等申请撤销仲裁裁决民事裁定书"一案中,申请人主张被申请人提供的微信账号并非本人微信号,后被申请人通过查询该微信号所绑定手机号机主信息并当庭拨打该手机号来间接证明申请人是该微信号的使用人。在直接证明存在困难时,要想证明微信使用人身份可以通过查询绑定手机号机主或者是绑定银行卡卡主来间接证明微信使用人的真实身份。除了以上方式,我们应该善用微信各个功能之间的联系,通过微信号头像照片或者朋友圈上传图片中等具有"身份性"的图片,比如拿自拍作为头像或者是在朋友圈中上传家庭照片,以此来证明该微信使用者的身份。

(二)及时保全

根据上文所述,我们知道将微信内容作为证据,具有脆弱性的特征,这就要求微信使用者及时提取固定内容,在有必要、有条件的情况下可以进行保全公证,这里我们就保全过程中可能会出现的问题提几点建议。

1.明确保全主体

我国证据的保全分为三种形式[①]:"其一,准诉讼中证据的保全,是指在提起诉讼以前,人民法院应当事人的请求而为的证据保全;其二,诉讼中的证据保全即诉讼参加人可以向人民法院申请证据保全,人民法院也可以主动采取保全措施;其三,诉讼外的证据保全,即公证处应利害关系人的申请,采取保全措施,将证据固定并保存下来。"由此可知诉讼主体除了包括司法机关和行政机关还应该包括公证机构。

但是微信数据具有载体特殊性和脆弱性,它的保全公证往往会要求先进的技术和设备配备,如果保全公证人员技术不过关不过硬,在保全过程中很容易造成证据的毁损、灭失、被污染。但如果请求运营商、民间机构等第三方组织加入或者授予他们证据保全的权能,同样也不能保证证据保全公证全过程的安全性,很容易使司法公正性遭到破坏。

因此,笔者认为对于微信证据等新类型证据的保全公证应该建立专门的保全公证部门,有先进的技术配备,内部专业人员能够在遵守司法制度、秩序的情况下专业地开展证据保全工作。如美国联邦调查局在其总部成立的网络部(Cyber Division)及相关的网络小组,进行网络犯罪侦查和电子数据的保全。[②]

2.明确保全要求

证据保全公证的最基本要求是保证被保全证据的真实性和完整性,证据保全涉及查封、扣押、冻结等多种方式,贯穿证据提取、保全、保存、保管等多个环节,那么要满足保证证据真实完整的核心是证据保管链的完整。[③] 具体来说,"证据保管链要求每一个保管证据的人提供证言证明对证据的保管是连续的;不仅如此,还要求每一个人提供证言证明在其保管证据期间,证据实质上保持相同的状态……证据的真实性问题越重要,就越需要否定改变或替换的可能性"[④]。证

① 叶自强.现代公证制度应用研究[M].北京:中国民主法制出版社,1997:89.

② 何邦武.职务犯罪技术侦查问题研究[M].北京:中国检察出版社,2015:155.

③ 何邦武.论网络交易犯罪惩治中电子数据的保全[J].东方法学,2017(4).

④ 陈永生.证据保管链制度研究[J].法学研究,2014(5).

据的保管链条一旦断裂,该证据将可能不被采纳。证据保管链的要求是应当自侦查阶段收集证据至审判阶段向法庭提交证据中间各个环节都有完整的记录,这样可以规范侦控人员收集、转移、保管证据等行为,并能够协助法官和辩护方审查判断证据的真伪。而在提取微信证据时,由于其自身可以被先进的技术伪造、篡改,在作为证据前,应该先保证所提取的证据处于原始真实状态,为此相关法律规定虽然可以保证微信证据在收集、提取、存放过程中保证证据的真实性,但对于转移等动态保管活动却没有明确规定,因为微信证据自身具有特殊性,在提取、固定的过程中会涉及转存、转录等动态转移的过程,如果对于这些过程没有明确规定,就有可能在转移过程中出现证据被污染的情况。所以对于证据保管链完整的要求的规定,不能静态、割裂地看每一个环节,应该动态覆盖每一环节,对于证据运输、转存、转录也有明确规定,以此满足微信证据保管链完整的要求,从而保证被保全微信证据的真实性和完整性。①

3.规范保全程序

保全制度的核心就是保全程序。要保证保全程序合法合规,主要有以下几个注意点。

首先,必须对申请人的主体资格进行全面审查。考虑到微信还没有进行实名制,所以在对申请人提交的微信证据保全以前必须对申请人的主体适格性进行全面审查,确定申请人是所申请保全的微信证据的一方实际使用人,即所涉案件的利害关系人。因为微信内容多涉及使用者的个人日常生活,如果不能保证申请人是一方微信号的实际使用人,那么对微信内容进行保全公证,可能会侵犯该微信号实际使用人的隐私。目前,私人微信号申请分为两类,一类是私人微信号,第二类是微信公众号。私人微信号的申请有两种方式,一种是绑定 QQ 号,一种是绑定手机号,对于前者申请人身份较难确定,后者因为手机号的申请需要实名制,该手机号机主与申请人为同一人基本可以确认微信实际使用人身份,申请人携带机主信息、本人身份证及需要保全的微信证据时,保全公证机构可以予以保全公证,对于不能证明自己系微信号实际使用人的申请人不应该提供保全公证。至于微信公众号,因为其申请设立时,即需要实名制审查,所以确认使用者身份就比较简单。

---

① 刘方权.犯罪侦查中对计算机的搜查扣押与电子数据的获取[M].北京:中国检察出版社,2006:144.

然后,对对方当事人身份真实性不负责。因为在微信证据的实际使用过程中,证明对方当事人是另一微信号的实际使用存在较大难度,公证机构在保全公证时,只保证申请人系该一方微信号的实际使用人,对于对方当事人身份不予审查,对其身份真实性不负责。

最后,应该打破管辖权限制。因为互联网时代的一大特征是可以打破时空限制,缩短时空距离,那么微信证据就双方当事人可能跨越多地,涉及多个区域,在保全公证时,应该打破行为地管辖和地域管辖的限制,不考虑管辖权的问题,仅对申请人提交的证据进行合法性、真实性审查,满足条件的证据,保全公证机关应该及时予以公证。

(三)完善相关的制度和技术①

除了以上说到的几点,如果微信证据被越来越多地使用在司法实践中,它需要社会各界的配合和完善。

一方面,建立微信实名制非常必要。随着微信覆盖更多的群体,这类新类型证据地频繁出现,具体运用过程中证明当事人身份困难等情况都要求微信尽快建立实名制。因为在诉讼过程中,微信内容若要成为证据第一步要证明的便是当事人身份,而这恰恰是最难的一个环节,微信使用者身份不能确定,那么作为证据的微信内容自然不能被采纳。如果微信能够实行实名制,这一问题便迎刃而解,给司法带来很多便利,而实名制也会给微信使用者提供更加安全稳定的运行环境和更好的使用体验。

另一方面,互联网时代是信息技术的时代,信息技术最大的特征就是高科技性,微信证据作为电子数据的一种,数据流依托软件或者手机存在,在取证及日后的保管、保全中极易被污染、篡改、伪造,如何证明其真实性需要更高的技术支持,在司法机构技术还不成熟和完善的情况下,腾讯等软件运营商后台应该对微信的客户运营和操作有完整记录,比如用户自行删改的公众号文章、聊天记录、朋友圈等信息;对于用户在微信使用过程中产生纠纷但取证困难时应该提供帮助。在司法机构对证据真实性存疑时软件运营商应该有专门的部门和专业人士提供协助。同时应该严格规定,明确追责制度。一旦微信证据这类新类型证据的保全制度、鉴定制度、举证制度、保管制度被建立起来,以鉴定制度为例,一定要明确规定,对于鉴定流程严格把关,出具专业的鉴定意见,鉴定机构必须对其

---

① 刘品新.中国电子证据立法研究[M].北京:中国人民大学出版社,2005:112.

所做出的鉴定结论负责。

五、结语

微信功能的多样化改变了我们传统的人际交往方式,然而由于法律具有滞后性,我国立法和司法对于新类型证据的规定,尤其是微信证据方面大多还是空白状态,新现象提醒我们以微信为代表的新类型证据在立法和司法方面需要独立对待,完善以微信证据为代表的新类型证据的立法和司法制度成为现代法制社会的必然诉求。

本文通过对微信证据可采性①的研究,在联系现有的基本诉讼制度与规定,对比传统证据类型和类比电子数据一般性的基础上,进一步探究微信证据的特殊性,分析了微信证据的载体特殊性、易变性、脆弱性以及开放性,从微信证据的证据资格与有效取证两方面展开论证,包括证据的定性、提取、转移、保管、保全与公证,旨在正确认识微信的性质,寻求日常司法实践中合理、公平、有效运用微信证据的方法与途径。本文认为,不论是在立法方面还是司法方面,微信证据由于其特殊性应该被独立对待,只有明确的法律制度和与时俱进的先进科学技术才是微信证据走上诉讼实践舞台的前提与保证,奠定框架我们才能更好地迎来以微信证据为代表的新类型证据时代。

言有穷而情无限。微信证据的运用在日常生活中还将面临诸多问题,如何对待与解决,如何处理好法律位阶关系,如何更好地完善司法体制,以微信证据为代表的新类型证据如何更好地在司法实践中发挥作用,提高司法效率,希望本文观点能为日常司法实践提供参考。

---

① 郭志媛.刑事证据可采性研究[M].北京:中国人民公安大学出版社,2004:121.

互联网金融犯罪案件证据海量问题及应对

◎刘品新　唐超琰*

互联网金融的出现与发展，契合了互联网时代大背景下的经济活动需求。互联网金融犯罪，正是利用了“互联网＋金融”的特性，游离于法律界限之外进行非法获利，其不仅挤压了正当金融创新的空间，更影响了本应通过这一创新获得实在收益的广大用户，具有较大的社会危害性。而处理此类犯罪，关键是应掌握足够有效的证据。司法实践中，此类犯罪的证据获取、固定、保全及使用、认定等方面均面临诸多难题，在以往的规则与思路下难以应对。笔者集中探讨证据海量现象带来的难题，并分析归纳原因，提出具有针对性的应对办法。

一、互联网金融犯罪案件证据海量的表现

互联网金融活动中，交易双方通常使用电子支付方式完成资金的转移。相比于传统金融活动，互联网金融活动的交易规模、交易频率和参与交易人数等均有显著增加。据数据统计显示，2013—2016 年，中国移动支付年交易量由 1.3 万亿元增长至 35.33 万亿元，其中第三方支付交易规模达 19.1 万亿元。[①] 就 E 租宝非法集资案件而言，该案犯罪行为人在 1 年半内非法吸收公众资金 500 多亿元，被害投资人遍布全国各地，共涉及用户 ID 901294 个，累计充值 581.75 亿元，

---

* 刘品新，中国人民大学法学院教授；唐超琰，中国人民大学法学院博士研究生。本文系教育部人文社会科学重点研究基地重大项目“网络安全的刑事法治应对”（编号：15JJD820011）的阶段性研究成果。

① 易观. 2017 中国第三方支付行业专题分析[EB/OL]. [2018-09-13]. http://www.199it.com/archives/617621.html.

累计投资 745.11 亿元。[①] 侦办该案的民警表示,仅需要清查的存储公司相关数据的服务器就有 200 余台。[②] 在侦办过程中,公安机关调集了上千家公司的工商信息,从银行调集 1 万多个账户、几十亿条资金交易流水,数据总量达 300T。[③] 可见,该案涉案证据材料来源十分广泛。针对其中非法吸收公众存款这一事实的证明,需要收集的关键证据包括投资人信息、行为人信息及组织架构信息、转账记录等。这些证据隐藏于上述海量信息之中,需要从海量信息中寻找到与案件相关联的证据,且这一部分证据的信息量亦十分巨大。若涉及洗钱类犯罪,行为人需要通过高频次或多种形式的资金流转,以实现非法资金合法化,其交易信息量则更为巨大。

二、互联网金融犯罪案件证据海量的后果

(一)证据获取存在障碍

海量的证据给案件事实认定带来了难题,首先体现为因交易活动分布广泛、涉案人数和设备众多而造成的取证困难。例如,在 E 租宝案件中,侦查发现主登记阶段即有 24 万余名通过身份审核的投资人。就某一个体投资人而言,其可能通过手机、笔记本电脑或平板电脑等多个设备,使用多个登录账号进行操作,这些操作信息如同病毒扩散一般的速度形成相关证据。此外,交易方常常通过多个不同支付机构进行转账,为获得相关证据信息,就需要向上述单位分别调取。目前,我国共有银行 4000 多家[④],第三方支付机构 200 多家,行为人或投资人通过不同银行或非银行机构进行转账的情形屡见不鲜。要获得上述多家机构的账户信息及其资金流转信息,则需要向相关机构分别提出取证需求。可想而知,取

① 参见 2016 年 4 月 27 日国务院处置非法集资部际联席会议办公室召开的"防范和处置非法集资法律政策宣传座谈会"相关资料。

② 央视新闻.央视播出 E 租宝高层抓捕及挖掘证据画面[EB/OL].[2018-09-15]. http://www.360doc.com/content/16/0202/08/30458787_532222798.shtml.更夸张的是,犯罪嫌疑人为了毁灭证据,将 1200 余册证据材料装入 80 余个编织袋,埋藏在郊外 6 米深的地下。专案组动用 2 台挖掘机,历时 20 余个小时才将其挖出。

③ 邓昌智.大数据侦查与证据法发展[EB/OL].[2018-09-18]. http://www.360doc.com/ content/18/0203/13/38576384_727411829.shtml.

④ 中国银行业监督管理委员会.2016 年年报[R/OL].[2018-09-13]. http://zhuanti.cbrc.gov.cn/subject/subject/nianbao2016/1.pdf.

证过程耗时又费力。

此外,由于网络的无边界性,证据既有可能分布全国,亦有可能涉及域外。例如,在一非法控制计算机信息系统案中,主控端控制了近850个IP地址,其中我国境内的IP地址有248个。[①] 那么,为获得相关证据信息,则不可避免地涉及对境外IP地址的调查取证。其中存在的问题包括:一是因涉及多个监管部门的管辖权限,证据向谁取、能否取、怎么取,均存在疑问。二是各国对于取证的范围和内容等有不同规定,在需要协助取证时,对于证据能否、如何获取也存在不确定性。可见,互联网金融犯罪活动的涉及面十分广泛,相关证据分散、复杂,在收集证据过程中需要花费大量的时间和精力。海量的证据信息若不能及时获取,也将影响后续的分析汇总、甄别核实进程。

(二)证据真实性难以核对

证据真实性的核对,是确认证据是否具备还原案件事实的能力。证据的真实性对于证据资格的认定至关重要,若经核对并非真实,将导致证据资格丧失的不利后果。互联网金融犯罪案件中,因证据海量引起的一大难题就是证据的真实性难以核对。

互联网金融活动中,通常涉及人数众多,资金交易频次高,且有多方人员参与,数据量巨大。要一一核实所有证据,不具备现实可能性。其一,难以找到相对应的核实对象。由于所获信息主要为网上记录信息,要找到现实中的对应人员以获得被害人陈述或证人证言等证据,存在较大困难。其二,交易记录信息海量,若要一一核实,则工作量庞大。若未能确认证据的真实性,后果或是证据不被法官采纳,或待证明的犯罪数额须作出相应扣减。最高人民法院、最高人民检察院、公安部《关于办理非法集资刑事案件适用法律若干问题的意见》规定,针对非法集资刑事案件中,确因客观条件限制无法逐一收集集资参与人言词证据的,可结合其他证据,综合认定非法集资对象人数和吸收资金数额等犯罪事实。但其中"综合认定"一词存在较大讨论空间,其他证据也存在形式、种类及证明效力上的不同。笔者认为,在认定上述非法集资对象人数和吸收资金数额的影响程度上,应当进行区分。例如,针对人数的确定,由于可能存在一人注册多个账户、账户与案件并非关联、单个账户多人使用等情形,此时账户数量并不能够准确反

① 杨玲娜,王旭.从互联网犯罪看现代信息技术对刑事检察工作的影响及应对建议[C]//现代信息技术在检察工作中的应用研讨会论文集(2017),2017:109-115.

映相应的人数。对此,有观点提出了根据账户数量推知人数的方法,命名为“五级去重法”。具体而言,可根据是否有IP,IP地址是否相同(如IP地址相同的算同一人),姓名、身份证、手机号是否相同等五个方面进行筛选,排除重复账户,最后确定的账户数代表最少的人数。

(三)证据关联性受到质疑

在证据真实的基础上,与案件相关联的证据在事实和法律适用之间架起了一座桥梁,影响案件的定性及定罪量刑。而与定罪量刑事实无关的证据,因其无法对明晰案件争议起到作用,不具备证据所应有的证明价值,故应当排除在外。因此,证据认定过程中,应当明确其与案件之间的关联性。

针对互联网金融犯罪中的海量证据,存在关联证据发现率低的问题。从查扣的服务器、电脑硬盘、手机等来看,其中蕴含着行为人所有网络活动的痕迹,既有犯罪行为信息,也包括正常交易行为或无关的操作信息。要从这些海量信息中挖掘出能够证明案件事实的证据,无异于大海捞针。相比于传统犯罪,互联网金融犯罪案件办理中获得关联证据的难度大,同时海量信息也不可避免包含无关信息,对案件侦办、查清事实没有价值甚至具有误导作用,因而取证的性价比低。

此外,海量证据涉及广泛的人员和地域范围,以及复杂的资金流转过程,证据之间的关联方式有待发掘。如何发现主犯和从犯的关系、确定组织人员结构图,如何将虚拟空间证据与现实空间具体行为人相关联,如何确定账号背后对应人的关系,如何绘制针对具体行为人或账号的资金流转示意图,存在很大障碍。如果说从海量证据中寻找到与案件相关的证据是“大海捞针”,那么挖掘目标海量证据之间的关联关系,则是“穿针引线”,应理出一条能够反映案件事实的证据链,将一个个孤立的证据点拼接成一帧帧证据动画。

对此,实践中开始探索使用大数据方法,通过数据输入、数据挖掘、数据分析和可视化展示功能,借助话单分析、账单分析等技术,从中发现案件线索,研判机主真实身份、职业特点、居住地点、同伙同行人员、特定关系人等,获得人员关系图、资金转移关系图,为办案提供技术支持和证据支撑。

三、互联网金融犯罪案件证据海量问题的对策

(一)转变证明模式,丰富证明方法

面对互联网金融犯罪活动中广泛散播在网络空间的电子证据信息,基于其海量、价值密度低、关联证据发现率较低、证明力认定存疑等特点,有学者提出,可将传统以直接证据为基础的"印证"证明模式,转向以间接证据为主的"验证"证明模式。①

印证证明模式是在过去缺乏足够数量及有效质量的间接证据条件下,以直接证据如犯罪嫌疑人口供、证人证言等为主要依据,通过其他证据对上述人员证实的"事实"加以肯定或否定的一种模式,是已经获得了案件的"标准答案"后,进行再确认;而验证证明模式是在缺乏足够直接证据的条件下,通过大量相关的间接证据,推导出或是从法律上确定一个"答案"的过程。由于缺乏直接证据,因而需要更多或更有证明力的证据对"答案"是否准确无误进行验证。印证模式和验证模式之间并不需要区分优劣,但在现有的环境条件下,注重间接证据的收集,并通过验证证明模式确定犯罪行为的社会危害性,无疑是符合时代发展趋势,并遵循司法证明规律的一种明智选择。这也并非否定直接证据的印证作用,而是可以通过采取综合的证明模式,更好地发挥间接证据的价值。相对应地,间接证据较之于直接证据而言,涵盖范围更加广泛。此时,是否可以将单一的入罪标准或情形,扩充或转化为多元入罪标准或情形,以从不同方面体现相同的社会危害性,还值得深入研究。

2016 年,最高人民法院、最高人民检察院、公安部《关于办理电信网络诈骗等刑事案件适用法律若干问题的意见》明确规定,可以结合已收集的被害人陈述,以及经查证属实的银行账户交易记录、第三方支付结算账户交易记录、通话记录、电子数据等证据,综合认定被害人人数及诈骗资金数额等犯罪事实。针对上述规定,有观点分析:从证据证明力来看,是因为影响证据印证效力的证据数量主要是指不同信息源的证据数量,这些证据从不同角度指向同一事实。如果信

---

① 参见 2017 年 12 月 10 日互联网刑事法治高峰论坛"大数据、人工智能与刑事法治"分论坛"大数据侦查与证据法发展"沙龙中北京师范大学教授刘广三发言[EB/OL].[2018-09-18]. http://www.360doc.com/content/18/0203/13/38576384_727411829.shtml.

息源相同或类似,则印证效力有限。印证证明达到一定程度即达到证明标准,则具备合理的可接受性,再增加证据数量已无必要。[①] 因此该观点认为,上述规定存在着某种程度上降低了证明标准的风险:一是易导致事实认定不能排除合理怀疑。没有较多的被害人陈述,证据上无法形成严密的证据链条。二是可能导致侦查机关消极取证。

笔者认为,上述通过多种证据来源综合认定犯罪事实的方式,并非降低了证明标准,仅仅是转变了证明模式而已。此外,对于特定的证明对象使用特殊证明方法,采取较低的证明标准也未尝不是一个好办法。例如,针对数据真实的证明标准,可通过自我验真等方式,确认电子证据的真实性。其证明标准无须达到"排除合理怀疑"的定案标准,而只需达到"表面可信"即可。[②] 即只要有充分证据证明其就是所声称的样子并且未被实质性地改变,变动或丢失的环节也不妨碍对该证据的容许,则可以被采纳。[③] 证明模式中少不了证明方法的引入,证明方法包含多种,既包括使用证据的证明方法(如直接证明、间接证明等),亦包括非证据证明方法,如推定、司法认知等。[④] 因此,上述规定并非是"放低标准",只是通过多种证明渠道(方式、途径)达到"殊途同归"的证明效果。

目前,面对海量证据信息无法一一核实的难题,实践中已开始运用推定真实或抽样的办法展开证明。推定,是在证据短缺的情形下,从法律上认可证据所具有的证明力达到了法定标准的一种方法。司法证明是一个通过证据所代表的客观事实向法律事实不断推进的过程,而推定的应用加速了证据向证明终点的运动,缩短了两者之间的距离。一方面是考虑到证据资源短缺的现状,另一方面也是为了诉讼效率的提升,以及诉讼资源的节约。

推定与直接证明之间还存在一定空间,这部分空间主要是为能够反驳推定事实的证据而留出的。直接证明的过程中,反驳证据几乎不存在,如犯罪嫌疑人自认或证人直接指认犯罪嫌疑人。相比于这类主观证据,客观的直接证据如监控录像,记录了犯罪嫌疑人在特定时间地点提取资金,且对监控录像的真实性加以确认后,可以直接证明相关待证事实。推定则是考虑到可能存在反驳证据但为顺利推进证明过程,而从法律上开辟了一条绿色通道。例如,针对通过网络盗

---

① 卢金有.跨境互联网金融犯罪的罪责认定[J].人民检察,2017(18).

② 易延友.证据法学:原则规则案例[M].北京:法律出版社,2017:429-434.

③ 易延友.证据法学:原则规则案例[M].北京:法律出版社,2017:429-434.

④ 何家弘,刘品新.证据法学[M].北京:法律出版社,2013:257.

取他人个人身份信息的情形，由于盗取信息过程通常为批量获取，储存在犯罪嫌疑人设备中的相关电子证据记录了被盗取的个人信息。对这部分信息的数量难以一一核实，因而在实践中通常推定其为真实，即以表格中显示的数量为被害人数量，除非有相反证据，进而对此部分数量进行扣减或否定这一证据。客观来说，推定尽管减轻了一方的证明责任，但不可否认，其反驳证据存在的空间大小，决定着推定这一方法是否具备公平和有效性。因为对于一方证明责任的减轻，势必将对另一方产生证明上的相反效果。推定与直接证明两者之间并未有一条明晰的界线。相反，根据社会的不断发展变化，还有可能使得过去能够直接证明的事项，转变为推定真实，也有可能对于传统上经推定为真实的情形，通过技术的更新，能够直接被认定为真实。推定与直接证明方法可能依据社会发展的变化而出现调整。

除推定之外，实践中也出现了抽样方法，对证据的真实性进行核对，进而达到证明案件事实的目的。但抽样这一取证手段或证明方法，是否具备科学性，是否能够实现对待证事实的证明效果，尚存质疑。但从另一个角度来看，“底线证明”不失为一个有效的方法，即要追究网络犯罪者的刑事责任，指控证据必须证明其已经触及法定的入罪门槛；而要追究网络犯罪者的加重刑事责任，指控证据还必须证明其已经触及法定的加重处罚门槛。通过这样的“两步式证明”，“既克服了抽样证明的取样不具有代表性、取样后仍数量过大的局限性，也回避了等约计量同现行法律规定明显冲突的弊端”。

(二)建立协助取证机制，促进办案专业化

针对互联网金融犯罪活动受众分布广泛以及跨行业、跨部门、跨地域等特点，为及时获取相关证据，应当建立健全协助取证制度，降低因物理距离与文化隔阂带来的不确定性，从而保障证据获取的时效性。除此之外，该类犯罪涉及的证据如银行交易流水、支付转账凭证、工商注册登记信息、通信记录，分别留存于不同部门(包括金融机构、政府工商部门、互联网通信企业等)，多头取证的成效或障碍直接关乎办案进展；甚至办案机构之间也因证据信息获取途径不一致，证据共享不及时不充分而影响办案效果。无疑，公正是司法活动始终追求的目标，但在司法资源有限的现实环境下，效率在某种程度上也是公正的一种体现。要在规定时间内，完成证据的发现、获取、审查与认定活动，尤其针对证据海量的互联网金融犯罪，建立与健全协助取证机制尤为必要。

在这方面，杭州互联网法院已有相关探索，可以提供一些经验借鉴。目前，

其可对接多数据接口的电子证据平台已经上线,可以通过与当事人无利害关系或为当事人提供服务的第三方数据持有者(淘宝、京东等电商平台、互联网金融平台、理财平台等)、第三方数据服务提供商(如运营商平台、电子签约平台、存证机构平台)等将电子数据传输到电子证据平台,各接口可将电子证据以数据摘要形式提交证据平台进行安全传输和存储。待平台接入方将电子数据摘要存入证据平台后,当事人及其诉讼代理人可在诉讼平台输入存证编号,由诉讼平台向第三方数据服务提供商发出调取指令。此类证据直接从存储方转移至审查认定方,既减少了中间环节,又可通过应用技术手段自动实现证据核对。在简化取证程序、节省取证时间的同时,相比于由当事人双方提供的证据,其真实性似乎也更容易得到保障,更易得到法官的信赖。

据了解,欧盟前不久也在酝酿新的电子证据跨境获取规定,目前正处于提出立法建议的阶段。建议的主要内容包括:依据新创建的欧洲数据提交令,欧盟成员国的执法或司法当局可直接向在欧盟境内的服务提供商请求提交电子证据,无论数据存储地位于欧盟境内还是境外。服务提供商必须在 10 天内对数据提交令作出响应。紧急情况下,服务商须在 6 小时内作出响应。服务提供商须提交的数据类型包括用户数据、访问数据、业务数据等非内容数据,以及内容数据等。对此,我国可以借鉴欧盟及美国的相关经验,探索建立跨区域协助取证的相关制度。具体而言,对外,可建立协助取证制度;对内,可建立证据共享机制。上述杭州互联网法院的电子证据平台即具备了证据协助调取与共享特点。

鉴于互联网金融犯罪的专业性强且专业知识复合,既包括金融理论与实务,又涵盖互联网技术与法律,因此,有必要打造专业化的办案团队。对于关键证据如人数、金额、层级等,应当具有专业鉴定机构出具的审计报告或鉴定意见。同时,可通过指派或者聘请有专门知识的人,吸收专家辅助人参与办案等方式,对案件中的专业问题作出回应,为办案提供线索和方向,为证据的获取与证明力确定提供有力的智力支持。就这一点而言,最高人民检察院于 2018 年 3 月发布的《关于指派、聘请有专门知识的人参与办案若干问题的规定(试行)》也可谓是促进专业化办案的一个标志。

“互联网＋”下涉电子证据诉讼的司法困境及出路

——以浙江省的部分司法实践为例

◎赵敏丹*

一、“互联网＋”下需重视涉电子证据的诉讼

伴随着网络、信息科技的发展，商业交易已经进入了“互联网＋”时代。[①] 在此背景之下，人们为避免线下交易带来的时间和交通等成本，通过网络方式实现快速交往和交易。事实上，淘宝和微信已成为我国最大的网络应用，演变成一体式的超级应用。[②] 而这些涉“互联网＋”的购物、交往方式的快速发展，也使有别于传统的电子化民事法律行为数量大大增加，此类纠纷不断进入法院。此类纠纷与传统纠纷的最大不同就是证据的电子化，即我们目前所指的电子证据。

法的一项重要作用是指引作用，不仅包括法制定的指引作用，也包括法实施的指引作用，因为司法案例也是法治宣传教育的“活教材”，通过司法案例这个载体，个体更加直观地知晓法律的规定以及司法的判断，成为其行为的指引。前几年电子证据入法，表明个体在社会交往中可以用电子数据的方式作为交往的手段，使大众对电子交易有了法律保障的自信，大大助推了交易的电子化进程。而接下来的司法审判对于电子证据判断的抑扬则会直接影响个体行为。如果公众

* 赵敏丹，温岭市人民法院助理审判员。

① 广东省广州市中级人民法院电子商务课题组.“互联网＋”语境下之商事审判疑难问题研究[J].法律适用，2017(1).

② 俊世太保.外国人眼中的中国电商：简直是一次巨大的文化冲击[EB/OL].[2018-09-13].http://gngj.gog.cn/system/2017/05/16/015711893.shtm.

认为法院对于电子交易裁判存在普遍的问题,那么就会影响人们在社会交易时对于电子数据的应用,至少是尽量避免债权债务的电子化,而这甚至可能成为电子政务、电子商务发展的制约性因素。

事实上,电子证据的认定最终是否有效、统一,考量当事人的举证能力和证据观念,更考量司法人员对电子证据的综合把握能力。故"互联网+"的时代背景下,亟须加强民众面对电子交易时的证据意识,更需加强司法对电子证据把握的准确性与统一性。

二、已有涉电子证据的举证及审判尺度不一

笔者在浙江省高院内网的办案数据关联检索系统中,输入"民事"+"电子证据",在随机得到的涉及电子证据认定的案件中,挑选了自2012年以来(2012年电子证据正式入法)12件相对典型的案件。其中,涉及的法律关系包括民间借贷、买卖合同、加工合同、离婚纠纷、租赁合同、运输合同等,以民间借贷和买卖合同居多;涉及的电子数据形式有微信聊天、淘宝交易、手机短信、电子邮件、QQ聊天等;有电子证据是唯一证据的,也有电子证据是证据链中的一环的;案件审级既有一审,也有二审;涉及的法院所属地区有杭州、宁波、绍兴、温州、台州、嘉兴等;庭审时有被告到庭的,也有被告未到庭的。经过分析发现,电子证据未被采信的案件略多于能被采信的。具体来说,主要的、典型的采信和不予采信的观点如下。

(一)典型的予以采信的观点

第一,对方全部认可。

第二,对方认可曾进行微信聊天,但辩称电子证据可能选择性删除,法院对该没有证据证明的抗辩不予采信,进而认定微信聊天记录的效力。以台州中院审理的上诉人瞿俊斌因与被上诉人赖栩白民间借贷纠纷一案[①]为例,说理如下:被上诉人在一审中提供了短信截图及刷卡记录等证明上诉人的欠款事实,上诉人对手机号码及短信内容没有异议,但称短信内容有选择性删除,而没有提供证据予以佐证,本院不予采信。绍兴市中院在审理上诉人蒋东因与被上诉人张琴

① (2016)浙10民终1783号.

买卖合同纠纷一案[①]时更是对此进行了充分阐述：根据《最高人民法院关于民事诉讼证据的若干规定》第二条，被上诉人提供了微信聊天记录，系发生于上诉人与被上诉人之间，双方均理应知晓聊天内容，已完成举证，上诉人认为其不完整及可能存在伪造或被修改的情形，应当对这一反驳事实提供证据加以证明，但上诉人一审、二审均未提供，仅以上诉人手机遗失为由认为应当由被上诉人进行举证，不符合举证责任规定。故一审法院对被上诉人微信聊天记录的认定及举证责任的分配并无不当。

第三，对方认可曾进行微信聊天，但认为仅有聊天记录，没有签字，不代表认可欠款情况，法院结合电子证据中的表述，认定电子证据具有确定欠款金额的证据效力。绍兴中院审理的上诉人蒋东因与被上诉人张琴买卖合同纠纷一案[②]为例，二审说理为：原告发送的码单或月结算单，蒋东表示"看到了""好的""知道的"。2016 年 10 月 31 日，被上诉人张琴发送微信表示截至 10 月 31 日尚欠 409167 元，蒋东表示尽量安排货款。可见，上诉人对被上诉人提供的微信聊天记录系发生在其与被上诉人之间这一事实并无异议。

第四，对方认可电子证据——邮箱后缀的企业域名系属于企业的，但认为该域名下的邮箱发出的信息不能代表企业行为，法院认为可视为企业的行为，故对该电子证据予以采信。如原告上海添意服装服饰有限公司与被告绍兴商盈服饰有限公司买卖合同纠纷一案[③]。法院说理为：企业邮箱是按照企业自有域名开通的邮箱，被告公司以 www. mutual-win. com 为域名，结合被告公司法定代表人、业务经理等在实践中均使用以该域名为后缀的电子邮件这一事实，可以认定，被告公司在实践中使用了后缀为 mutual-win. com 的企业邮箱，因此，以 mutual-win. com 为地址的邮箱的收发件行为均可视为被告公司的行为。

第五，被告未到庭抗辩，但微信号绑定的手机号码与被告手机号码一致，法院据此认定微信记录有证据效力。如杭州下城区法院审理原告范祖强为与被告马亚涛买卖合同纠纷一案[④]。法院的论证意见为：证据 2、4 虽系电子证据，但其中微信号 tianyou1122 绑定的手机号码与被告马亚涛的手机号码一致，可认定该微信号系被告马亚涛使用，且微信聊天记录可与销售清单相互印证，本院予以确认。

---

① (2017)浙 06 民终 1238 号.
② (2017)浙 06 民终 1238 号.
③ (2015)绍越商初字第 457 号.
④ (2016)浙 0103 民初 01571 号.

(二)典型的不予以采信的观点

1. 电子证据的形式不合法,法院不予认可。如绍兴越城区法院审理的原告上海添意服装服饰有限公司与被告绍兴商盈服饰有限公司买卖合同纠纷一案[①]。法院论证意见为:关于证据 2,系电子邮件,属电子数据,原告未对其进行证据保全公证,仅提供了打印件,真实性、客观性无法核实,故本院不予确认。

2. 认为手机短信易修改、编辑,对方否认时,法院不予认可。如绍兴柯桥区法院审理的原告王真干与被告孙兴康买卖合同纠纷一案[②],论证为:电子证据已被纳入民事证据类型,但手机短信存在易修改、易编辑特性,且受网络、环境、技术等多方面的影响,致使难以确认其真实性,且该手机短信与原告提交的其他证据未形成一个完整的、有效的、严密的证据锁链,在被告否认的情况下,不予采信。

3. 无法核实微信、短信、QQ 聊天记录的证据真实性,法院不予认可。如温州永嘉法院审理的原告胡建洪与被告谢志龙离婚纠纷一案[③],法院论证为:微信聊天记录及短信记录系电子证据,因无法核实证据的真实性,无法予以确认。宁波鄞州区法院审理的原告宁波鹰速达物流有限公司诉被告宁波锦洋国际物流有限公司运输合同纠纷一案[④],法院论证为:QQ 聊天记录既不符合电子证据的基本形式,亦无法确认对话双方的真实身份,均无法采信。

4. 无证据证明网店系谁开设,故法院对身份不予认可。如桐乡法院受理的原告沈星诉被告上海威客箱包有限公司产品责任纠纷一案[⑤],法院说理提及:原告并无证据证实“旅行大师旗舰店”确系被告开设的天猫店铺。

由上述司法审判实践中各法院对电子证据的论证、论理可以看出,目前电子证据在实践中主要有当事人举证能力不一以及司法裁判不统一的情况。

(三)举证者对于证据的举证不到位

一方面,是形式上的举证不到位造成,如案例当中所提及的各种形式的电子证据,因为举证者只向法院提交了电子证据的打印件,导致无法跟原件核对,不能确定真实性。另一方面,是证据不能形成证据链的举证不到位造成,如案例当

① (2015)绍越商初字第 457 号.

② (2014)绍柯商初字第 2351 号.

③ (2017)浙 0324 民初 1099 号.

④ (2017)浙 0212 民初 2566 号.

⑤ (2016)浙 0483 民初 04573 号.

中提及的虽能确定电子证据的真实性，但是未能证明该电子证据涉及的主体相对方，故证据无法与案件存在关联。

（四）司法对于举证规则的分配不同

上述所提及的，对于手机短信、微信聊天记录，非提交证据一方提出对方可能对证据进行选择性删除的抗辩，则不同法院之间的处理存在不一致，其根本原因是法官对于举证规则的分配不同造成。采纳的法官认为，原告提供了真实存在的电子证据予以证明自己的主张，那么被告如果抗辩该电子证据存在删选，则应当就该抗辩提供证据予以证明，而不采纳的法官则基于认为电子证据本身具有可修改性、不稳定性，且受网络、环境、技术等多方面的影响，在对方提出抗辩的情况下，则对于该证据的补强责任应当属于举证者。

三、涉电子证据诉讼困境受主客观原因影响

虽然，上述的案例仅是浙江省审判实践当中的部分案件，但是事实上，整体的现状可以从此窥斑见豹，在此之前，中国人民大学法学院刘品新教授就曾调研得出结论“大家普遍认可当前我国处于电子证据运用的低水平阶段”。① 知其然，更要知其所以然，其原因既包括客观上电子证据的虚拟性加大了举证难度，也包括入法进程滞后造成的大家主观上的认知不深刻两大方面的原因。

（一）电子证据的虚拟性，导致证据“两性”难满足

一方面，虚拟化的电子证据难以在法庭以原件形式出示，即真实性难以确定。电子证据是指通过电子邮件、电子数据交换、网上聊天记录、博客、微博、手机短信、电子签名、域名等形成或者存储在电子介质中的信息。② 故电子证据离不开由电子设备和信息技术营造的特殊环境，该环境的特殊性决定了它同传统人证、物证相比有明显不同。电子证据的虚拟空间性，通常不是实实在在的物，而是由某种信号量（包括模拟信号量和数字信号量）的方式存储着的信息。其有别于传统意义上的书证、物证，是看不见、摸不着的电子文件，人们无法进入电子证据的空间去触摸、观察他们。事实上，相对于我们存在的生活空间，电子证据处于“虚拟空间”之中。这也使当事人对如何将电子证据原件搬上法庭产生困

---

① 刘品新. 电子证据的关联性[J]. 法学研究，2016(6).

② 《最高人民法院关于适用〈中华人民共和国民事诉讼法〉的解释》第一百一十六条对此的定义。

惑。微信、短信尚且好说,因为所在的载体——手机本身就是轻便携带的,可以在法庭当庭呈现,但是如果当事人想要提交保存于电脑上的旺旺、QQ 等各种交互性的聊天记录以及电子邮件呢?将电脑搬上法庭本身就不是很简单的事情,更何况还要有网络,这在目前的法院当中应当是很少所能提供的。[①]

另一方面,虚拟化的身份与现实身份难以关联,即关联性难以确定。虽然理论上,"一般来说,关联性在很大程度上是一个事实问题,电子证据是否具有关联性与传统证据相比并无特殊之处"[②]。但事实上,在司法实践之中,关联性往往是一个非常值得探讨的话题,也是法庭审理时经常碰到的质证意见以及法官裁判时经常头疼的问题。现实社会中,人们的交往是以社会化的身份进行的,而在电子世界里,人们往往通过在网络上注册的虚拟身份进行交往。虽然平时相互熟悉的交往主体,知道对方在现实社会中的身份,然而在诉讼时,就需要举证一方提供虚拟身份与现实身份的连接点,即如何向法庭呈现电子证据中的"他"就是现实生活中的"他"。这就是证据的关联性要求,不能将虚拟与现实之间关联起来,即使提交了原件,到最后也不能被法庭所采信。事实上,电子证据的关联性是比真实性更能影响法庭采证的要素。[③]

(二)入法进程的滞后性,限制对该类证据的认知

电子证据入法相对互联网等电子信息技术的崛起和快速发展来说,是明显滞后的,这深刻地影响到整个司法实践当事人和法官对电子证据把握的能力。

关于我国电子证据入法的发展史,1999 年施行的《中华人民共和国合同法》第十一条第一次承认数据电文(包括电报、电传、传真、电子数据交换和电子邮件)可以作为订立合同的一种形式,但是当时并没有将其作为证据的一种。2012 年,修订《中华人民共和国民事诉讼法》时将"电子数据"纳入证据的法定种类之一,至此,电子数据在诉讼中取得了合法的地位。但直至 2015 年施行的《最高人民法院关于适用〈中华人民共和国民事诉讼法〉的解释》才对电子数据的定义进行了规定。2016 年,最高人民法院、最高人民检察院、公安部联合印发的《关于办理刑事案件收集提取和审查判断电子数据若干问题的规定》,具体规定了电子数据的种类,收集、提取的方法。之后,没有狭义上的法律专门对电子数据或电子

---

① 以笔者所在的温岭法院为例,虽已全面实现法庭数字化建设,但也没有配备外部网络电脑的法庭。

② 何家弘.电子证据法研究[M].北京:法律出版社,2002:115.

③ 刘品新.电子证据的关联性[J].法学研究,2016(6).

证据等进行规定。

电子证据入法滞后于互联网的发展进程，电子证据本身的虚拟性导致人们主观上觉得其有别于传统证据，而法律又没对此专门制定相应的证据规则，故当事人、包括职业化的律师在采用电子证据时普遍存在认知度不高的情形，还处于摸索着前进的状态。一方面，依靠双方自己单枪匹马式的电子证据收集，相比刑事诉讼中的公权力取证所得往往在形式、关联性等方面不够完善。另一方面，导致司法工作人员对于电子证据本身的可采性标准及效力认定等问题仍然存在疑问，这是对司法实践中运用电子数据证据的重要挑战。① 如笔者选取的典型性案例中，对于手机短信、微信聊天记录，非提交证据一方提出对方可能对证据进行选择性删除的抗辩，不同法院之间的处理完全不同，这就是对电子证据的可采性标准及效力认定不同造成的。再加上有些办案人员对于电子证据的虚拟性的"敬畏"，顾虑各种"病毒""易修改""不确定"，故在没有明确的论证规则规定的情况下，尽量避免认定电子证据的效力，或是加大对电子证据举证者的举证义务的行为。

四、走出涉电子证据诉讼困境的思考

在"互联网+"时代，几乎无处不在的电子数据成了民事法律关系的重要载体。电子证据的司法困境显然不利于解决当下涉电子数据的民事法律纠纷。如何改变部分举证人及法官谈电子证据"色变"的困境，进而促进司法对"互联网+"发展的良性推动，笔者认为，可从以下几方面着手。

(一)法院应当加强对电子证据举证的引导

虽说民事诉讼强调双方当事人之间的对抗性，法官一般应当处于中立地位，由双方当事人承担举证责任，法官根据举证情况认定事实，作出裁判。但是这不代表法官就应当是机械的中立，为了避免案件的客观真实因当事人对举证形式等认识不到位而使能够证明案件客观真实的证据不被法院认可，需要法官适当引导，司法解释就多次对法官的适当引导进行了规定。如《最高人民法院关于民事诉讼证据的若干规定》第三条就规定：人民法院应当向当事人说明举证的要求

---

① 张吉豫.大数据时代中国司法面临的主要挑战与机遇——兼论大数据时代司法对法学研究及人才培养的需求[J].法制与社会发展，2016(6).

及法律后果，促使当事人在合理期限内积极、全面、正确、诚实地完成举证。《最高人民法院关于适用简易程序审理民事案件的若干规定》第二十条规定：对没有委托律师代理诉讼的当事人，审判人员应当对回避、自认、举证责任等相关内容向其作必要的解释或说明，并在庭审过程中适当提示当事人正确行使诉讼权利、履行诉讼义务，指导当事人进行正常的诉讼活动。现阶段，电子证据入法时间不长，当事人对电子证据的举证要求普遍不熟悉的情况下，法院应当加强对电子证据举证的引导。故对于当事人提交了电子证据，但因主观认识不到位造成的提交复印件或是未能提交电子证据的虚拟主体与现实主体关联性的相关依据的，应当告知其向法庭提交原件、公证机关出具的公证书，以及电子证据与本案关联性的补充证据。当然这引导应当系非偏向性的引导，建立在其已提交了并不完善的电子证据的基础之上。

（二）法院对电子证据应当合理分配举证义务

对于电子证据，有些法官总是会想到它的易修改性、易操作性、易攻击性等特点，进而觉得电子证据的真实性难以确定，应当由原告就所提交的电子证据的真实性进行进一步的举证。笔者认为，这样的举证责任分配有失偏颇。根据《最高人民法院关于适用〈中华人民共和国民事诉讼法〉的解释》第九十条的规定：当事人对自己提出的诉讼请求所依据的事实或者反驳对方诉讼请求所依据的事实，应当提供证据予以证明。可知，当事人之间的举证、反驳应当遵循一定的程序，在举证方提供的证据能对其主张具体化的情况下，应当由相对方提供证据予以否认反驳。故如果原告提交的电子证据在形式上符合证据的真实性、关联性，则被告如反驳称真实性、关联性存在瑕疵，比如电子证据存在删减、虚拟身份虽系被告号码所注册但该号码目前由他人所用，则被告必须提交证据反驳，否则，对被告的反驳意见不应采纳，进而对原告提交的电子证据证明的事实予以认可。但如果被告提交了证据或者通过鉴定等方式确实证明其主张的事实，则原告尚需就其主张的事实提供证据……这就像一个打太极的过程，但这是基本的证据规则，电子证据的举证、质证理应也如此。

（三）法院对电子证据应当适当使用推理

现代各国证据法普遍认可与形式证据制度相对立的自由心证制度，允许事实裁判者根据理性和经验对证据作出自由判断。电子数据交流的随意性和身份的虚拟性，必然会产生推测交流双方的意思表示以及将虚拟身份与现实身份合理映射的推理要求。如之前的案例所述，微信号为被告的手机号码，被告又未到庭抗辩,应当推定该微信通话记录的真实性。又如绍兴越城区法院对于后缀名为企业电子邮箱的收发是否能视为企业的行为时,其就以该企业确实以后缀名的网址为域名,其法定代表人、业务经理等在实践中均使用以该域名为后缀的电子邮件这一事实,推定以该后缀名为地址的邮箱的收发件行为可视为该公司的行为。再如,仅有聊天记录,但无结算签名,绍兴中院根据被告在微信上收到原告发送的码单或月结算单,回复"看到了""好的""知道的"等推定被告对所欠货款金额的确定等等。因为民事诉讼的举证要求本就不要求排除合理怀疑,而仅是达到盖然性的标准。适当的推理也符合《最高人民法院关于民事诉讼证据的若干规定》第六十四条的规定,该条就明确规定:审判人员应当依照法定程序,全面、客观地审核证据,依据法律的规定,遵循法官职业道德,运用逻辑推理和日常生活经验,对证据有无证据力和证明力的大小独立进行判断。

(四)加大对当事人权利意识的宣传和保障

事实上,不管司法裁判的情况如何,电子数据的交往将来会越来越普遍,区别可能就是进程的快慢而已,以及在这过程中难以保障的利益的数量多少而已。故在强化司法对于电子证据规则的合理合法应用裁判的同时,我们既要加强当事人对电子证据及时固化的宣传引导,也要对电子证据在法庭出示提供物质保障。就对当事人的宣传引导来说,如尽量提倡大家在利用互联网或是其他通信设备进行交往或者行使其他民事行为时,优先选取实名认证的电子交往渠道,如绑定实名认证的手机号码的微信、淘宝商家等;在偶发性的交互中,最好让对方明确自己的身份;对于难以在诉讼中提交原件的电子证据,建议及时进行公证等。就司法的物质保障来说,如注重对庭审的网络硬件保障,使部分难以在法庭上展示的电子证据有展示的媒介;另外加强对科技应用的引入,特别是司法鉴定技术。目前,"在网络数据的鉴定过程中,可以应用关联分析技术,对各种线索进行关联分析,发掘同一事件的不同数据间的联系"。"关联分析包括用户名关联、密码关联、实践关联、联系人关联等。"[①]故当事人在举证时或是质证时,就相关专业技术问题,法院可以引导他们通过鉴定的方式进行自身的权利保障,那么形式上是否有删减,或者身份是否有关联性等问题可能就迎刃而解。

① 麦永浩.电子数据司法鉴定实务[M].北京:法律出版社,2011:68.

第四章　网络服务提供者的法律责任

拒不履行网络安全管理义务罪的适用困境与解释出路

◎李世阳*

一、问题的提出

以产业化、物联网化为基本特征的互联网3.0时代已然到来。[①] 在这一时代背景下，一方面，以互联网为支撑的第三产业呈现出爆发式的增长状态；另一方面，以恶意注册、虚假认证、虚假交易为基本表现形式的网络黑灰产也呈现出野蛮式的增长状态。网络黑灰产对传统法律体系提出了巨大挑战，以刑法为例，出现了传统犯罪的网络化与纯正的网络犯罪大幅度上升的趋势。对于前者而言，网络电信诈骗以及传播谣言等虚假信息即为典型；[②]对于后者而言，各种恶意硬件软件的开发与买卖，非法信息与数据的买卖，恶意聊天群组和平台网站的运营等即为适例。

为了应对严峻的网络犯罪态势，《刑法修正案九》(以下简称"修九")增设了三个新型网络犯罪。然而，截至2018年7月11日，在中国裁判文书网上公布的案件中，以拒不履行网络安全管理义务罪定罪处罚的案件数量仍然为0，以非法利用信息网络罪定罪处罚的一审案件数量只有33件，以帮助网络犯罪活动罪定罪处罚的一审案件数量也只有17件。虽然有不少涉及这些新罪名的案件因想

---

* 李世阳，浙江大学光华法学院副教授。本文系"人工智能与法学专项课题"(18ZDFX007)的阶段性成果。

① 梁根林.传统犯罪网络化：归责障碍、刑法应对与教义限缩[J].法学，2017(2).

② 苏青.网络谣言的刑法规制——基于《刑法修正案(九)》的解读[J].当代法学，2017(1).

象竞合或法条竞合的原因而以其他犯罪定罪处罚，但这一数据足以说明修九所规定的这三个新型网络犯罪并未得到广泛适用。这固然存在网络犯罪侦查的困难尤其是电子证据的收集与认定上的困难等原因，但实体法上构成要件规定的适用困难也是不可忽视的重要因素。

尤其是《刑法》第二百八十六条之一所规定的拒不履行网络安全管理义务罪，如果判决的数量持续为0的话，该规定无疑将成为僵尸条款，从而造成立法资源的巨大浪费。在司法实践中，网络服务提供者不履行法定的网络安全管理义务的现象并非不存在，因此，从解释论的视角出发重新审视拒不履行网络安全管理义务罪的构成要件，为其适用提供具有可操作性的依据，成为一个不可回避的问题。例如，网络服务提供者所指称的对象到底是什么，网络安全管理义务是不是法定义务，监管部门的监管是不是本罪成立的构成要件要素。此外，更为关键的是，根据本法条的规定，本罪显然是情节犯，但由于目前有权机关尚未出台相关司法解释，导致在司法实践中无法认定情节或者后果的严重程度。

怀着上述问题意识，本文试图结合司法实践中的案例，从解释学的角度出发，对拒不履行网络安全管理义务罪的构成要件进行解读，以期为司法实践中的适用提供可借鉴的标准。

二、网络服务提供者的身份属性及其范围

由于拒不履行网络安全管理义务罪的主体被限定于网络服务提供者，因此显然可以将该犯罪归结为真正身份犯。然而，身份这一概念也未必是清晰的，可以说其范围一直处于不断扩张的状态中。甚至可以说只要与某犯罪行为相关的人身关系或特殊地位都可以被称为身份。① 这样的话，从罪刑法定原则出发，就必须对“网络服务提供者”这一身份做出明确解释。

(一)根据服务内容的分类

在修九出台前，我国刑法条文中并未出现网络服务提供者这一概念，关于这个概念的探讨集中在民法学界，但还很难说在这个概念上形成了统一的认识。关于网络服务提供者的含义，存在以下几种观点：(1)根据网络行业分工中存在

① 日本最高裁判所昭和27年(1952年)9月19日刑集第6卷第8号第1083页。

的接入服务、存储服务、缓存服务等进行分类。[①] (2)将网络服务提供者定义为提供信息传播中介服务者。[②] (3)将网络服务提供者分成两类,第一类是网络信息内容提供者,第二类是网络中介服务提供者。[③] (4)从广义与狭义两个角度来理解网络服务提供者,广义上的网络服务提供者泛指一切提供网络服务的个体和组织,而狭义上的网络服务提供者仅仅指网络技术服务提供者。[④]

以上的观点对于网络服务提供者这一概念的内涵及其外延的界定存在差异,究其原因,在于"网络服务"的内容与种类都在不断地扩大。[⑤] 因而,这种从内容上对网络服务提供者进行分类的做法,必然陷入无限列举的泥潭不能自拔。

(二)根据经营性质的分类

此外,根据《互联网信息服务管理办法》第二条第二款的规定,互联网信息服务,是指通过互联网向上网用户提供信息的服务活动,进而可以分为经营性和非经营性两类。这一分类看似简单清晰,实际上不具有可操作性。例如,伴随着自媒体时代的到来,网络服务提供者向其用户或者粉丝提供的服务经常是无偿的,但也难以直接断言这就是非经营性的服务,因此,经营性与非经营性之间的界限往往并未泾渭分明。

(三)根据内容参与度的划分

值得注意的是,美国国会于 1998 年通过的《数字千年版权法》,根据网络服务提供者对网络内容的参与程度,区分为网络内容提供者(ICP)与网络服务提供者(ISP)。[⑥] 受法律所规制的仅限于 ICP,不包括 ISP,从法律上豁免 ISP 对于网络内容的审查义务。很明显,这种做法一方面是为了保障言论自由得以真正实现,另一方面是考虑到技术上的可行性。然而,这种通过限缩网络服务提供者的范围从而限制其法律责任的做法在我国是否适用,值得怀疑。况且,在互联网产业化的今天,技术的中立性也遭受有力挑战,网络黑灰产的失控增长状态就是有力明证。

(四)根据服务功能的分类

由此可见,上述的分类方法都对网络服务提供者这一概念从某一侧面做出

---

① 张新宝. 互联网上的侵权问题研究[M]. 北京:中国人民大学出版社,2003:30.

② 薛虹. 网络时代的知识产权法[M]. 北京:法律出版社,2000:205.

③ 蒋志培. 网络与电子商务法[M]. 北京:法律出版社,2002:181.

④ 丛立先. 论网络服务提供者的版权侵权责任[J]. 时代法学. 2018(1).

⑤ 涂龙科. 网络服务提供者的刑事责任模式及其关系辨析[J]. 政治与法律,2016(4).

⑥ 刘文杰. 网络服务提供者的安全保障义务[J]. 中外法学,2012(2).

了解读,但在具体适用过程中都难以一以贯之,归根结底是因为上述分类方法过于机械,一刀切的方法难以应对纷繁复杂的网络违法犯罪现象。最近有学者主张应根据网络服务的功能划分网络服务提供者的类型,从而实现对不同类型的网络服务提供者赋予不同的刑事责任这一目标。在此基础上主张将网络服务提供者区分为内容提供者、接入服务提供者、缓存服务提供者、存储服务提供者。[①]然而,这一区分方法与上述根据服务内容的区分方法大同小异,而且这四种功能是否已经涵盖了所有的网络服务提供者,不无疑问。例如,杭州互联网法院所推出的"微法院"平台,这一平台到底属于哪种类型的网络服务提供者,难以对号入座。此外,有不少网络服务提供者兼具多种功能,例如百度,此时其责任如何确定,也存在疑问。

(五)本文观点:根据本罪保护法益的分类

对于刑法分则所规定的构成要件的解释,应当始终以法益以及罪质为解释指针。目前我国刑法学界围绕该罪名的解释已经产生不少论著[②],然而,作为前提问题的法益却鲜少提及,虽然有论者将本罪侵犯的法益确定为"具备公益属性的特定信息专有权"[③],但不得不说这一观点无法为该罪构成要件的解释提供明确的方向,首先信息专有权这个概念就值得怀疑,即使存在这种权利属性,也很难说该罪是专门为了保护信息专有权而设置的,更不用说加上了"公益属性"以及"特定"这两个根本无法清晰判断的限定条件。

本文认为,既然将拒不履行网络安全管理义务罪设置在妨害社会管理秩序罪这一章之下的扰乱公共秩序罪这一节中,根据体系解释的原理,该罪所侵犯的法益首先可以确定对公共秩序的扰乱这一层面。在网络出现之前,公共秩序是在特定、现实的时空条件下形成的,然而,自从进入互联网 2.0 的时代之后,自然人可以通过驾驭账号的形式在互联网上开展相应的交往与交易活动,由此形成了网民之间、网民与平台之间、平台与平台之间全面的互动关系。据此,打开了人类生活的第二空间,即网络虚拟空间。毫无疑问,本罪的设置正是为了保护网络虚拟空间秩序的有序运转。

因此,网络服务提供者的分类服务于网络虚拟空间秩序的监管。我国有学

---

① 王华伟.网络服务提供者的刑法责任比较研究[J].环球法律评论,2016(4).

② 谢望原.论拒不履行信息网络安全管理义务罪[J].中国法学,2017(2).

③ 敬力嘉.论拒不履行网络安全管理义务罪[J].政治与法律 2017(1).

者认为将网络服务提供者类型化是设定区别化的管理义务的基础,并在此基础上将网络服务提供者分成以下三类:中间服务提供者、互联网信息服务提供者、第三方交易平台服务提供者。[①] 可以说,该观点是根据服务内容与服务功能的综合分类方法,归根结底也是为了实现对不同主体的不同责任分配这一目标,但这一分类方法并不清晰,上述对于内容分类法与功能分类法的批评都适用于该观点。

本文认为,在网络服务提供者的分类上,应当以网络虚拟空间这一特征为事实前提,以维护网络空间秩序这一法益为核心,以实现不同责任归属为目标。据此,网络虚拟空间的开辟者、运行者、维护者都可以视为网络服务提供者。作为网络空间的开辟者,可以表现为网络接入、存储、缓存服务提供者等;作为网络空间运行者,例如有社交服务平台提供者、电子商务服务平台提供者、网络游戏开发者等,即各类应用型软件与平台的开发者;作为网络空间的维护者,主要是对前两类主体所提供的服务以及网络空间秩序进行维护的主体,例如各种杀毒软件以及木马程序检测软件开发者等。

这样的话,不得不说网络服务提供者这一身份属性在已经进入互联网 3.0 时代的今天,呈现出不断扩张的趋势。然而这并不意味着该罪构成要件的泛化,也并不必然导致刑事责任的扩张。因为除了网络服务提供者这一构成要件身份的限制之外,还必须同时具备其他构成要件要素,而其中最为重要的莫过于"信息网络安全管理义务",以下专门探讨网络服务提供者应当承担的网络安全管理义务的边界。

三、信息网络安全管理义务的边界

刑法分则所规定的构成要件原则上预设以作为的方式完成,但例外地也可以通过不作为的方式实现。这是因为构成要件背后所要宣示的行为规范包括了禁止规范与命令规范,但由于命令规范的发动比起禁止规范而言,对国民自由的侵犯可能性要大得多,因此应当受到严格的限制。[②] 据此,不作为犯尤其是不真正不作为犯的成立就必须被严格限定,与此相对,由于真正不作为犯已经对处于

---

① 皮勇.论网络服务提供者的管理义务及刑事责任[J].法商研究,2017(5).

② 井田良.不真正不作为犯[J].现代刑事法,1999(1).

保证人地位的行为人应当履行的作为义务做出明确规定，在其适用上，并不存在特别的困难。

很显然，对于拒不履行网络安全管理义务罪而言，可以将该罪的性质归结为真正不作为犯，然而这一罪名在适用上的困难却并未因此消失，这是因为在该犯罪之构成要件的表述上并未明确规定网络安全管理义务的内容，而是笼统地规定了“法律、行政法规规定的信息网络安全管理义务”。这样的话，就面临着网络安全管理义务的再解释这一难题，于是，该犯罪虽然在形式上属于真正不作为犯，实质上却变成不真正不作为犯。因此，以下三个问题如果没有解决，该犯罪就无法适用。具体而言，第一，为什么网络服务提供者处于负有履行网络安全管理义务之保证人地位；第二，网络安全管理义务的具体内容表现在哪些方面；第三，违反行政管理法规所规定的网络安全管理义务在什么条件下可以上升到刑法层面，作为犯罪处罚。

(一)保证人地位的发生根据

在当前美国和日本刑法学界中，是否以及在多大程度上让网络服务提供者承担责任依旧是一个富有争议的问题，甚至主张网络服务提供者不具有作为义务的观点占据支配性地位。例如，日本学者真岛信英结合网络服务提供者的分类，对其刑事责任的承担做出了以下详细说明：首先，可以将网络服务提供者所管理的事务分为以下两种，即(1)e-mail 与互联网的介入服务，(2)显示公告栏与主页等网站。以此为基础，对于第(1)种情况而言，由于提供者对于流通于其所介入的互联网的信息并不知情，因此不能追问其刑事责任。但对于第(2)种情况而言，由于提供者是预测并期待不特定的多数人会关心其所提供的内容，因此，有必要探讨其刑事责任的有无。而在第(2)种情况中，进而可以分为以下两种情况，即①提供者并不知道违法的信息正被传播而加以放置，②尽管提供者认识到了违法信息正被传播，却仍然不采取措施而予以放置。在①的情形中，从伴随着提供者在管理其公告栏与主页之际所产生的作为可能性之有无的技术性问题与政策性视角出发，对于占据压倒性多数的中小规模事业者之提供者而言，一旦要求其确认网页内容，就可能会导致其不堪重负甚至破产，因此不能追究其刑事责任。因此仅仅在②的情形中，如果提供者负有应当删除信息的作为义务，才可能对其追究刑事责任。即使对于②的情形，仍然有观点主张由于难以认定提供者具有删除违法信息的作为义务，因此即使提供者认识到了信息的违法性，仍然将其放置也不能追究其责任。其结果，多数的论者认为在现行法上无法对于网络服务提供者肯定其应当删除的作为义务,除非在刑法上创设真正不作为犯的规定。[①]

确实,当不存在专门针对网络服务提供者不履行网络安全管理义务这种情形的构成要件时,应首先尊重罪刑法定原则。但由于我国修九已经明确规定了拒不履行网络安全管理义务罪,因此就没有必要从立法层面上去讨论设置这个构成要件的必要性与合理性。而应从解释论的角度论证网络服务提供者存在网络安全管理义务。在这一问题上,德国刑法学界关于确定保证人地位的功能二分说提供了有力解释资源。具体而言,为了弥补不作为犯对于国民自由的过度干预之嫌,不作为的方式对于构成要件背后所保护的法益的侵犯程度必须达到与作为的方式所达到的程度相匹配,即在不作为犯构成要件的设置上必须始终坚持等置原则。正是基于对等置原则的坚持,德国学者考夫曼继受了纳格勒所提出的保证人地位学说,倡导以保证人地位的确立为核心建构不真正不作为犯理论,并在该理论框架下提出了功能二分说,具体而言,保证人地位的发生根据可以分为对于特定法益的保护义务和对于危险源的监督义务。[②]

对于网络服务提供者而言,作为网络虚拟空间的开辟者、运行者与维护者,对于网络虚拟空间的运行秩序当然负有监管义务。然而,如前所述,并不是所有的网络服务提供者都负有监管义务,更不意味着所有的网络服务提供者的监管义务是等同的,应当区分不同类型的主体,探讨具有不同内容的网络安全义务。

(二)不同类型的网络安全管理义务

如前所述,根据对于维持网络虚拟空间秩序的角色定位,可以把网络服务提供者区分为网络空间的开辟者、运行者与维护者。之所以做这样的区分,归根结底是因为各个类型的主体所发挥的功能不同,因此其所承担的义务也不同。以下,笔者试着以几种典型的网络服务提供者为视角,结合具体案件进行分类探讨。

1.网络接入服务提供者的义务

以互联网数据中心(IDC)业务、互联网接入服务(ISP)业务和内容分发网络(CDN)业务为代表的互联网网络接入服务,作为互联网应用的基础服务行业,一方面掌握了大量服务器、带宽、IP 地址等网络存储和传输资源,另一方面又承载

---

① 真岛信英.网络服务提供者的刑事责任[J].法学研究论集,2002(26).

② 周光权.论实质的作为义务[J].中外法学,2005(2).

了上层用户的海量信息，是互联网能够有效运行、高效发展的关键基础，对保障网络与信息安全至关重要。[①] 在我国现行法律框架下，网络接入服务提供者的安全管理义务主要表现在以下几个方面：第一，审查互联网信息服务提供者的备案信息；第二，不得为不符合许可或备案条件的网络服务提供者提供互联网接入服务；第三，记录备案信息；第四，网络信息安全管理义务以及对于用户的监督义务。

由此可见，网络接入服务提供者在维护网络空间秩序中所承担的主要义务表现在以下两个方面：第一，事前审查义务。这种审查义务又集中在对经营性与非经营性互联网信息服务提供者的资质进行形式审查，杜绝在未经许可、备案或者超越许可、备案的范围非法经营相应的电信增值业务。第二，资源管理义务。按照现阶段监管要求，互联网网络接入服务经营者的 IP 地址、带宽等网络资源只能向移动、电信、联通及中国广电等具备相应资质的企业租用。这样的话，网络接入服务提供者的主要功能就是开辟网络虚拟空间，为网络用户提供流量，为信息的传播与互动提供传输管道与场所，其本身无法对信息进行编辑，也无法预测会有怎样的信息出现在网络虚拟空间中。因此，网络接入服务提供者仅仅在其能力限度范围内承担事后审查义务，一般不能把这种义务升格为刑法意义上的义务，因此原则上不对网络虚拟空间中所发生的违法犯罪行为承担刑事责任。

2. 网络信息服务提供者的义务

网络信息服务提供者的义务集中表现为以下两个方面：第一，事前审查义务，即保证所提供的信息内容合法，不得制作、复制、发布、传播含有法律、行政法规禁止的违法或犯罪信息。第二，事后管理义务，即发现其网站传输的信息明显属于违法或犯罪信息的，应当立即停止传输，保存有关记录，并向国家有关机关报告。

如前所述，伴随着财产的虚拟化、数字化以及自媒体的普及，经营性与非经营性的区分标准变得越来越模糊，因此需构建适用于网络信息服务提供者的一般管理义务准则。具体而言，信息发布者作为保证信息合法的第一主体，处于危险源管控地位，对于自己所发布的信息负有直接的法律责任。因此，(1)当网络信息服务提供者本身就是信息的制作人时，如果其发布的信息内容本身是违法的，符合刑法分则所规定的具体构成要件时，则直接定罪处罚。(2)当网络信息

① 徐恩庆. 互联网网络接入服务市场亟待清理规范[N]. 人民邮电报，2017-03-28.

服务提供者本身并不是信息的制作者,也不参与信息的制作过程,而只是为信息在网络虚拟空间的传播与互动提供平台时,例如微信、微博、百度贴吧等,则应考察其对于网络用户所发布的信息进行监管的合法性、可行性、必要性。例如,《网络安全法》第四十七条赋予了网络信息服务提供者事后监管信息内容合法的义务。这样的话,必然要求网络信息服务提供者投入相应的人力、财力、物力对流通于其平台上的信息进行监管。

然而,如果一味强调网络信息服务提供者的事后监管义务,必然产生以下问题:第一,网络信息服务提供者承担了过重的监管义务,承受巨大的经济负担,尤其是对小型网络信息服务提供商而言,可能不堪重负。第二,这种事后监管义务的履行就必然要求网络信息服务提供者截取用户信息,如果这些信息本身就是公开的,可能不存在特别的法律问题,但当这种信息本身是网络用户不想公开的隐私信息,监管本身可能形成对隐私权的侵犯。第三,对网络虚拟空间秩序的监管并不仅仅是网络服务提供者的义务,更是行政监管部门应尽的职责,如果过分强调网络信息服务提供者的监管义务,可能会弱化行政监管部门的监管义务,造成责任的推卸现象。

立法者在设置这个犯罪的构成要件时,显然也考虑到了以上问题,尤其是第三个问题,因此专门设置了“经监管部门责令采取改正措施而拒不改正”这一构成要件要素。以下专门考察这一构成要件要素的性质及其适用。

四、网络服务提供者与监管部门的监管义务分配

如前所述,仅仅违反法定的网络安全管理义务,网络服务提供者并不直接构成刑法意义上的犯罪,除此之外,还必须同时具备“经监管部门责令采取改正措施而拒不改正”以及四种法定情形之一,才可能成立拒不履行网络安全管理义务罪。这样的话,该法条的后半部分规定才是决定成立本罪的关键。那么,如何理解这里的“经监管部门责令采取改正措施而拒不改正”就成为必须面对的问题。具体而言,“责令采取改正措施”的性质是什么;如何认定所谓的“拒不改正”;在追究网络服务提供者的责任时,行政处罚是否必须前置于刑事处罚;这一要素对于本罪的成立而言是一种客观处罚条件,还是不可或缺的构成要件要素。

(一)“责令采取改正措施”是不是行政处罚

责令改正在行政法上是一种什么性质的行政行为,其与行政处罚之间具有

怎样的关系，值得研究。如果可以将《刑法》第二百八十六条之一所规定的“责令采取改正措施”视为一种行政处罚，是否意味着对于本罪而言，行政处罚是刑事处罚的前置条件；如果不能将其视为行政处罚，为什么一种连行政处罚都无法发动的行为，却可以开启刑事处罚的大门。这些问题值得深究。

关于“责令改正”的行为性质，在当前行政法学界，主要存在以下四种观点的对立：第一，行政处罚说；[①]第二，行政强制措施说；[②]第三，行政命令说；[③]第四，行政指导说。

根据规范互联网秩序的法律与行政法规对于网络服务提供者在违反安全管理义务时的责任规定，应当说“责令改正”在性质上属于行政命令。具体而言，国家或公共团体为了达成行政上的特定目的可以要求人民从事各种行为，由此形成行政法上的义务，而当人民未能履行上述义务时，为了确保行政法规的实效和行政目的的实现，行政机关可对人民施加一定的不利益，此种不利益即为行政制裁。[④] 例如，《互联网信息服务管理办法》第二十一条规定：未履行本办法第十四条规定的义务的，由省、自治区、直辖市电信管理机构责令改正；情节严重的，责令停业整顿或者暂时关闭网站。

这样理解的话，可以认为《刑法》第二百八十六条之一所规定的“责令采取改正措施”并不是一种行政处罚，但仍然发挥以下三个重要功能。

第一，进一步明晰网络服务提供者所承担的信息网络安全管理义务的具体内容。如前所述，基于危险源管理义务理论，网络服务提供者对处于其管理、控制之下的平台或网站负有管理义务。该义务只是通过监管部门的监管与告知，使网络服务提供者明确地知道自己的行为已经违反了哪些法律或行政法规，接下去在被责令的期限内需要采取哪些改正措施。这样的话，信息网络安全管理义务就不再是抽象的义务，而是具体到某个特定的网络服务提供者身上的作为或不作为义务。据此，刑法的明确性原则也得以补充。

第二，该要素发挥了增强违法程度的功能，不属于客观处罚条件。客观处罚

① 李岳德.《中华人民共和国行政处罚法》释义[M].北京，中国法制出版社，1996：89.

② 梁凤云.最高人民法院行政诉讼批复答复释解与应用(法律适用卷)[M].北京：中国法制出版社，2011：402.

③ 何建贵.行政处罚法律问题研究[M].北京：中国法制出版社，1996：172.

④ 夏雨.责令改正之行为性质研究[J].行政法学研究 2013(3).

条件是指与犯罪成立条件无关,但却能够决定犯罪是否成立的要素。[①] 从责任原则出发,不应承认客观处罚条件这一概念,所有被视为客观处罚条件的情节都应与违法性或责任相关联,不应被放置于犯罪论体系之外或将其视为责任原则的例外。[②] 从该观点出发,"经监管部门责令采取改正措施而拒不改正"是将网络服务提供者对于安全管理义务的违反程度和决意提高到了可罚性程度的要素是对于本罪的成立而言不可或缺的不法与责任要素。

第三,合理分配网络服务提供者与监管部门之间在监管互联网上的责任。保证互联网的安全有序运行之义务,不仅仅由网络服务提供者承担,相关监管部门也有法定义务对互联网秩序进行监管。而这一规定可以说是为了维持网络服务提供者与监管部门的平衡。例如,(1)监管部门疏于监管,未能及时发现传播于互联网上的违法信息,致使其大量传播;(2)或者虽然发现了网络服务提供者的行为违反了安全管理义务,却仍然采取不作为的态度予以放任;(3)或者监管部门责令采取的改正措施与安全管理义务无关或者无助于该义务的履行;(4)或者网络服务提供者已经采取了妥当措施。在以上情形中,即使发生严重后果,也不成立本罪。

五、构成要件结果的解释与适用

本法条所规定的四种情节并不是结果加重情节,而是内在于本罪的构成要件结果。本部分试图从解释学的角度逐一解析这四种法定情形。

(一)致使违法信息大量传播

如上所述,本罪是结果犯。既然构成要件结果对于结果犯的成立如此重要,从罪刑法定原则所要求的明确性出发,构成要件结果必须具体、明确。然而,本项规定的"致使违法信息大量传播"完全不具有明确性,如果不经过解释,在司法实践中基本上无法适用。例如,"违法信息"具体是指什么信息,需要达到什么程度才能称得上"大量",都没有清晰的判断标准。因此,有必要进一步解释"违法信息"与"大量"这两个规范性概念。

在现行刑法条文中,只有本法条出现了"违法信息"这一概念,但是由传播某

---

① 梁根林.责任主义原则及其例外——立足于客观处罚条件的考察[J].清华法学,2009(2).

② 松原芳博.犯罪概念与可罚性[M].东京:成文堂,1997:205.

种信息而构成犯罪的罪名在我国刑法中却多处可见，例如传播证券、期货交易虚假信息；传播爆炸威胁、生化威胁、放射威胁等虚假恐怖信息等。本文认为，可以从以下两个角度来确定“违法信息”的对象。第一，由于本罪作为扰乱公共秩序罪而被规定在妨害社会管理秩序罪这一章之下，其侵犯的法益是互联网秩序的安全、健康运行，因此这里的“违法信息”必须是对社会公共秩序具有具体危险的信息。第二，传播该“违法信息”的行为本身即可单独构成犯罪。这是因为，如果传播该违法信息的行为不受刑法评价的话，就意味着把一个本来仅仅受行政处罚或不受处罚的行为评价为犯罪，并以刑罚威胁实施该行为的行为人。

至于如何解释这里的“大量”这一问题，本文认为，鉴于互联网能够不受空间限制进行信息交换，一旦违法信息被上传到互联网上，就可能在极短的时间之内被不特定的多数人知悉并进一步传播。当现行刑法与司法解释对于相关违法信息的传播次数等没有明确规定时，可以将这里的“大量传播”理解为被不特定或多数人所知悉，而在刑法上对于多数人的界定，一般认为 3 人以上即可。

(二)致使用户信息泄露，造成严重后果

在该项规定中，如何界定“用户信息”以及“严重后果”的范围成为核心问题。从体系解释的视角出发，第一项规定中的“违法信息”与第二项规定中的“用户信息”不能具有重合部分，因此这里的“用户信息”只能是网络用户在注册账号或使用网络平台过程中所留下的客观、中性的信息。既然如此，该信息必须具有被刑法保护的价值与必要性，例如网络用户的身份信息、银行账户信息、聊天记录、商业秘密、内幕信息、案件信息、国家秘密、军事秘密等。

关于本项中的“造成严重后果”，可能存在以下三种解释：第一，将其理解为结果加重犯中的加重结果，这样的话，因不履行网络安全管理义务而导致用户信息泄露就成为基本犯；第二，将其理解为本罪的构成要件结果之一，这样的话，严重后果就成为本罪的不法要素；第三，将其理解为本罪的客观处罚条件，也就是说，严重后果是与本罪的不法与责任无关的因素，是否存在并不影响本罪的成立，只是单纯作为发动刑罚的条件而已。

根据第一种观点，首先，即使没有造成严重后果，网络服务提供者因拒不履行安全管理义务而导致用户信息泄露本身足以成立犯罪。其次，从责任原则出发，主观上对于严重后果的发生至少持过失态度。然而，如果只是网络服务提供者因违反安全管理义务而致使用户信息泄露，难以直接将其认定为犯罪，可以说在这种情形中基本上被视为行政违法行为，网络服务提供者所承担的责任也止

于行政责任。因此这种解释难以成立。

根据第三种观点,也会遇到与第一种观点同样的批判,只是根据这种观点的话,网络服务提供者并不需要对于严重后果具有认识。如前所述,本文认为不应承认客观处罚条件这一概念,所有被视为客观处罚条件的情节都可以且应被还原为与不法或责任相关的要素。因此,第三种观点也不具有说服力。据此,本文采用第二种观点,主张这里的"严重后果"是构成要件结果,如果实际上并未产生严重后果,则不成立本罪。

(三)致使刑事案件证据灭失,情节严重的

从该项的规定来看,网络服务提供者负有保存刑事案件证据的义务。但是,从第一项的规定来看,当出现违法信息大量传播的情形时,网络服务提供者负有屏蔽或删除违法信息的义务。这样的话,当违法信息本身也是刑事案件的证据时,就将网络服务提供者逼入两难境地。例如,网络服务提供者拒不履行安全管理职责,致使侮辱或诽谤他人的言论在其经营的网络平台上大量传播。此时,该言论显然是证明侮辱罪或诽谤罪成立的关键证据,网络服务提供者一旦将其删除,就导致刑事案件证据灭失,而不将其删除,将使该违法信息继续传播。为解决该矛盾,本文认为,当刑事案件证据本身就是违法信息时,核心的问题在于网络服务提供者对这一超法规的违法阻却事由是否具有义务冲突,具体而言,是否存在作为义务与不作为义务之间的冲突。① 当刑事案件证据保存义务与违法信息删除义务这两者并不处于对立关系,即网络服务提供者完全有技术条件与时间条件先保存或备份相关证据,进而将其从网络平台上删除时,就不承认义务冲突的存在,如果网络服务提供者未保存或备份相关违法信息而直接将其彻底删除,即使阻止了违法信息的大量传播,依然可以追究其致使刑事案件证据灭失的责任,反之,如果放任违法信息的大量传播,即使保存了刑事案件的相关证据,也应承担相应的刑事责任。与此相对,如果网络服务提供者在当时的情况下不具有先保全相关证据后加以删除的操作可能性,就可以认定为存在义务冲突。

当然,这样解释的前提是把这里的"刑事案件"做广义上的理解,即只要该行为有可能满足刑法的相关构成要件,具有刑事追诉可能性即可,并不要求其实际上已经进入到刑事诉讼阶段。

这里的"情节严重"与上述对于"严重后果"的解释一样,也是内在于本罪之

---

① 山中敬一.刑法总论(第三版)[M].东京:成文堂,2015:579.

构成要件的结果，但本文认为，从存疑有利于被告人的原理出发，这里的情节严重并不包括导致对刑事案件中的被告人做出有力裁判的情形，而主要是指使本来可能被证明无罪的被告人因无罪证据的灭失而被判有罪的情形。

（四）其他严重情节

在我国刑法条文中，类似于本项规定的兜底条款随处可见，从罪刑的明确性要求出发，对这种兜底条款的解释应注意以下三点：第一，该兜底条款仅限于对本条款的兜底，而不能扩张到对该条款所属章节之罪名的解释；第二，解释该兜底条款时，应符合比例原则的要求，即这里的“严重情节”所具有的不法与责任的程度必须与前三项规定的情形相当；第三，应从罪刑法定原则与法益保护原则出发解释该兜底条款，即这里的“其他严重情节”也应具有限定性与类型性，即仅限于严重侵犯本罪所保护的法益的情形。

六、结语

拒不履行网络安全管理义务罪既是真正身份犯，也是真正不作为犯，但网络服务提供者这一身份的确定以及网络安全管理义务的认定却并未明确规定在该罪的构成要件中，只能通过解释进一步明确其内容。在解释的过程中，应当始终以本罪的构成要件背后所保护的法益即网络虚拟空间秩序的安全顺畅运行为核心。因此网络服务提供者包括网络空间的开辟者、运行者、维护者，不同的主体所承担的网络安全管理义务内容也不同。由于网络虚拟空间中存在多方参与主体，其秩序的形成不可能仅凭一方之力，应当权衡网络服务提供者、行政监管部门、网络用户之间的责任关系。“经监管部门责令采取改正措施而拒不改正”这一构成要件的存在形成了行政法规制与刑法规制的有序衔接机制，也是这一罪名在当前司法实践中仍然没有适用的最主要原因。

共犯教义学的网络时代转型

◎梅腾[*]

中国互联网信息中心(CNNIC)发布的第43次《中国互联网发展状况统计报告》指出,截至2018年12月,我国网民规模达到8.29亿人次,普及率达到59.6%,较2017年底,新增网民5653万人。[①] 除此之外,我国刑事犯罪也逐步网络化。据《最高人民检察院第九批指导性案例》统计,网络犯罪占我国犯罪总数近1/3,并以每年近30%的幅度增长。[②]

遗憾的是,传统共犯教义学并未考虑网络技术因素,仍将归责的重心定位于直接造成"法益侵害或威胁"的正犯行为,难以妥当制裁具有"匿名性"和"技术性"的网络帮助犯。譬如,在传统共犯教义学领域内,帮助犯应当在主观上对正犯及其犯罪的内容有明确的认识,客观帮助行为也一般仅属于为正犯提供辅助作用的行为类型。但是,在网络犯罪领域内,网络帮助犯针对不特定的实行行为提供技术支持,网络实行犯亦借助多种网络技术实施犯罪,双方对各自的犯罪内容并不关心,如此便引发了共犯教义学的适用危机,进一步危及刑法体系化。[③] 鉴于此,面对网络共犯异化日益冲击刑事立法和刑事司法体系,共犯教义学作为刑法规范进行司法适用的理论范式亟待转型以回应网络共同犯罪的治理需求。

---

* 梅腾,海南大学法学院博士研究生。本文为2018年海南省教育厅研究生创新课题"大数据时代网络技术服务领域的刑法介入限度研究"(项目编号:Hyb2018-21)的阶段性研究成果。

① 佚名. CNNIC发布第43次《中国互联网络发展状况统计报告》.[EB/OL].[2019-3-20]. http://www.cnnic.net.cn/hlwfzyj.

② 万春. 网络犯罪指导性案例实务指引[M]. 北京:中国检察出版社,2018:21.

③ 喻海松. 网络犯罪二十讲[M]. 北京:法律出版社,2018:100-101.

一、网络技术服务行为的归责障碍与规范刑事立法

众所周知，传统共犯教义学未融入网络技术因素应对共犯网络异化，使得其面对网络共犯问题时捉襟见肘而导致网络帮助犯的刑事责任评价存在障碍，最终引发网络刑事立法和司法归责路径的转变。恰如脱离技术因素的法律制度难以妥当应付网络风险治理所言，单纯依靠“通知＋删除”的避风港制度未能在网络空间有效地保护著作权人的版权利益，而结合过滤技术赋予网络服务提供者合理范围的信息过滤义务则效果良好。① 如下文所示，为解决该问题须梳理传统共犯教义学对网络共犯的评价障碍，并就该问题予以突破。

(一)网络技术服务的共犯评价障碍

如今人们生活中存在诸多网络平台，比如社交平台(QQ、微信)、购物平台(淘宝、京东)、第三方支付平台(支付宝)。平台模式不仅改变生活方式，也已成为多数互联网企业创造利润的主要阵地。② 除此之外，网络平台亦成为众多违法犯罪的“温床”，正待刑法予以规制。然而，缺乏平台思维的传统共犯教义学无法有效评价网络平台刑事责任。以传播淫秽物品罪为例，网络用户在平台上传、共享淫秽物品，在达到罪量标准的情况下，应构成传播淫秽物品罪。但是，平台提供者一般仅做技术工作，对用户的平台用途并不关心，网络平台和用户之间在主观犯意联动和客观行为联系上都发生了松动。因此，如何运用传统共犯教义学评价平台帮助犯的责任则成为问题。

鉴于此，笔者采用网络平台评析共犯教义学的制裁模式。因平台种类众多，就此拣选近期刑事风险高发典型的网络平台作为论述样本，即网络借贷平台、网络直播平台。

1. 中介型网贷平台与共犯归责

P2P网络借贷乃民间融资重要渠道，却因监管不足隐含巨大的刑事风险。截至2018年6月底，全国P2P网贷平台共计7503家，其中问题平台就有3593家，比例高达47.89%；相对的，网贷成交额合计1.35亿元；6月份活跃借款人、

① 崔国斌.论网络服务商版权内容过滤义务[J].中国法学，2017(2).

② 于志刚，郭旨龙.网络刑法的逻辑与经验[M].北京：中国法制出版社，2015：30.

贷款人数分别为 408.37 万人和 435.2 万人。① 由此可知,P2P 网贷平台呈现出人群涉众型、交易额大却监管机制不完善的特征。如若资金链断裂,因涉案金额巨大且人数众多,极易卷入非法吸收公众存款、集资诈骗、洗钱等犯罪圈。②

根据是否形成"资金池",可将 P2P 网贷平台分为自融型平台与中介型平台两类,两者都为投资人、借款人提供融资和投资路径,不同在于前者属于直接交易主体,即先通过设计理财产品出售给借款人汇集资金,紧接着通过产品包装转贷他人获利;后者仅在平台上收集、发布贷款和借款的信息,再根据双方的需求进行配对并收取中介费用。但是,就中介型平台成立帮助犯而言,运用帮助犯归责仍存在两个障碍:其一,检方举证困难。根据刑事责任分配,检方需对被告人有罪事实进行举证,但基于网络用户数字身份特性,追诉中证明网络平台与借款人抑或与贷款人之间存在"意思联络"极度困难;其二,难以追究网络平台帮助犯责任。实践中单个借款人或者贷款人行为的法益侵害或者威胁未达到刑事违法程度,虽平台的涉众型表明行为的严重社会危害性,但根据限制从属性原理,便无法追究平台的帮助犯责任。

2. 网络直播平台传播淫秽物品与共犯评价

2017 年"月光宝盒""狼友"和"老虎"等网络直播平台传播淫秽物品牟利事件引起社会轰动。③ 2018 年湖南省株洲市公安局破获国内最大跨境涉黄网络直播聚合平台"桃花岛月光宝盒",摧毁淫秽表演直播平台 100 余个,传播淫秽物品牟利金额估值高达 3.5 亿元,涉案人员多达 163 人。据此,网络直播平台暴露出内部自治缺位、外部监管不足的弊端,存在潜在刑事风险频发可能性。并且,也对刑事司法判决涉案平台留下难题。④

对于涉案网络平台可能适用的罪名,有帮助信息网络犯罪活动罪、拒不履行网络安全管理义务罪、非法利用信息网络罪以及传播淫秽物品罪四种罪名。通常情况下,司法机关通过解读构成要件,会选择适用前三种罪名规制网络直播平

---

① 佚名.2018 年上半年全国 P2P 网贷行业快报.[EB/OL].[2018-11-15].https://www.sohu.com/a/ 239061872_351022.

② 2018 年 8 月 3 日,根据上海市公安局通报,其下辖的 10 个公安分局共对 44 起 P2P 涉嫌非法吸收公众存款、集资诈骗案件进行通报并逐步立案侦查,其中包括壹理财、旺财猫、聚财猫、赶钱网、微基金等平台。

③ 靳高风等.中国犯罪形势分析与预测(2017-2018)[J].中国人民公安大学学报(社会科学版),2018(2).

④ 佚名.国内最大跨国跨境涉黄网络直播聚合平台"桃花岛宝盒"被查办.[EB/OL].[2018-11-15].http://news.sina.com.cn/c.

台。具体而言：其一，网络直播平台的管理者负有安全管理义务，经监管部门责令改正拒不履行删除淫秽信息的义务，致使淫秽信息在该平台大范围传播，成立拒不履行网络安全管理义务罪；其二，网络直播平台客观上为淫秽物品提供技术支持，在该平台存在大量淫秽物品的情况下，主观明知的认定自然不存在太大问题，故可成立帮助信息网络犯罪活动罪；其三，如果网络直播平台设置旨在传播淫秽物品，完全符合非法利用信息网络罪第一款的规定，成立非法利用信息网络罪。但是，前三项罪名法定刑偏低，且皆设置了“情节严重”的入罪门槛，容易引发罪刑失衡问题。相反，传播淫秽物品牟利罪最高刑为无期徒刑，满足罪刑均衡原则的要求。[①] 在传播淫秽物品牟利罪的适用框架下，如若直播平台仅提供网络服务本身而未储存淫秽物品，则只能追究平台的帮助犯责任。[②] 可是，证明平台管理者与网络主播或用户之间存在意思联络极度困难。简言之，传统共犯教义学在网络犯罪领域的适用面临巨大挑战，这在网络平台的归责上尤为显现。

(二)共犯理论的规范“突破”

因传统共犯教义学在网络犯罪领域未能同时跟进，为增强增加刑法的适应能力以及堵截处罚漏洞，刑事司法率先“突破”传统共犯教义学的制裁模式，刑事立法相继作出反应。

1. 共犯教义学的司法突破：从主客观逐步“溢出”→共犯正犯化

众所周知，意思联络和正犯刑事违法性是传统共犯教义学认定共犯成立的条件。[③] 然而，由于网络用户数字身份特性，交流具有匿名性，网络犯罪的实行者与帮助者之间可能相互不了解，在很多情况下双方并不存在意思联络，仅在网络空间利用对方实现各自的犯罪目的。鉴于意思联络在网络共同犯罪中的地位日益边缘化，司法机关通过司法解释采用片面共犯理论突破传统共犯教义学的内核。根据 2004 年 9 月 6 日实施的最高人民法院、最高人民检察院《关于办理利用互联网、移动通讯终端、声讯台制作、复制、出版、贩卖、传播淫秽电子信息刑事案件具体应用法律若干问题的解释》第七条：“明知他人实施制作、复制、出版、贩卖、传播淫秽电子信息犯罪，为其提供互联网接入、服务器托管、网络存储空间、通讯传输通道、费用结算等帮助的，对直接负责的主管人员和其他直接责任人

① 笔者在司法裁判文书网上输入非法利用信息网络罪、帮助信息网络犯罪活动罪和拒不履行信息网络安全管理义务罪，共搜到刑事案件 154 件，其中按照这三项罪名判决的案件仅为 25 件。

② 孙道萃.网络直播刑事风险的制裁逻辑[J].暨南学报(社会科学版).2017(11).

③ 大谷实.刑法总论[M].黎宏，译.北京：中国人民大学出版社，2008：365.

员，以共同犯罪论处。”因而，意思联络被剥离出共犯的构成要件。[①]

虽说主观方面的突破一定程度上弥补了共犯教义学应对网络共犯的不足，但依旧因遵循“违法连带”的理论范式而在网络犯罪领域中深陷困局。为解决该问题，司法解释对共犯教义学的适用领域从主观方面扩张至客观方面。2010年“两高一部”《关于办理网络赌博犯罪案件适用法律若干问题的意见》第二条第一款规定：“明知是赌博网站，而为其提供以下服务或者帮助的，属于开设赌场罪的共同犯罪依照《刑法》第三百零三条第二款规定处罚……”第二款规定：“实施前款规定行为，数量或者数额达到前款规定标准5倍以上的，应当认定为《刑法》第三百零三条第二款规定的‘情节严重’。”就此，网络赌博共犯的成立与正犯的违法性脱钩，从“违法连带”走向“违法相对性”的维度。

但是，即便采用主客观双向逻辑扩容共犯教义学的理论，仍因“正犯一次责任、共犯二次责任”而陷入网络帮助犯的量刑窠臼。实践中网络犯罪技术提供行为的刑事违法性已超过实行行为，快播案便是典型。快播公司明知网络用户在其经营、管理的平台传播淫秽物品，为扩大经营、非法牟利，放任不管，较之单个上传微量淫秽视频的用户，快播平台的行为已具有明显的刑事违法性。[②] 但是，传统共犯教义学对帮助犯适用低于正犯的刑罚，这必然造成对快播平台的量刑失衡。2010年2月4日施行的“两高”《关于办理利用互联网、移动通讯终端、声讯台制作、复制、出版、贩卖、传播淫秽电子信息刑事案件具体应用法律若干问题的解释》第三条规定：“利用互联网建立……对于建立者、管理者依照《刑法》第三百六十四条第一款的规定，以传播淫秽物品罪定罪处罚。”显而易见，网络共犯行为已然完全摆脱正犯行为的束缚独立成罪。面对司法解释采用“立法化”路径规制网络犯罪帮助行为，为避免滋生司法权僭越立法权的现象，立法机关必须有所回应。

2. 立法调整与进路：危险犯立法模式

当前以《网络安全法》为基本法形成的网络法律体系中，网络刑事立法扩张化趋势明显。从1997年《刑法》到《刑法修正案（十）》，涉猎网络犯罪的罪名主要包括第二百八十五条，第二百八十六条、第二百八十六条之一，第二百八十七条、

① 类似司法解释还有很多，例如：《关于办理利用信息网络实施诽谤等刑事案件适用法律若干问题的解释》第八条，《关于办理赌博刑事案件具体应用法律若干问题的解释》第四条。

② 蒋慧玲.网络司法典型案例（刑事卷）[M].北京：人民法院出版社，2017：247.

第二百八十七条之一、第二百八十七条之二。从条文设计和立法动因来看,立法重心逐渐从以"正犯"为核心的结果犯模式转向以"共犯"为核心的危险犯立法模式,尤其是与信息网络时代相对应的《刑法修正案(九)》的出台,标志着网络刑事立法全面"舍弃"共犯教义学的评价和制裁体系。

概而言之,从规范层面着眼,网络犯罪帮助行为本身难以给法益造成直接紧迫的威胁,但鉴于网络属性,一旦造成损害可能引发结果呈指数级倍增且难以恢复,出于预防犯罪和保护法益的目的,刑事立法采用危险犯的立法模式直接规制网络技术行为,这属于功能主义刑法观在刑事立法上的具体体现。

二、功能刑法观与共犯教义学转型

功能刑法观是相较于自由刑法观而言的,前者着眼于公民行为本身,认为只要公民按照规范提供的行为模式进行交往,法益自然不会受到侵扰;[①]而后者以结果为本位,发生直接的法益侵害结果或者紧迫危险状态是刑法介入的逻辑前提。随着风险社会理论的兴起和网络时代的到来,自由刑法保护法益过于迟延,而采用行为本位的功能刑法观逐渐渗透网络刑法知识,作为联结网络刑事立法和司法适用的"桥梁",共犯教义学的功能化转变可以在网络治理中保持法安全和法公正。[②]

(一)网络时代犯罪论的功能化应对

晚近以来,我国刑事立法的发展轨迹在整体上呈现出概括性条款、危险犯立法日益增多及刑法处罚日渐从严趋势。[③] 刑法防线的前移可扩张法益保护的边界,但也带来限缩公民自由的"副作用"。自罪刑法定的法治国理念被提出,刑法一直以限缩国家刑罚权、保障人权为己任。就此而言,犯罪化的立法制度似乎有悖于刑法长期固守任务,因而需要接受刑法正当性的检验。其实,"采取哪一种制度只是一个反射的表现,背后有其根本的核心思考"。[④] 法律作为一种社会调控的手段,应对社会的变迁作出一定调整[⑤],尤其风险社会趋势。换言之,刑事立

① 许恒达.刑法法益概念的茁生与流变[J].月旦法学杂志,2011(10).

② 耶塞克,魏根特.德国刑法教科书[M].徐久生,译.北京:中国法制出版社,2017:59.

③ 劳东燕.风险社会与功能主义的刑法立法观[J].法学评论,2017(6).

④ 蔡圣伟.论间接正犯概念内涵的演变[M]//陈兴良.刑事法评论.北京:北京大学出版社 2007:52.

⑤ 格尔茨.地方知识[M].杨德睿,译.北京:商务印书馆,2016:272.

法结构变化根源在于风险社会的形成与蜕变。作为风险社会的基本要素,“风险”要素对社会结构的影响兼具积极和消极的一面,即在推进人类自由发展的同时蕴含巨大的不确定危险。① 该不确定性较之传统社会的自然灾害表现出人为的特点,且波及面极大,容易引发全球化、系统化、制度化风险。②

以网络谣言为例,物理空间中的谣言主要依靠人与人之间的口口相传,传播范围有限;但在网络空间散布谣言,凭借网络技术的跨地域性和瞬时性,危害后果较之物理空间难以估量,且网络空间的谣言难以删除,一旦传播具有不可逆转性,这与传统单一个体犯罪和法益侵害的单一化不同,势必造成自由刑法评价体系失灵。同时,网络帮助行为与网络实行行为之间表现出“一对多”“多对一”“多对多”形态,双方之间存在多重因果关系,导致构建在单一因果基础上的责任认定范式失效。

鉴于上述原因,早期自由刑法理念开始向功能刑法观转变。法益保护前置和积极一般预防是功能刑法采用行为本位保护模式的理论基础。众所周知,法益是控制犯罪圈大小的核心指标,功能刑法延伸刑法触角须重新界定法益范畴。虽说早期物质性概念以个人法益为本位,内涵较为明确且有利于贯彻罪刑法定原则的人权保障机能。然而,在风险社会与网络社会时期,法益内容更多表现为超个人法益,超个人法益并非简单的个人法益集合,表现出抽象性和精神化的特征。③ 由此可见,个人法益通过物质性法益概念难以涵盖网络空间中的超个人法益。功能性法益概念应运而生,该法益概念通过利益法学或者目的法学的价值判断诠释刑法条文保护的法益内涵。④ 借助“利益衡量”或“目的指引”的规范性解读,法益概念摆脱实物性束缚逐渐抽象化和模糊化,能够包含网络空间中的超个人法益,使得与法益侵害结果关联程度较小的网络预备犯和网络危险犯常态化被纳入刑事立法体系之中。借助网络帮助行为正犯化立法的单独入罪路径,网络帮助犯便可单独评价而无须通过传统“与正犯造成实害结果具有因果关系”的见解评价模式。同时,无论是抽象危险犯抑或具体危险犯的认定,都更加注重行为本身,与结果关联的因果要素逐渐被边缘化,这便可妥当破解网络技术滥用与犯罪结果之间复杂因果关系的认定障碍。

---

① 高宣扬.鲁曼社会系统理论与现代性[M].北京:中国人民大学出版社,2005:259.

② 劳东燕.风险社会中的刑法[M].北京:北京大学出版社,2015:27.

③ 李川.危险犯的扩张逻辑与正当性思考[J].法学评论,2017(3).

④ 张凯.法益嬗变的困境与坚守[J].中国刑事法杂志,2017(2).

除法益范畴重新界定外，责任形式的认定上受积极一般预防思想的影响，以“个人意志”和“期待可能性”为基底的规范责任论也逐渐衰退，注重社会预防论的功能责任论兴起。功能责任论主张：罪责并非规范对行为人自由意志滥用的谴责，而是行为人未达到规范对社会一般成员的要求。换言之，如果规范义务的履行对于一般人而言不可能达成，那么谴责行为人对社会而言则无助益。① 功能责任论在责任层面迎合了网络风险社会的预防需求。具体而言，网络技术滥用对象的涉众型与罪责的社会化结合，只要规范设置的社会一般成员具备预见网络技术可能被不特定人利用的认识能力和实施合法行为的控制能力②，就需要在维护网络秩序层面谴责行为人，即认定网络技术服务提供者符合罪责要件。

(二)共犯教义学转型的必要性：法教义学的实践功能

《刑法修正案(九)》增设利用信息网络罪、帮助网络犯罪活动罪和拒不履行信息网络安全管理义务罪，舍弃结果本位的事后法益保护模式，将处罚靶向前置于典型潜在风险的网络技术滥用行为本身，强化网络安全秩序。但是，此种危险犯立法归责路径背后隐含的是共犯理论应对网络犯罪乏力的现状。面对网络刑法体系的功能化变迁，共犯教义学是继续遵循传统的评价和制裁逻辑，还是转变教义学范式以适应网络时代的需要，值得思考。对于该问题的回答，笔者认为，需要回归到法教义学的实践功能中来。

纵观法教义学发展的三个重要时期，实践性一直在其中占据一席之地，只是在不同时期地位有所不同。具体而言：第一，概念法学或者规范法学时期。该时期的法教义学认为实定法属于能够涵盖所有社会现实、为司法提供裁判依据的无矛盾系统，法教义学的任务是建构用以诠释条文含义和保证条文之间逻辑畅通的“法概念”体系或者“法规则”体系。③ 第二，利益法学与社科法学时期。随着立法的增多和法教义学的纵深发展，学者们逐渐意识到制定法难以辐射不断变化的社会事实，法教义学仅仅依靠逻辑和体系不足以保证司法裁判的公正，而需要填充制定法之外的因素。利益法学应运而生，其并不反对法教义学的体系性，承认制定法对司法裁判的约束力。据此，法教义学的体系性不再是封闭僵化的概念体系，而是探究规范背后目的的开放式体系。在社科法学的影响下，实践性

---

① Jakobs. Schuld and Prävention, J. C. B. Mohr ä, S. 3.

② 责任认识的内容，以三个网络罪名的具体构成要件为标准。

③ 舒国滢. 格奥尔格 · 弗里德里希 · 普赫塔的法学建构：理论和方法[J]. 比较法研究，2016(2).

成为检验法教义学优劣的唯一标准。但是,完全不受实定法拘束的司法裁判容易陷入“恣意”的泥潭,二战时期纳粹政府正是运用不受成文法主义约束的类推解释肆意践踏公民的自由和人权。第三,评价法学时期。评价法学扬弃了过分注重体系和实践的法教义学,主张两者的融会贯通,即以法律文本为基础,运用法规范间的逻辑关联和价值要求探求条文的真实含义,从而解决社会纠纷。[①] 换言之,具有体系性的法教义学才能保证法律的独立性,而不至于在社会科学的“汪洋大海”中盲目前行而失去自我。受成文法拘束的体系性能够在独立性基础上保障法教义学知识的国家性,任何不与本国成文法相兼容的法教义学知识都无法为本国法教义学吸纳。[②] 另外,对法规范的价值探求能够使法教义学吸收法外因素,并通过体系化锻造与之融合。体系的开放性塑造了法教义学强烈的实践品格,法教义学亦因此获得了立法批判功能。通过立法反思和实践活动,法教义学实现了条文和司法实践良性互动,最大限度地保障法的安定性和适应性。

鉴于共犯教义学是刑法教义学的重要组成部分,其理论模型的构建理应注重教义学的实践性。但现实情状是,“意思联络”“限制从属性”等传统共犯教义学理论模型无法合理评价网络技术滥用行为的刑事不法内涵。欠缺了共犯教义学这座“桥梁”,共犯条文与网络犯罪的脱节将会倒逼网络刑事立法的扩张化。毋庸置疑,《刑法修正案(九)》采用预防性立法归责网络技术滥用行为是传统共犯教义学应对网络犯罪失当的妥适之举。但是,完全依靠立法扩张和条文解释应对网络犯罪并非长久之计[③],容易误入“情绪化立法”的歧途。因而,面对网络预防性立法先行的现状,共犯教义学应当及时更新理论模型以跟上网络犯罪的“步伐”,从而更好地衔接网络刑事立法和网络司法实践,避免非理性的立法扩张过度挤压网络创新的生存空间。

三、共犯教义学转型路径之选择

网络空间的法律治理需要深度融合法律规范与技术规范。网络空间与物理空间的区别在于,网络活动依赖于以字符、符号或者信息元构成的“技术代码”规

---

① 许德风.法教义学的应用[J].中外法学,2013(5).

② 魏德士.法理学[M].丁小春,吴越,译.北京:法律出版社,2005:134.

③ 欧阳本祺.论网络时代刑法解释的限度[J].中国法学,2017(3).

则。[①] 而法律作为一种社会治理机制，要求人的行为模式符合规范期待。因此，网络法律治理应当注意人类行为在网络空间的技术特性，共犯教义学在网络时代的转型须将共同犯罪治理重心放在网络技术滥用行为。

(一)宏观层面转型路径

共犯教义学的宏观层面转型主要从共犯的基础理论模型入手，涉及犯罪参与论和共犯处罚根据。

1. 犯罪参与论

在犯罪参与论选择问题上，我国刑法学界存在单层区分制、单一制和双层区分制三种观点。单层区分制的特点在于犯罪参与人的类型划分承担定罪和量刑的双重任务，即正犯属于实施构成要件行为、占据共同犯罪核心地位的参与类型，而共犯并未直接造成法益侵害结果，仅仅为正犯提供“助力”的边缘角色。[②] 换言之，正犯应当处以主犯刑罚，而共犯尤其是帮助犯，应当处以从犯的刑罚。[③] 单一制和双层区分制则否认参与类型与刑罚的硬性挂钩，根据各参与人的不法和责任实现刑罚的个别化。两者之分野是单一制在参与类型上不区分正犯和共犯，任何赋予犯罪原因力的都是正犯；[④]双层区分制则遵循区分制的基本原理，以构成要件行为勘定正犯和共犯的界限。[⑤] 其中受德日刑法影响，第一种观点占据我国共犯教义学和司法实践的通说地位。

在此还需解决一个问题：由于共犯教义学受到实定法的拘束，双层区分制应当符合我国共犯立法的规定。在参与类型划分上，一直以来，区分制在我国刑法学界占据通说地位，司法实践亦不否认区分制的存在，因而对正犯和共犯的类型划分并不存在障碍。在参与程度方面，根据我国共犯立法规定，双层区分制可根据参与者在共同犯罪中起的作用划分为主犯、从犯。鉴于此，共犯教义学从单层区分制向双层区分制的转型无论是从网络时代需求层面抑或是刑事立法层面都具备正当性。

2. 共犯处罚根据

共犯教义学在共犯处罚根据上的转型有利于正确解明网络技术帮助犯的刑

---

① 何明升. 中国网络治理的定位及现实路径[J]. 中国社会科学，2016(7).

② 松宫孝明.《刑法总论讲义》[M]. 钱叶六，译. 北京：中国人民大学出版社 2013：195-197.

③ 张明楷. 论教唆犯的性质[C]//陈兴良. 刑事法评论(第 21 卷). 北京：北京大学出版社，2007：86.

④ 高桥则夫. 共犯体系和共犯理论[M]. 冯军，毛乃纯，译. 北京：中国人民大学出版社，2010：5.

⑤ 阎二鹏. 共犯教义学中的德日经验与中国现实[J]. 法律科学，2017(5).

罚根据。纵览共犯处罚根据的发展脉络，责任共犯论和不法共犯论因理论根基的缺陷和司法适用的困境都退出了舞台。[①] 占据通说地位的因果共犯论立基于法益侵害，强调正犯因直接惹起了法益侵害结果而受处罚，而共犯则是介入正犯行为因果惹起了结果而要受处罚。[②] 因果共犯论内部进一步演化出三个理论分支，包括纯粹惹起说、修正惹起说和混合惹起说。三者皆肯定法益侵害是共犯的处罚根据，区别在于承认共犯固有违法性地位的差异。纯粹惹起说将共犯处罚根据完全建立在共犯行为自身因果而惹起了法益侵害结果；修正惹起说则主张违法连带性，即共犯的可罚性在于正犯惹起了法益侵害结果；相比于前两者在共犯处罚根据上的各执一端，混合惹起说采用了折中立场，认为共犯处罚根据需要兼顾正犯违法性和共犯违法性。其中，正犯违法性起到了限制处罚共犯的作用，即正犯行为不违法，共犯行为亦不违法。同时，在正犯行为具备违法性前提下，需要考量共犯是否存在违法阻却事由，如果共犯具有违法阻却事由，共犯行为则亦不违法。[③] 受德日"正犯一次责任、共犯二次责任"的影响，混合惹起说在我国共犯处罚根据占据通说地位。

回归到网络犯罪领域，不难发现混合惹起说的理论适用缺陷。网络犯罪帮助行为虽然从规范视角不能同实行行为那样给法益造成直接、紧迫的危险，但其往往成为网络犯罪实现的关键性因素，属于共同犯罪的主犯，这与传统共同犯罪帮助行为的性质完全不同。例如，诈骗软件的获取为网络诈骗的实现跨越了技术性障碍，是造成公民财产损失的关键性步骤。同时，单个诈骗行为违法性程度较低，有时甚至未达入罪标准，但网络帮助犯针对不特定实行犯的技术援助在整体上达到入罪门槛无疑。因此，网络时代共犯处罚根据应当定位于网络犯罪帮助行为本身的违法性。如上文所述，纯粹惹起说将共犯处罚根据定位于共犯行为本身，可以很好契合网络技术帮助犯的可罚性评价。但是，完全摆脱正犯行为解读技术滥用行为的刑事处罚依据，可能导致犯罪圈扩张至单纯的网络技术滥用行为，这属于单独犯而非共犯归责路径。

为此，共犯教义学的转型需要在解读网络参与者的处罚根据上结合正犯行为。我国刑法学界存在改良后的纯粹惹起说，即承认正犯行为对共犯处罚根据

---

① 对于两者的具体论述，参见陈洪兵．共犯处罚根据论[C]//陈兴良．刑事法评论．北京：北京大学出版社，2008：436-466．

② 前田雅英．刑法总论讲义[M]．曾文科，译．北京：北京大学出版社，2017：289-290．

③ 松原芳博．刑法总论重要问题[M]．王昭武，译．北京：中国政法大学出版社，2014：309-310．

的限制，但不需要达到违法的程度，只需要符合构成要件即可。① 通过改良后的纯粹惹起说，便可在共犯归责框架内合理解读网络技术滥用行为的处罚根据。简言之，在共犯处罚根据问题上，共犯教义学的网络化转型应当采用改良的纯粹惹起说。

(二)微观层面转型路径

宏观层面的基础理论转型需要微观层面的具体细化，共犯教义学在微观层面的转型须从共犯成立条件入手，主要关涉网络帮助犯的不法和责任。

1. 不法：违法连带→违法相对

鉴于单层区分制和混合惹起说认定共犯违法都以正犯违法为前提，我国在共犯从属性问题上一直采用限制从属性。因此，正犯违法性属于共犯不法构成要件的内容。② 随着教唆自杀行为的可罚性问题的出现，违法连带的观点开始被质疑。③ 如果说这仅是对“违法连带”的个案冲击，那么网络犯罪参与行为则是对“违法连带”的彻底颠覆。正如于志刚教授所言：“网络空间中的帮助行为往往是为多个一般违法行为提供技术支持，虽然整体危害性巨大，但因单个实行者的违法性不足，技术参与者不构成帮助犯。”④为此，共犯教义学转型需要将正犯违法剥离出共犯的不法构成要件，即采用“违法相对”的理论范式。

“违法相对”在共犯要素从属性上来源于极小从属性，主张共犯成立仅受正犯实行行为的牵制，违法性和有责性须单独认定。如果采用极小从属性认定网络帮助犯的构成要件，司法机关只需要证明正犯利用该技术服务实行相关犯罪，至于网络参与者的违法和责任问题则是单独评价。现实中网络犯罪参与者之间缺乏沟通，网络实行犯可能分布在世界各地，司法机关难以查清其全部违法内容，但网络援助平台则较为固定，容易查清犯罪事实。鉴于此，共犯教义学采用“违法相对”的归责路径，便可化解“违法连带”造成的网络犯罪适用危机。

2. 罪责：意思联络→单方利用

在有责性层面，传统共犯教义学要求共同犯罪参与者基于共同意思共同实

---

① 秦雪娜. 共犯处罚根据的全新定位——改良的纯粹惹起说之提倡[J]. 环球法律评论，2015(5).

② 张明楷. 刑法学(上)[M]. 北京：法律出版社，2016：414.

③ 根据限制从属性，自杀行为不具备违法性，教唆自杀行为亦不违法。故而主张教唆自杀行为可罚动摇了限制从属性的基本立场。姚万勤. 论教唆自杀可罚性对共犯理论的动摇[J]. 中国刑事法杂志，2012(4).

④ 于志刚. 网络空间中犯罪预备行为的制裁思路与体系完善[J]. 法学家，2017(6).

施特定的犯罪。[①] 构建“意思联络”理论模型的现实基础是人类在物理空间的面对面交流方式。但是,人类在网络空间一般使用数字化身份,交流过程呈现出松散性和匿名性特征[②],很多情况下网络犯罪实行者和网络技术帮助者之间并不了解对方的犯罪内容。因此,意思联络模型已经不适应网络犯罪的发展,共犯教义学对此须作出改变。

对此,片面共犯理论或是妥适之举。该理论认为即使参与者单方知道并秘密援助正犯实行犯罪的,亦可成立帮助犯。[③] 在共犯责任要件方面,片面共犯理论放弃了意思联络模式而采用单方利用的认定路径。其实,意思联络主要源于传统犯罪共同说或部分犯罪共同说将共同犯罪解读为“数人一罪”的逻辑思路,随着行为共同说“数人数罪”模式的引入,共同犯罪不再是共同实行特定的犯罪,而是数人共同实行不同犯罪。从犯罪共同说或者部分犯罪共同说向行为共同说的理论范式转变,使得共同犯罪的“共同”发生了从“主客观共同”向“客观行为共同”转变,片面共犯亦获得了生存空间。

鉴于此,共犯责性要件的证成要求司法机关证明“网络服务提供者知道有人在利用其技术行为实行相关犯罪”,这在司法实践中并无太大障碍。以快播案为例,快播公司并不了解“谁”在快播平台上传了淫秽物品,但对“有人利用快播上传淫秽视频”的犯罪事实有认知是显而易见的,因而追究快播平台的刑事责任并无太大障碍。有观点利用“针对共同性的未必故意”和“通过符号语言的意思联络”重塑互联网意思联络的内涵。[④] 笔者认为,“联络”的关键在于“交流”,而不是各个参加者“自认为对方知道自己正在实行犯罪”,上述观点其实已经走向了片面共犯理论的单方利用道路。

综上所述,共犯教义学的转型是对网络共犯异化的理论回应,其根本目的在于保障司法裁判的公正,寻求网络秩序安全与网络创新的平衡。

四、结语

随着网络技术对人类生活的全面渗透,如何控制技术风险以保障网络秩序

---

① 金德霍伊泽尔.刑法总论教科书[M].蔡桂生,译.北京:北京大学出版社,2015:430-431.

② 郑智航.网络社会法律治理与技术治理的二元共治[J].中国法学,2018(2).

③ 西田典之.共犯理论的展开[M].江溯,李世阳,译.北京:中国法制出版社,2017:162.

④ 吕翰岳.互联网共同犯罪中的意思联络[J].法学评论,2017(2).

安全已成为检验当代法律制度构建合理性的重要指标。鉴于传统自由刑法体系的结果本位模式在风险社会和信息网络时代保护法益的捉襟见肘，功能刑法理念开始渗入犯罪论体系和刑罚论体系，而仍然坚守“事后保障”的共犯教义学在网络治理中应对失当，无法为刑法建构严密网络犯罪法网提供稳定的理论支持。失去了共犯教义学支撑的实定法面对网络共犯异化的步步紧逼，开始走向单独犯立法归责道路。网络危险犯立法将刑事归责的重心直接定位于网络服务提供行为，具备实践理性。但是，抛开共犯教义学的刑事立法极易呈现非理性扩张的趋势，因此，共犯教义学需要在刑法立法先行的现状下实现理论跟进，通过宏观层面重塑犯罪参与论和共犯处罚根据的内涵、微观层面重新解读共犯不法和罪责的内容，为网络刑事立法的司法适用提供稳定且公正的裁判规则。

网络内容管理义务和网络服务提供者刑事责任

◎涂龙科*

当前，网络违法犯罪非常猖獗，暴恐、色情信息屡禁不止，网络赌博、诈骗常见多发，个人信息保护形同虚设。面对网络违法犯罪发案多、危害广、成本低、查处难的现状，从具有技术优势和控制地位的网络服务提供者着手，以遏制网络犯罪、保障网络安全、规范网络秩序，成为全世界普遍的刑事政策选择。由于刑事处罚的理论根据阐述不充分、责任边界划分不清晰、认定标准不明确，各国在追究网络服务提供者刑事责任时总伴随着理论上的争论不休与裁判中的犹豫不决。在国内，快播案、深度链接案等重大影响案件引发全社会的高度聚焦、万众瞩目，公诉机关庭前表现的左支右绌、审判机关判决阐述的语焉不详、学术界理论解释的众说纷纭和普通民众对刑法介入的冷嘲热讽，构成了当前我国网络服务提供者刑事责任追究的现实图景。司法的尴尬反映了理论自身建构的贫乏及其对实践观照的严重不足，影响网络秩序治理立法目的和网络安全国家战略的实现，甚至从根本上侵蚀刑事司法的权威，妨碍法治现代化建设全局。

我国《刑法修正案（九）》创制了新的网络服务提供者刑事责任模式，网络服务提供者不履行网络安全管理义务“致使违法信息大量传播”等危害结果的，将面临刑事制裁。网络安全管理义务涉及范围较广，防止违法信息的网上传播为目标的网络内容管理义务是其中之一。目前国内刑法学界对网络服务提供者（而非单纯的网络内容生产者）的内容管理义务及其刑事责任的研究尚不充分，如内容管理义务是否需要合理限定？是所有，还是仅特定的网络服务提供者具

* 涂龙科，上海社会科学院法学研究所研究员。

有内容管理义务并相应担负刑责？不同网络服务提供者承担刑事责任的条件有何区别等？这些都有加以深入分析的必要。

一、刑事责任前提：网络内容管理义务的范围

网络服务提供者的网络内容管理义务，依照违法信息的出现时间可以分为三类，其一是对网络内容的预先审查义务；其二是网络内容的实时监控义务；其三是违法信息在网络空间出现之后的报告、删除等义务。网络服务提供者是否对第三方在自己提供的网络平台生成的内容具有管理义务，是网络服务提供者应否就“违法信息大量传播”的后果承担刑事责任的前提。国外对此历来争议纷纭，且至今未息。肯定论认为：首先，出现违法、侵权信息的风险是互联网服务的天然副产品，因此企业负责的原则要求网络服务商将这种风险所产生的损失作为一种商业运营成本。这将迫使互联网服务商阻止违法信息的出现，并将这种风险所产生的成本在互联网用户群体中分摊。① 其次，互联网服务商对存储、制造以及传输违法信息的装置具有所有权，服务商对所有权的控制足以使其对违法信息在网络中的出现、传播负有责任。② 否定的观点则认为互联网服务商并不对其用户的行为负责。首先，互联网服务并不必然导致违法犯罪行为的出现。其次，扩展互联网服务商的责任可能会使其有强有力的动机，即使在违法信息并不成立的情况下，也会通过从互联网上删除用户资料来保护其经济利益。再次，这种无差别的审查制度与宪法有关言论自由的规定相矛盾。③ 最后，需要大量的人力来审查上传到互联网的海量文件和信息，附加此义务将会使对互联网的访问瘫痪。④ 尽管争议热烈而持久，但考虑到公民言论自由、互联网技术发展与被害人权利保护三者的平衡，通常认为，网络服务提供者应当在合理的范围内承担网络内容管理义务。

如何划定网络服务提供者的网络内容管理义务的合理范围？国外的法律实

---

① YEN A C. Internet Service Provider Liability for Subscriber Copyright Infringement, Enterprise Liability, and the First Amendment[J]. The Georgetown Law Journal, 2000(4).

② ALFRED C. YEN, p. 38-45.

③ ALFRED C. YEN, p. 33-37.

④ WALTERS L G. Shooting the Messenger: An Analysis of Theories of Criminal Liability Used Against Adult-Themed Online Service Providers[J]. Stanford Law and Policy Review, 2012(10).

践大多否定网络服务提供者对他人在网络上发表内容的预先审查和实时监控义务。2011 年,欧盟法院在具有广泛影响的 Scarlet v. SABAM[①] 一案中,断定网络服务提供者没有过滤、监控网络上非法内容的一般性义务,并明确主管部门不得要求网络服务提供者必须植入信息内容的过滤系统。其理由是:在设定网络服务提供者的义务时,必须兼顾公民个人的基本权利的保护与 ISP 的运营商经营自由的保护的平衡。要求网络服务提供者植入网络内容过滤系统一方面会严重侵犯 ISP 的经营自由;另一方面从成本效益的角度看过分复杂和昂贵。[②] 欧盟法院据此否定了网络服务提供者的内容审查义务。在美国,立法没有特别明确网络服务提供者是否具有一般性的审查、监控义务,通常认为,国会的立法意图是显而易见的,ISP 没有义务监控第三方发表在其网页上的内容。[③] 在专门性立法领域,《数字千年版权法》设立的"搜寻侵权信息及通知服务提供者的责任由版权人承担"原则,排除了网络服务提供者的监控义务。[④] 对于已经出现的非法内容,网络服务提供者是否具有报告、删除等管理义务呢? 一般认为,除非法律有特别规定,ISP 没有一般性的管理义务。在既有的先例中,如 Zeran v. America Online,Inc[⑤]、Doe v. MySpace[⑥] 等经典案例中,网络服务提供者一律援引 230 条款[⑦]主张责任豁免。该条款是《通信规范法》(CDA)对那些为第三方生成的或者"用户生成"的内容提供访问的服务商的免责条款,从而在实质上否定了网络服务提供者的内容管理义务。但是,在法律有特别规定的场合,如涉及知识产权侵权时,经权利人的有效通知,网络服务提供者应当履行管理义务。例如,英国颁布的引发关注与争议的《数字经济法案》中,如用户侵权而被要求提供特定时间

---

① Scarlet Extended SA v Société belge des auteurs compositeurs et éditeurs SCRL(EU: Case C-70/10 Celex No. 610CC0070).

② Judgment of the Court (Third Chamber),24 November 2011 ,In Case C70/10.

③ See Stoner v. eBay, Inc. , No. 30566, 2000 WL 1705637, at * 3(Cal. Sup. Ct. , Nov. 1, 2000) ("[M]any of these products may be contraband, and however many it might be possible for defendant to identify as such, Congress intended to remove any legal obligation of interactive computer service providers to attempt to identify or monitor the sale of such products. "); 141 Cong. Rec. H8468-69 (daily ed. Aug. 4, 1995) (statement of Rep. Cox).

④ See Robert A. Gorman & Jane C. Ginsburg(2006). Copyright: Cases and Materials(7th ed.), Foundation Press.

⑤ Zeran v. America Online, Inc. , 129 F. 3d 327 (4th Cir. 1997).

⑥ Doe v. MySpace, Inc. , 528 F. 3d 413 (5th Cir. 2008).

⑦ 47 U. S. C. § 230

段侵权名单，且初始法律义务要求网络服务提供者提供的，网络服务提供者应当向版权所有者提供侵权名单报告。在必要时，应当对一些或者所有相关的用户采取限制访问的技术措施，防止或者减少通过互联网侵犯版权的行为。

国内在《刑法修正案（九）》的草拟、审议过程中，对网络服务提供者的内容管理义务也有质疑，主要理由是：网络服务提供者内容管理义务很难界定；网络服务提供者没有足够的时间、充足的力量辨别有关信息是否违法；附加审查义务可能会阻碍网络科学技术的发展。[①] 从实体法考察，全国人大常委会2013年颁布的《关于加强网络信息保护的决定》第五条规定，网络服务提供者应当加强对其用户发布的信息的管理，发现法律、法规禁止发布或者传输的信息的，应当立即停止传输该信息，采取消除等处置措施，保存有关记录，并向有关主管部门报告。国内主流观点援引该条款否定了网络服务提供者的内容审查义务。理由是，从事互联网服务的单位承担该义务的前提是"发现"，但显然并未赋予其必须主动"发现"违法行为和有害信息的义务，而是指在有人告知或有证据证明其确知相关违法行为和有害信息存在的情形下，其应承担相应义务。[②] 网络服务提供者对第三方上传、传输的信息，一般不承担事先主动审查、监控的法定义务，只承担事后被动删除、报告等法定义务。但是对该问题的认识也不是铁板一块。有法院就主张，相对于著作权人，网络服务提供者更有能力控制和减少侵权行为的发生，从权利和义务、能力和责任相一致出发，将对网络用户的传输内容进行严格审查的义务归于服务提供者，更为公平。

本文认为，设定网络服务提供者的预先审查和实时监控义务并不妥当，必然导致网络服务提供者的负担过重，阻碍网络服务提供者的经营自由、束缚其发展空间。现代社会发展日新月异，新鲜事物层出不穷，法律义务也必然常有变迁更新。"违法信息"的范围过于宽泛，包括种类众多、涉及广泛的违反法律、法规及侵犯他人民事权利的所有违反法律、法规的信息在内，将致使网络服务提供者背负着过重的法律义务负担，步履维艰。法律义务的变动不居，将使网络服务提供者无所适从。更有甚者，头悬刑事制裁的达摩克利斯之剑，使网络服务提供者有惶惶不可终日之感，必将极大地制约网络技术、网络服务产业的健康发展。因

---

① 周光权.网络服务商的刑事责任范围[J].中国法律评论，2015(2).

② 门路、范黄河诉张涛、腾讯计算机系统有限公司生命权、健康权、身体权纠纷案（[2011]浙丽民终字第40号）.[EB/OL].[2018-06-03]. http://www. pkulaw. cn/case/payz_a25051f3312b07f39598c02a77062be 8cd93da71c 7368a60bdfb. html? match=Exact.

此,网络服务提供者不宜承担事前的审查、事中的监控义务,而只有事后的报告、删除等义务。并且,网络服务提供者的报告、删除义务是被动义务,没有对网络内容进行主动审查、监控的义务。该义务是附加于网络服务提供者身上的一般性义务,即在法律没有特别规定的领域,网络服务提供者不需要承担特别的管理义务。

明确网络服务提供者的网络管理义务的范围,是界定网络服务提供者刑事责任的前提。如根据《刑法修正案(九)》的规定,追究网络服务提供者刑事责任的条件之一是"经监管部门责令采取改正措施而仍不改正"。那么,监管部门是否可以向网络服务商提出类似"下次不得再出现违法信息""请做出网络违法信息的即时监控,一经出现马上删除"等抽象的改正措施呢?本文持否定观点,理由在于:此类抽象的改正措施实质上是要求网络服务提供者随时监控网络内容,实际上将原本不属于网络服务提供者的审查、监控义务转移到网络服务商身上,在没有法律依据的情况下,新增网络服务商的法律义务。监管部门只能要求网络服务提供者删除其网站已经出现的暴力恐怖信息或者色情图片等违法信息。"改正要求"的范围应当立足于以下两点:其一,改正措施必须是具体的、有针对性地要求删除或阻止某种违法信息。其二,是针对现实的,已经客观存在的违法信息,而不得是将来的、可能出现的违法信息。网络服务提供者不因为没有执行、完成监管部门的此类改正要求而承担刑事责任。

二、刑事责任基础:基于网络服务分类的义务设定

网络服务,从广义的角度,包括构成并保障网络得以正常运行的所有服务类型。网络服务的内容广泛、种类多样,利用公用电信基础设施将业务节点与骨干网相连接,提供互联网接入的基础性硬件服务的,如中国电信、中国移动等;为网络终端用户提供宽带安装、网络检修等服务的,如市场上网络技术公司;利用WEB高速缓存重定向技术的网络缓存提供者。平台提供者,是设立网络空间供内容提供者发布信息的网络服务商,常见的如提供BBS、微博等网络空间的经营者。在平台自己发布信息的情况下,平台提供者同时也是内容提供者。此外,还包括向用户提供网络缴费、充值等服务;提供能从事传播、接收、展示等一种或者多种活动的软件提供者等。

在网络信息系统中,网络服务提供者提供的服务不同,各网络服务提供者在

网络系统中的地位、对信息的控制能力、阻止违法犯罪行为的可能性等都有差异。提供的网络服务内容不同，提供者可能面临的法律义务与法律制裁不同。如单纯的网络内容提供者，就不可能为网络储存数据的丢失承担责任；网络硬件接入提供者，一般无须为网络空间中出现的违法信息承担责任。因此，不千篇一律，而以提供服务内容的不同为依据进行分类，并相应规定服务提供者各自的刑事责任，是世界各国的通行做法。如美国的《数字千年版权法》[①]（以下简称DMCA）将网络服务商分为：(1)提供暂时传播服务；[②](2)提供系统缓存服务；[③](3)根据用户指示在系统或网络中存储信息；[④](4)提供信息搜索服务[⑤]，并在《通信规范法》中界定信息内容提供者的含义，并相应规定各自的法律责任及其构成。[⑥] 德国的《电信媒体法》区分了服务提供者的功能，将网络服务商分为内容提供者、访问提供者、缓存提供者以及托管提供者[⑦]，并就不同的网络服务商建立了一套分级的责任体系。提供的网络服务内容不同，提供者的法定义务不同，面临的法律制裁类型有所差异。在法律设置了刑事责任的场合，不同服务的提供者的法定义务及不履行而构成犯罪的成立条件不同。

从我国的刑法立法实践来看，立法者并不倾向于采用服务内容分类的方式来区别不同网络服务提供者的网络内容管理义务及相应的刑事责任范围和入罪条件。《刑法修正案(九)》就网络服务提供者不履行法定义务的行为设立了专门的刑事罚则，开启了网络服务提供者刑事责任的新模式。《刑法修正案(九)》有关网络服务提供者不履行安全管理义务行为的立法，在兜底条款之外列举了"致使违法信息大量传播的"等三种具体情形。实际上，该三种情形的法定义务来源并不一致，涉及的网络服务提供者也不相同。如"致使违法信息大量传播的"，通常情况下由平台提供者不履行网站或信息互动交流平台的内容管理义务导致，刑事责任的辐射范围不应当远及提供互联网硬件介入服务的经营者、缓存服务提供者等。"致使用户信息泄露，造成严重后果的"，一般由提供信息存储的网络

---

① Digital Millennium Copyright Act.

② 同上，512(a).

③ 同上，512(b).

④ 同上，512(c).

⑤ 同上，512(d).

⑥ 47 U.S.C. §230(f).(3) (2006).

⑦ DÖRR D, JANICH S. The Criminal Responsibility of Internet Service Providers in Germany [J]. Mississippi Law Journal, 2011(80).

服务提供者承担刑事责任,而与其他服务提供者无关。“致使刑事案件证据灭失,情节严重的”,其责任主体只能是提供数据储存,并具有证据保存义务的网络服务提供者。但事实上,网络的顺利运行依赖各个组成部分的正常运转。任何网络服务提供者的行为离不开其他服务提供者的技术、设备支持。如“致使违法信息大量传播的”的场合,毫无疑问首当其冲的是平台提供者的责任。但在客观上,没有网络接入服务、访问软件服务的支持,行为人也无法实施、完成其犯罪行为。在环环相扣的网络服务供应链上,对网络服务提供者的刑事责任追究不能毫无节制的延伸。此时,要面临的问题是:(1)哪一类的网络服务提供者是刑事责任的适格主体?刑事责任追究至哪一层级为界?(2)不同的网络服务提供者,其法定义务与构成犯罪的条件是否完全相同?在刑法层面,我国立法没有对网络服务提供者进行明确的分类,也没有界定不同网络服务提供者的特定法律义务和相应刑事责任,相应的后果是刑事责任的追究范围不确定、责任主体不明确。出于立法技术的原因,立法上可以把提供各类网络服务的服务商统称为“网络服务提供者”,但在司法解释适用时,不宜含糊而不加区别地将刑事责任加诸于不同的网络服务提供者,而应当基于其提供的服务内容判断其刑事责任。网络服务分类的目的在于,通过明确不同网络服务提供者服务类型的区别,从而界定特定的网络服务提供者在违法信息得以传播或者能够及时删除、控制中发挥的作用和所处的地位,这是判断网络服务提供者网络内容管理义务及刑事责任有无之前提。

三、刑事责任之判断标准:直接控制说

在网络服务分类的基础上,接下来的问题是:理论上应当采何路径与标准来界定不同的网络服务提供者的内容管理义务以及随后的刑事责任之有无?对此,理论上大致有两种走向。其一是依托传统的共犯理论,通过限制共犯理论的辐射范围,实现防止网络服务提供者刑事责任追究扩大化之目的。追究网络服务提供者的共犯责任,是大陆法系及英美法系国家通行的做法。从国外来看,时至今日,美国仍然是依据共犯理论来追究网络服务提供者的帮助犯责任。著名

的 Buffnet 案[①]开启了对网络服务提供者追责之门，依据在于其为第三方犯罪行为提供了电子方法或者机会，从而“促进”或者“帮助、协助”了非法活动。检察官可以引用《美国法典》第 18 篇的内容来指控网站运营商的刑事活动。[②] 我国的网络服务提供者的刑事责任模式在《刑法修正案（九）》出台之前与美国类似。实践中采用司法解释的方式，明确网络服务提供者对网络犯罪提供帮助的共犯责任。如 2004 年“两高”《关于办理利用互联网、移动通讯终端、声讯台制作、复制、出版、贩卖、传播淫秽电子信息刑事案件具体应用法律若干问题的解释》第七条以及 2010 年“两高”《关于办理利用互联网、移动通讯终端、声讯台制作、复制、出版、贩卖、传播淫秽电子信息刑事案件具体应用法律若干问题的解释（二）》第六条，对涉及网络服务提供者的互联网接入、服务器托管、网络存储空间、通信传输通道等犯罪帮助行为予以刑事处罚。《刑法修正案（九）》将散见于诸多司法解释中的同类规定通过立法统一法律化，提升规范层级。同时，在立法上将法益保护前置，实现了帮助行为正犯化。该立法实质上并没有脱离既有的刑法理论框架，并没有赋予网络服务提供者新的法律义务。但事实上，我国传统的共犯理论用以惩治网络服务提供者日显捉襟见肘，其局限在于既无法为网络服务提供者行为的刑法规制提供正当性理论根据，也不能合理限制打击范围。就此，国内的理论走向发生分歧。有学者引入德、日的中立帮助行为理论，试图限制网络服务提供者的刑事责任范围。在国内，陈洪兵副教授在参考日本等地案例的基础上，较早地引入中立帮助行为理论的分析工具，主张对于网络服务提供者，如属于中立行为的帮助，没有制造不被法所容许的危险，不宜作为帮助犯处罚。[③]《刑法修正案（九）》通过前后，周光权教授、车浩教授等依据该理论反思用刑罚手段惩治提供网络技术支持行为的合理性，认为对于外观上合法的日常生活行为，不能仅仅因为行为人在个别情况下多少知道他人可能会利用其行为实施犯罪，就对其进行处罚。过分扩大帮助犯的范围，对于维护法的安定性，对于法治秩序的形成可能得不偿失。[④] 总体上，传统共犯理论框架内衍生出来的中立帮助行为理论的立

① People of the State of New York v. Buffnet. 272 A. D. 2d 982. 708 N. Y. S. 2d 227, 2000 N. Y. Slip Op. 04475.

② Shahrzad T. Radbod , p. 613.

③ 陈洪兵. 网络中立行为的可罚性探究——以 P2P 服务提供商的行为评价为中心[J]. 东北大学学报：社会科学版，2009(3).

④ 周光权. 网络服务商的刑事责任范围[J]. 中国法律评论，2015(2).

场在于约束、限制对网络服务提供者的刑法介入、干预。

实际上,中立帮助行为理论在限制、界定网络服务提供者的刑事责任上的缺陷较为明显,一是中立帮助行为理论对可罚的中立行为的界定观点众多、争议较大,且个别观点提出的标准本身非常含糊,其可操作性值得疑问。二是在网络空间中,中立帮助行为理论无法区分不同的网络服务提供者,难以和服务分类的刑事责任体系对接,无法实现限制刑事责任追究范围的目的。总而言之,无论是传统的共犯理论还是中立帮助行为理论,在网络服务提供者的刑事责任课题上的解释力有限。

再者,引入其他的学说依据来解释分析网络服务提供者的刑事责任。《刑法修正案(九)》通过之后,有关网络服务提供者刑事责任的理论根据的探讨,涌现出如保证人说、监督过失说[①]等各种观点,林林总总、莫衷一是。网络服务提供者经主管部门的通知之后,仍拒不履行管理义务,其主观心态显然不属过失,监督过失说的观点有失妥当。相比较之下,"保证人说"能较好地解决网络服务提供者的刑事责任追究及限制的问题。特别是《刑法修正案(九)》增设了网络服务提供者拒不履行信息网络安全管理义务的刑事责任之后,合理运用保证人学说的解释力来说明网络服务提供者的刑事责任尤为必要。按照保证人学说的观点,行为人是否具有作为的义务,关键要看行为人是否具有保证人之地位,只有具有保证人地位之人在能够尽保证义务之时却怠于履行,从而发生危害结果的场合,才会出现与作为等置的问题。[②] 保证人学说的巨大优势在于对行为人是否具有保证人地位及能否履行特定的保证义务,可与网络服务提供者在管理、控制网络信息中的地位和作用相匹配、衔接,从而达到在网络服务分类的基础上,合理界定不同网络服务提供者的刑事责任范围。也即是基于网络服务提供者接触控制信息的客观能力,界定其监控、移除违法信息义务的有无与大小,决定不作为犯罪的成立与否。[③] 因此,本文认为,衡量特定的网络服务提供者对网络违法犯罪的管理义务及刑事责任的有无,其标准在于该服务提供者对违法犯罪信息是否处于直接的控制地位。该标准包括以下几层含义,第一,网络服务提供者对违法犯罪信息具有控制力,可以决定特定的违法犯罪信息能否通过一定的渠道、在一

---

① 陆旭.网络服务提供者的刑事责任及展开[J].法治研究,2015(6).

② 宫厚军."保证人说"之演变及其启示[J].法商研究,2007(1).

③ 杨彩霞.网络不作为犯罪新论[J].求索,2007(2).

定的范围内得以传播。服务提供者对无法影响、控制的违法犯罪信息，不具有安全管理义务。第二，网络服务提供者对违法犯罪信息的控制地位是直接的。“直接”一词可从两方面来理解：一是网络服务提供者虽对违法犯罪信息具有一定的控制能力，但该控制能力如不是直接，而需要借助或逾越其他网络服务提供者的，应当否定前者在刑法上的管理义务和刑事责任。二是在信息传播、扩散的链条上，网络服务提供者只对直接的第一环节、第一层次违法信息负责。直接控制标准的目的在于限制刑事责任的追究范围，防止沿袭因果链条进行刑事责任的扩大甚至无限追究。第三，只有在涉及社会重大公共利益的情况下，方可突破直接控制标准的限制。可突破直接控制所限制的情形必须是法定的，有明确的立法依据。

四、刑事责任判断之展开

对于客观的“违法信息大量传播”的危害结果，在刑事责任的承担上，不能对所有的网络服务提供者一概而论，而应当依据其提供服务的类型区别对待、具体分析。对于在网络空间中，由内容提供者生成内容的，无论是在他们自己的电脑上还是其他人的服务器上，均无一例外地要承担责任。并且根据一般规则，内容提供者应承担完全责任。无论它是否有复制权和使用权都与此无关。[①] 世界各国对此的处罚规则基本相同，其区别在于有的国家将内容提供者作为网络服务提供者之一予以处罚，有的则在网络服务提供者之外单独制定刑事罚则。在内容提供者之外，其他服务提供者基于内容管理义务的刑事责任差异较大，具体分析如下。

(一)网络平台提供者的刑事责任

网络平台提供者的刑事责任不同于内容提供者的完全的、无例外的刑事责任。平台提供者的刑事责任是有限制的、有条件的刑事责任。平台服务提供者不为他人生成的内容承担刑事责任，但是，在经有效通知后，不履行后续义务，才依法附加刑事责任。但是，在特定条件下，平台提供者可能因为介入网络内容的生成而发生身份转换，并由此承担内容提供者的刑事责任。

网络平台提供者民事、刑事责任豁免的前提是网络违法信息由第三方上传，

① Koch, CR 1997, 193 (197); Spindler, NJW 1997, 3193 (3196); Pelz, ZUM 98, 530(532).

而非由平台提供者自己生成。内容是否属于第三方上传,从而网络平台提供者获得豁免,实践中逐渐倾向于采取严格解释、限缩范围的立场。我国的司法实践一般认为,网络服务提供者对他人上传信息的编辑、修改或者改变其接收对象的行为的,应当视为内容提供者,并承担相应的法律责任。[①] 德国等国家对此采取了基本相同的立场。对于网络服务提供者介入网络内容生成的,美国采取更为严格的方式限制网络服务提供者豁免权的适用。在著名的 Roommates. com[②] 一案中,法庭排除了 230 条款的适用,原因在于用户在访问该网站之前,要求完成一份调查问卷,其中包括用户的性别、性取向和其他个人信息。法庭认为在该案中,该网站实际上充当了信息内容提供者的角色。[③] 因此,网络服务提供者介入内容生成的行为,可能导致提供者身份与内容管理义务的转化。在此类情形下,网站平台的提供者应当以网络内容的发布、提供者的身份,承担相应的刑事责任。

网络平台不直接提供信息内容,而提供违法信息链接的行为是否应当承担内容提供者的刑事责任?在德国,有关该问题的争议较大。一般情况下,链接只是被认为是外部内容的访问中介。但是也要考虑个案差异。如明确表示同意链接指向的内容,可以将他人提供的外部内容认定为平台自己提供的内容。同时,在认定时,应当考虑链接指向内容和数据的数量,如平台普遍、大量引用他人数据或者文件的情况下,不能被视为是将他人内容作为平台自己提供的内容。设置链接的人将(外部)内容接受为自己内容的,会因为帮助行为受惩罚。但是,如果在被引用的页面还有更进一步的链接,刑事责任不应当延伸到第二层次的链接。[④] 可见,德国在平台服务提供者身份转换上持较为宽松的立场。本文认同第二层次及其以上链接的,由于服务提供者不再处于直接控制地位,不应当追究平台提供者的内容生成责任。但是,对平台提供者介入内容生成时,已经不再是单

---

① 门路、范黄河诉张涛、腾讯计算机系统有限公司生命权、健康权、身体权纠纷案(〔2011〕浙丽民终字第 40 号). [EB/OL]. [2018-06-03]. http://www. pkulaw. cn/case/payz_a25051f3312b 07f39598c 02a 77062be 8cd93da71c7368a60bdfb. html? match=Exact.

② Roommates. com, LLC, 521 F. 3d 1157, 1161 (9th Cir. 2008) (en banc).

③ Roommates. com, LLC, 521 F. 3d 1164 (9th Cir. 2008) (enbanc).

④ Flechsig & Gabel, CR 1998, 351 (356); Lhnig, JR 1997, 496 (498); Park, GA 2001, 23 (32); Gehrke, ZUM 2001, 34 (39); Spindler, MMR 2002, 495 (503); SIEBER, supra note 14, at pt. 308. ContraLackner & Kahl, pt. 7b.

纯的引导用户访问的行为，而是一种实质的传播行为[①]，法律适用标准过于宽松不利于违法信息的有效控制。更重要的是，在平台提供者介入内容生成的情况下，平台提供者具有完全的自主权、控制权，可以不受约束的选择提供或者不提供相关链接。并且，这种选择不会给平台提供者添加任何额外的经营成本。从利益平衡的角度，由平台提供者担此责任并无不妥。因此，对于提供第一层次链接的行为，平台既然提供了访问中介，就应当有合理的注意义务，对被访问的内容应当有认识，并承担相应的刑事责任。

（二）软件接入提供者的刑事责任

软件接入提供者是指能从事传播、接收、展示、转寄、缓存、搜索一种或者多种活动的软件提供者。[②] 实践中广受关注的快播案，是讨论本问题的适例。检察机关指控，快播软件是基于流媒体播放技术，通过向国际互联网发布免费的QVOD媒体服务器安装程序和快播播放器软件的方式，为网络用户提供网络视频的发布、搜索、下载、播放服务。检察院认为快播及其直接负责的主管人员在明知QVOD媒体服务器安装程序及快播播放器被网络用户用于发布、搜索、下载、播放淫秽视频的情况下，仍予以放任，导致大量淫秽视频在网上传播。[③] 在该案中，检察院的指控思路是，快播公司及其直接负责的主管人员构成传播淫秽物品牟利罪的帮助犯。有学者质疑刑法惩罚快播公司此类外表看起来是中立无害的，但客观上又有帮助作用的行为的必要性和合理性，并主张对中立帮助行为的处罚应谨慎，尽可能限制其入刑的范围。[④]

本文讨论的问题是，在《刑法修正案（九）》的框架内，如快播一类的访问软件提供者是否应当就违法信息的大量传播承担网络服务提供者的刑事责任？本文持否定意见，理由在于，在网络服务体系中，访问软件与网络平台的作用和地位并不相同。访问软件一经发表，提供者对于用户的使用行为、使用方式完全失去了支配权。用户对软件的使用独立于软件的提供者。软件提供者对用户的使用行为不承担刑事责任。但是，网络平台则不一样，网络平台一直处于平台提供者的控制、支配之下，平台提供者对平台的内容有特定的管理义务。因此，在条件满足的情况下，平台提供者要承担相应的刑事责任。实际上，访问软件提供者的

---

① 于志刚．虚拟空间中的刑法理论[M]．北京：中国方正出版社，2003：185．

② 47 U.S.C. §230(f).(4)(2006).

③ 高健．海淀法院受理快播公司涉黄案[N]．北京日报，2015-02-11．

④ 车浩．谁应为互联网时代的中立行为买单？[J]．中国法律评论，2015(1)．

地位和角色与网络硬件接入提供者相似,在客观上都作为违法信息得以传播的条件之一。只有对违法犯罪信息具有直接控制的网络服务提供者,才应当被纳入刑法惩罚的范围。否则的话,所有与网络服务相关的环节,甚至包括电脑的生产者、销售者都可能受到刑事处罚。这显然是荒谬的。

(三)网络硬件接入、缓存等其他网络服务提供者的刑事责任

通常情况下,网络硬件接入、缓存服务的提供者不会因为用户使用其接入、缓存服务的行为而负刑责。但是,硬件接入、缓存服务提供者刑事豁免也不是绝对的。如德国《电信媒体法》第8段第1款第2句规定,如果服务提供者故意与他所服务的用户合作实施非法活动的,特权(刑事责任豁免)则不再适用。这种合作,不一定非得是提供者和用户之间的,可以是提供者之间,作为共同犯罪人。[①]我国也有类似条款。2004年"两高"《关于办理利用互联网、移动通讯终端、声讯台制作、复制、出版、贩卖、传播淫秽电子信息刑事案件具体应用法律若干问题的解释》第七条规定:"明知他人实施制作、复制、出版、贩卖、传播淫秽电子信息犯罪,为其提供互联网接入、服务器托管、网络存储空间、通讯传输通道、费用结算等帮助的,以共同犯罪论处。"应当注意的是,上述的"明知"是具体的、有针对性地明知,不能是抽象的"明知",即接入服务提供者有与他人共同(合作)实施犯罪的意图。众所周知,网络空间中违法信息的存在是不可避免的,接入、缓存服务提供者不可能不知道网络接入服务在客观上必然会导致违法信息传播,如果"明知"是抽象的而不要求是具体的,则任何网络接入、缓存服务就必然构成犯罪。这显然不是我们所希望的。

在《刑法修正案(九)》的语境下,网络硬件接入、缓存服务提供者不履行网络监管部门的指令,拒不改正致使违法信息大量传播的,应当负刑事责任。但应当注意的是,由于网络接入服务的特殊性,接入服务涉及面比平台服务要广,社会影响大,利益相关方多,对于监管部门的指令,应当严格限制。本文认为,只有在涉及国家安全、公共安全等严重犯罪信息的传播时,监管部门才能指令要求硬件接入服务提供者采取措施,并且在形式上,应当以法律的明确规定为限。

---

① Theodor Lenckner et al., § 184 Pt. 58, In Adolph Schonke & Horst Schroder, Kommentar Zum Strafgesetzbuch (Comment On The Penal Code) (2006).

网络服务提供者之法律地位研究

——一个功能主义的进路

◎邹晓玫*

信息技术的深度社会化发展，使互联网突破了信息交流传播媒介和生活工作技术工具的初始功能，不断型构人类社会基本关系形态、重塑思维方式并制约社会主体的行为选择。① 在网络社会活跃的多重主体中，网络服务提供者(Internet Service Provider，以下简称为ISP)由默默无闻的幕后技术支持者，逐步成为网络社会中举足轻重的结构性构建力量。他们是网络世界和现实世界的技术联结者，同时是网络内生秩序的主要承担者和现实社会关系的新型建构者。学界对ISP法律地位的认识，经历了单纯技术支持者、基于技术特征的二元化到重视其独特建构性主体地位的流变。但自始至终未能超越规范主义的本质论研究范式，完全忽视了ISP在网络社会中的社会功能的差异和变化，因而无法有效回应网络服务方式的日新月异，更难以为ISP的法律规制提供坚实的理论基础。本文试图采用社会科学研究的功能主义进路，深入探讨不同类型ISP技术模式所导致的社会功能差异，并以此为基础确定其法律地位和规制模式。

---

* 邹晓玫，天津商业大学法学院副教授。本文系国家社科基金项目“网络服务提供商法律责任体系研究”(课题编号13CFX082)阶段性成果；天津市高校“中青年骨干创新人才培养计划”资助成果；天津商业大学“青年英才百人计划”资助成果。

① 于志刚.网络思维的演变与网络犯罪的制裁思路[M]//王建.网络法的域外经验与中国路径.北京：中国法制出版社，2014：32.

一、网络社会中的 ISP:技术、规范和认同的三重建构者

网络社会(Cyber Society 或 Internet Society)是通过计算机互联搭建起的一个虚拟空间,人们在这一空间中的行为方式体现出了有别于现实社会的独特性,这些特性不仅包括学者们描绘的虚拟性、技术性、隐匿性、流变性、间接性[①]等特点,还集中体现了网络化社会(Network Society)[②]不同于以往的新的资源流动和权力支配方式,即在网络世界,社会资本更强烈地依存于个体与个体的关系中,所有的社会关系和社会结构促进了网络社会资本的形成;个体建立网络社会关系是有目的的,并且在该关系能够为他们提供利益的前提下才得以维持。[③] 在社会资本疏密不同的网络世界中,ISP 恰恰处于"结构洞"的位置,是联结网络中无任何关系的两个行动者的关键性第三者。[④] 依托不断的技术创新,ISP 在网络社会中集三重建构角色于一身。

(一)网络物理空间的技术构建

网络世界从根本上说是由不同类型的 ISP 相互合作而共同创造的,同时他们还在不断生产和再生产网络世界和网络秩序。从生成角度来看,最早的局域网是 ISP 通过基础网络协议将部分终端计算机联系起来,为部分特定的用户提供便捷信息传递的系统。Web1.0 时代,提供网络接入、存储和内容服务的 ISP 协同努力,使互联网实现了对不特定终端用户的公开和全网范围的信息共享,但其信息发布的单向度性决定了门户网站对信息的垄断性控制,而数量庞大的终端用户仅处于信息"受众"地位。[⑤] Web2.0 网络技术革新使信息交互成为可能,任何一个网络终端用户都可以为互联网提供新的信息内容。ISP 的网络服务方式进入了"平台战略"时代[⑥],ISP 依靠自身技术优势为终端用户搭建商品、服务和信息交流等综合中介服务平台,其独特的社会作用引起了法律世界的瞩目。

---

① 李一.网络行为:一个网络社会学概念的简要分析[J].兰州大学学报(社会科学版),2006 (5).

② 上海交通大学舆情研究实验室.网络社会治理研究综述[J].新媒体与社会,2014(4).

③ 简兆权,伍卓深.企业研发服务供求关系研究——基于社会网络理论的视角[J].科学学与科学技术管理,2010(3).

④ 陈远,刘欣宇.基于社会网络分析的意见领袖识别研究[J].情报科学,2015(4).

⑤ 于志刚.网络"空间化"的时代演变与刑法对策[J].法学评论,2015(2).

⑥ 张江莉.互联网平台竞争与反垄断规制——以 3Q 反垄断诉讼为视角[J].中外法学,2015(1).

ISP的每一次技术革新都意味着新的服务方式诞生，而新的服务方式不断推动网络社会的空间范围延展和交互层次加深。ISP对网络物理空间的建构规模和方式，从根本上决定了网络社会一切行为和规范的结构和基础框架。

(二)基于技术优势的规范宰制

规范(nomos)是特定社会群体发展过程中自发形成的内在价值标准和行为准则，它生成于群体成员间的互动，被群体成员普遍遵守，并对个体行为有形塑作用。① 网络社会作为一个原生性虚拟空间，其内生性规范处于初步形成过程中，而外生性规范几乎是一片空白。在此情形下，ISP在网络技术方面的独特优势，能够轻易转化为得天独厚的网络规范优势，从而对其他尚处于萌芽状态的规范形成宰制(Domination)。② ISP提供网络服务的同时，也确立了该服务方式下基本的信息交换规范和网络社区的基本伦理。ISP的规范宰制主要表现为：(1)技术规范形塑社会关系之结构。网络技术规范决定我们可以和“谁”沟通、“如何”沟通以及“何种”信息可以被获得或传输。③ 有别于一般的技术规范通过调整人与自然的关系来间接作用于社会关系，网络技术规范直接塑造了网络社会的交流模式，同时确立了在该技术模式之下的网络社区基本结构。④ (2)技术服务协议直接构成网络社区内生性规范。网络社会特有的扁平化和去中心化社会结构，加之网络主体的活动多在前台匿名的情况下进行，现实社会的既有权威(如国家、领袖)及其刚性规则(如法律)很难直接对网络社区产生作用。而ISP与网络用户建立的服务协议及自愿达成的社区公约，成为确立网络社区基本秩序的第一性“民间法”。

(三)网络社会认同的分层形塑

网络社会是一个人为营造出的特殊行为场域，它并非纯粹的技术存在，而是具有强烈的社会文化属性。⑤ 网络世界秩序的形成本质上是合法性认同、对抗性认同与规划性认同之间的张力与平衡，而如何科学有效地发挥ISP在网络世界

---

① 夏玉珍. 中国社会规范转型及其重建研究[D]. 华中师范大学博士学位论文，2004：15.

② 胡锐军. 政治冲突的符号系统及其甄别和宰制[J]. 探索，2011(4).

③ 郑友德，伍春艳. 从信息网络社会规范体系的重构看法律规范的变迁[J]. 科学・经济・社会，2000(3).

④ 邹晓玫. 网络服务提供者之角色构造研究[J]. 中南大学学报(社会科学版)，2017(3).

⑤ 李一. 网络社会治理的目标取向和行动原则[J]. 浙江社会科学，2014(12).

中的独特角色功能,是达成这一平衡的关键性因素。[①] ISP 通过不断提供新的技术手段,帮助网络主体全方位地展示和修正自我认知,实现网络社会自我认同和社会认同的深度沟通;ISP 为了实现自身的商业目的,必须在网络终端用户的多样化需求和网络社会的基本秩序之间寻求平衡,因而不断创设新途径以建设网络社区的合法性认同;通过管控信息输入和引导脚本解读方式等途径,ISP 可以有效消解和控制对抗性认同的形成。可见,ISP 是网络社会认同的多层次建构力量。

二、ISP 法律地位的认识演化

从互联网广泛进入大众生活开始,ISP 的法律地位就引起了学术界的关注。2004 年已出现专门针对网络交易中 ISP 法律地位的学术探讨。[②] 但由于互联网发展的不同阶段,ISP 在网络社会中的技术参与方式及其社会功能都不尽相同,因而对其法律地位的认识经历了一个逐步深化的过程。

(一)单纯技术支持者

前 Web1.0 时代,ISP 主要为互联网的初步生成提供网络连线、IP 地址分配等网络接入服务,或者为网络终端用户提供数据库、检索、查询等纯技术在线服务。[③] 此阶段的 ISP 通常既不为互联网提供任何内容,也不干预任何网络终端用户的行为选择,只是简单而忠实地将用户的信息由网络的一个节点搬运到另一个节点,再完整地呈现出来。法律界对此阶段 ISP 的认识并未有别于现实世界的其他技术服务主体,直接将规制技术服务的法律延伸适用于 ISP。技术中立原则是这一认识模式下的基本规制思路。原始的技术中立原则并不局限于对网络空间的规制,它强调将技术视为一种纯粹的手段,一种正确的可证实的因果命题。认为技术只是为其使用者目的服务的工具,技术自身并不含有任何技术目的,也不含有任何价值判断。[④] 网络技术中立原则最早由美国 1934 年《电信法》予以确立,要求将网络视为一种公共基础设施,网络技术只对数据的传输负责,

---

① 邹晓玫.网络社会认同之建构——兼论网络服务提供商的角色定位[J].理论月刊,2016(8).

② 潘霞蓉,贺振遥.网络交易中 ISP 的法律地位初探[J].郑州航空工业管理学院学报(社会科学版),2004(2).

③ 张新宝.互联网上的侵权问题研究[M].北京:中国人民大学出版社,2003:31.

④ 郭冲辰,陈凡,樊春华.论技术的价值形态与价值负荷[J].自然辩证法研究,2002(5).

而不过问传输的是什么数据，是谁的数据；更不能对所传输数据加以区别对待，不能赋予特定数据以优先权。[①]

(二)基于技术特征的二元化

Web1.0时代，计算机虽然实现了不特定终端用户间的广泛互联，但用户之间无法进行互动，网络只是一个向更广泛空间范围发布和传递信息的工具。此阶段的ISP不但可以为用户传递数据，还出现了专门向不特定终端用户公开发布数据内容的ICP(Internet Content Provider)。因此，法律世界认识到有必要根据ISP的技术特征对其实现类型化规制，其基本理念是网络服务的"技术—内容"分立，即提供内容的ICP要对自身发布的信息内容合法性负责，如果该内容侵犯他人权利，则ICP负直接侵权责任(严重时可能是刑事责任)；仅提供技术支持而不直接提供网络内容，ISP依据自身的技术特点不同，承担不同程度的间接责任(直接责任由信息的发布者承担)。在ISP明知其服务对象有侵犯他人权利的行为却仍然提供帮助的情况下，ISP与侵权行为人承担共同侵权责任；如果ISP负有"采取合理、有效的侵权预防措施"的主义务而未能履行，则应以"过失"承担连带责任。[②]

(三)具有建构能力的独特主体

Web2.0使互联网具备交互功能，大量的即时性信息交流成为可能。ISP在网络社会的角色由信息搬运者和消极中立的观察者向网络平台的建构者和大数据采集者转化。ISP在远离终端用户桌面操作系统的网络空间搭建高度交互性的应用界面，借助网络接口技术将海量的终端用户联结起来，通过提供一系列产品或服务，实现双边或多边客户群的相互沟通。这种被称为"网络平台"(Internet Platform)的中间网络信息系统表现出有别于单一网络服务的综合性和复杂交互性，迅速成为网络发展的中坚力量，同时也成为网络世界矛盾纠纷和利益冲突的中心[③]，因此也是法律规制的关注重心。法学研究者们逐渐意识到以网络平台、云技术和大数据为代表的网络技术服务，带来的绝不仅仅是数据使用方式的改变，而是人类生产生活方式和社会关系的深刻变革。ISP势必成为法治中国建设过程中多层次、多领域共享共建模式中不可或缺的独立主体[④]，应当与

---

① 燕道成."网络中立"：干预性的中立[J].当代传播，2012(4).

② 上海交通大学舆情研究实验室.网络社会治理研究综述[J].新媒体与社会，2014(4).

③ 周汉华.论互联网法[J].中国法学，2015(3).

④ 马长山.法治中国建设的"共建共享"路径与策略[J].中国法学，2016(6).

关键性基础设施和网络信息一起,被视为信息网络法律集中调整的三大核心对象。①

可见,法律世界对 ISP 法律地位的认识经历了一个逐步深化的过程,日益清醒地意识到 ISP 在网络社会中独特的建构性地位。但到目前为止,上述对 ISP 法律地位的认识仍然停留在概念主义法学的本质论研究范式之下。该范式强调法学方法论的任务是:将既存的事务以教条形式排定在由规则组成的架构下,由预先以规则排序的体系的特定位置,通过推论而导出特定的法律效果。② 上述研究立场导致当下对 ISP 法律地位的研究存在以下难以克服的困境:其一,囿于现有的法律概念体系和法律关系框架,只能踉跄追随网络技术革新的脚步,对高速发展的网络技术走向缺乏前瞻性设计,无法应对即将到来的大数据、云计算和物联网时代;其二,没有意识到网络技术本身已经突破单纯的"信息通道"工具属性,正在不断成为网络社会空间及其内生秩序的主要承担者和建构者,即使有所觉察也缺乏有效的分析框架予以应对;其三,完全忽视了 ISP 技术行为的社会属性,对 ISP 技术行为的构成复杂性和社会功能差异重视不足。上述缺陷导致现有对 ISP 法律地位的理解和相应规则设计流于简单粗糙,难以改变法律世界面对日新月异的网络科技浪潮时"头疼医头,脚疼医脚"的被动局面。

三、功能主义视角下的 ISP 法律地位重构

功能主义研究视角的引入,有助于克服上述本质论研究范式所带来的诸多问题。功能主义研究范式发轫于社会科学领域的实证主义传统,由帕森斯(Talcott Parsons)首倡,至默顿(Robert King Merton)予以全面发展③,在社会科学研究中影响深远。法学领域的功能主义研究立足于对法律实证主义本质论的批判,否认法律是一种自洽的实体,要求通过目标理解法律,以法律的社会效果判断他们的合理性。④ 本文试图采用功能主义视角研究 ISP 的法律地位,以实现以下基本思路的转换:其一,不再纠缠于特定 ISP 究竟应当定性为何种法律主体,而是以其在网络社会中实际的功能为出发点,探索其法律义务和责任原则;

① 周汉华.论互联网法[J].中国法学,2015(3).

② 许可.网络虚拟财产物权定位的证立——一个后果论的进路[J].政法论坛,2016(5).

③ 文军.西方社会学理论:经典传统与当代转向[M].上海:上海人民出版社,2006:123-135.

④ 郑智航.比较法中功能主义进路的历史演进——一种学术史的考察[J].比较法研究,2016(3).

其二，不认为任何一个绝对统一的标准足以实现对ISP的类型化，而是立足于ISP的社会功能，设计一组有延展性的分析维度，使任意特定ISP皆可被定位于各维度的某一交叉节点，从而足以确定该ISP在法律世界中应当担负的法律义务和法律责任。其三，不以ISP的技术属性作为确定其法律地位的唯一标准，承认同一技术类型的ISP可能具有不同的社会功能属性。

(一)信息加工深度

网络信息加工深度是指特定ISP对网络世界中流动的海量信息内容的实际控制、加工和利用程度。信息时代人们生产、生活、管理等一切活动，均以信息或数据的形式被记载和利用，信息真正成为战略性资源，成为推动社会发展的决定性力量。[①] 不同类型的ISP的技术特征，很大程度上取决于其对网络信息的加工方式。现行法律规范和大多数的理论研究，仅仅依据ISP是否直接提供了网络信息，将其分为技术服务提供者(狭义的ISP)和内容服务提供者(ICP)两类。事实上，不同网络技术服务对信息的加工层次远比“技术—内容”的分立要丰富得多。根据ISP对网络信息的控制、利用方式和改造程度不同，可以将ISP区分为以下层次并科以不同的法律义务：(1)信息无涉型。此类ISP担负的主要角色是通过硬件或软件设备的联结，搭建起网络信息传递的物理渠道，既不提供任何数字信息也不对自身提供的信息通道中流动的信息享有控制权。包括关键性信息基础设施运营者在内的网络设备提供商、网络服务器租赁商、网络接入服务提供者等均属于此类ISP。它们仅对所提供设备或服务的产品质量承担过错责任。(2)非干预性处理型。此类ISP服务模式表现为对他人提供的网络信息进行存储、传输、显示等镜像式处理，其行为特征在于对已存在信息不加任何更改的转移和再现。比之信息无涉性ISP，此类ISP与网络信息的关涉度有所加强，但只是信息的忠实搬运者，仅对其所运送信息的完整性和忠实性负责。其注意义务应当限于不得以用户指定的方式之外的其他手段使用该信息，一般不应要求其对所处理信息负实质审查责任。但鉴于此类ISP通常有强大的数据跟踪、调用等潜在能力，可以要求其在接到有权国家机关(如人民法院或信息产业监督管理机构)的指令时，采取措施协助维护网络秩序和安全，例如采取措施拦截特定网络信息、监控或阻断非法账户或提供特定信息作为证据。(3)干预性利用型。在网络平台和大数据环境下，ISP掌控的大规模数据可能完全来自用户的自愿提

---

① 周汉华.论互联网法[J].中国法学,2015(3).

供,但对这些数据的有目的性利用却可能给 ISP 带来巨大的利益。如果 ISP 主动对非由自身提供的网络信息进行内容改变、选择性使用或针对特殊性主体有目的推送,则应当认为该 ISP 对网络信息进行了干预性利用,必须证明其利用行为本身具有合法性,并为其利用行为的社会效果承担责任。其一,其信息收集行为必须有法定或约定的合法性基础;其二,其信息利用方式需由提供信息的用户知情并认可;其三,其信息利用行为不得损害信息提供者或第三方的合法权益。(4)信息内容提供型。如果 ISP 的服务并不基于他人上传至互联网的信息,而是直接向网络世界提供新的信息内容,则应当对其自身发布的信息负有全面的实质审查义务并承担直接侵权责任。一旦侵害他人权利,不得以技术中立为理由要求免责。如果特定 ISP 同时提供上述多种信息加工程度不同的网络服务,则应具体考察导致损害的行为属于哪一种信息加工深度,并以此作为确定其责任形式的主要依据。

(二)利益驱动强度

任何社会主体的行为选择,都受到其内在动机的支配。不同动机支配下的相同外在行为,在法律世界中可能意味着不同的性质,从而导致不同的权利、义务和责任。根据 ISP 提供网络服务的主观动机不同,可以将其区分为以下层次并对应以不同的法律责任范围:(1)公益驱动型。如果 ISP 提供服务出于实现公共利益或无偿服务于公众等目的,既不向服务对象收取服务费用,也未通过广告、宣传、产品推广等形式获取经济利益,则可认为其属于公益驱动型 ISP。此类 ISP 通常只对自身故意行为导致的侵害负赔偿责任,且赔偿范围仅限于自身过错所导致的直接损失。政府机构开发的公共服务网站、完全致力于社会慈善的网络服务以及民间互助性论坛都属于此类 ISP。(2)直接利益驱动型。如果 ISP 提供服务采取直接向服务对象收取费用的方式,则可认为是直接利益驱动型服务。此类 ISP 应当按照服务协议或双方约定的范围和内容承担经济赔偿责任,在无明确约定情况下,承担合同法意义上的合理赔偿责任;造成第三人损害的,承担侵权法上的全面赔偿责任。(3)间接利益驱动型。如果 ISP 向用户提供服务并不收取任何费用,但通过广告、品牌宣传、产品推广、市场占有等方式获取了间接利益,也应当认为其服务存在利益驱动。此类 ISP 如果侵犯了他人的权利,应当按照实际造成的损失负赔偿责任。(4)复杂利益驱动型。值得注意的是,与提供单一性网络服务的 ISP 不同,提供网络平台服务的 ISP 营利方式具有隐蔽性,不能简单依据其是否就某一行为直接获利来判断是否有利益获得。绝大多数的网络平台采用允许终端用户免费使用其网络空间和技术服务的方式来形成其稳定的客户群。因此，从 ISP 与任意终端用户的服务协议来看，其服务均属无偿提供。此类 ISP 的主要利益也不在于服务费或广告收益，而在于平台用户保有量所创造的品牌影响力和增值服务。因此，网络平台关联的任何一类用户群的行为变化都会直接或间接的影响网络平台的利益取得。[①] 对于此类 ISP，认为其提供的是公益性服务显然是不合适的，其赔偿责任范围应当按照其造成损害的客观社会后果予以综合判定。

(三)社会关系干预程度

从结构功能主义社会学的立场出发，任何社会系统的外在功能表现均取决于该系统的内在结构性特征。网络社会的结构则是由网络虚拟世界中的人与人之间的关系网络(network)型构而成的。网络社会关系和现实社会关系相互连通、相互作用，造就了当代社会生活的“双层空间，虚实同构”[②]。ISP 作为网络虚拟世界和现实世界的联结者，对双重空间内的社会关系都有不可忽视的干预和影响能力。对社会关系的干预程度不同，也决定了 ISP 对网络秩序生成和现实社会秩序维护应当承担的责任不同。(1)非干预性服务。如果 ISP 提供的网络服务仅为已存在特定社会关系的主体之间进行交流和互动提供便捷的工具或渠道，不对社会公众开放，也未对主体之间的原有社会关系作出任何损益，则可以认为其社会功能在于实现已有社会联系的便捷化，并未对现实社会交往结构产生本质性影响。[③] 此类 ISP 只对自身技术服务的合法性和有效性负责。(2)虚拟建构性服务。如果 ISP 不仅是为已经存在社会关系的特定主体提供便捷沟通工具，而是在开放的网络平台上针对不特定主体设定活动主题，制定交往规则，或是在用户间原有的关系基础上增加新的网络社会关系，甚至根据大数据分析结

---

① 例如，在腾讯公司诉 360 的“3Q 大战”中，360 公司开发的软件只是以技术方式屏蔽掉了腾讯 QQ 平台的附加服务，并没有直接影响 QQ 即时通信系统的正常运转，但这一技术措施，却严重影响了 QQ 的用户规模和用户保有量，使其变成了一只“裸企鹅”，从而严重影响了 QQ 作为一个网络平台的盈利方式的实现，因而构成了不正当竞争。参见张江莉. 互联网平台竞争与反垄断规制——以 3Q 反垄断诉讼为视角[J]. 中外法学，2015(1).

② 此表述为笔者参加上海交通大学凯源法学院主办的“第二届中国法社会学年会(2017)”时，马长山教授在大会主报告中提出的观点。笔者根据主讲人的口述记录而成，记录时间为 2017 年 9 月 15 日。

③ 如澳大利亚《电信法》明确规定了自然人及其雇员之间的通信服务，法人与其雇员或与其有合作关系的其他主体之间的通信服务，政府机构之间的通信系统均属于非公众性服务。参见中央网络安全和信息化领导小组办公室，国家互联网信息办公室政策法规局. 外国网络法选编(第三辑)[M]. 北京：中国法制出版社，2016：24-84.

果对用户的网络行为进行引导，这类 ISP 对网络用户行为和社会关系介入相当深入[①]，明确影响了相关主体在网络社会中的虚拟社会关系。此类 ISP 应当对其构建的新型网络秩序的合法性和安全性负责，承担较其他类型 ISP 更高的信息安全注意义务。在因其过错导致损害时，此类 ISP 应与直接侵权人共同承担连带责任。(3)现实建构性服务。此类 ISP 提供的网络服务不仅对网络世界中的虚拟社会关系产生影响，而且将该影响延伸至现实社会，型构了现实社会关系。通常表现为基于开放空间大数据的收集、分析和利用，对社会主体未来的行为或行为可能性提供预测。此类 ISP 需要对其信息来源的合法性、利用方式的合法性、相关社会主体的信息安全等问题负有更为全面的注意和保护义务。

四、ISP 法律地位的规范保障

社会规范是指特定群体共同创造出来的，用来约束和指导其行为、调整其相互关系，要求群体成员共同遵守的价值标准和行为准则。[②] 这些规范以命令、禁止、偏好和许可的形式来表达，同时借助于制度性价值而合法化。[③] 研究特定主体遵循的规范体系，有助于从根本上发现其与其他社会主体的区别，从而有效地确立该主体在社会中的整体地位。ISP 作为网络社会的重要构建力量，其规范体系根本上由网络社会关系决定，并集中反映网络社会关系的内容和特质；而规范体系作为联结 ISP 与其他网络主体的重要纽带，反过来为其社会功能的研究探讨提供基础和路径，对维持其社会角色和法律地位的稳定性有着重要的作用。作为支撑网络世界的三大核心力量之一[④]，ISP 法律地位的稳定性必须依赖网络社会技术规范、“软法”规范和刚性规范的共同维护。

(一)遵循技术规范鼓励科技创新

ISP 的规范保护以追求发展为宗旨[⑤]，而 ISP 发展之核心在于技术创新。在“技术为王”的网络社会，ISP 搭建的互联网平台构成了网络社会各方主体信息交

① 刘文杰.网络服务提供者的安全保障义务[J].中外法学，2012(2).

② 邹晓玫.法学教师职业共同体之规范体系研究[J].未来与发展，2013(11).

③ 欧阳锋，徐梦秋.科学规范论——默顿的视野[M].北京：商务印书馆，2012：23.

④ 邹晓玫.网络社会认同之建构——兼论网络服务提供商的角色定位[J].理论月刊，2016(8).

⑤ 周汉华.论互联网法[J].中国法学，2015(3).

换和利益实现的枢纽[①]，对网络交互的基本秩序和各方的行为方式有深刻的构建力和影响力。有别于一般的技术规范通过调整人与自然的关系来间接作用于社会关系，网络技术规范直接确定网络社会中的交流模式。因而，网络社会中的技术规范构成了其他社会规范的坚实基础，同时也是 ISP 实现技术创新的根本保障。要确认和保护 ISP 的法律地位，必须在以下限度内承认网络技术规范的有效性和优先性：(1)ISP 技术开发过程中普遍遵循的技术规范被确认为网络法律之内容，国家的刚性立法以此为基础，并不与之相违背；(2)ISP 在现有的技术基础上，创造新的技术应用模式或商业运营模式，可合法取得该服务的商业利益，并因此获得同业竞争优势；(3)ISP 对上述技术优势基础上合法获得的网络信息有优先利用权，在不违反法律禁止性规定和合同约定的前提下，可就上述信息的利用优先受益。

(二)促进"软法之治"实现共建共享

网络社会特有的扁平化和去中心化社会结构，加之网络终端用户的匿名性，使网络社区的内生性规范具有更突出的作用，可以说初始状态的网络社会是完全依靠内部产生的柔性规范来维持基本秩序的。世界各国的互联网治理经验表明，强调多元利益相关方的共同责任，充分发挥网络社会多层次主体的规范建构能力，构筑多元治理格局，是网络法治的必由之路。从国内的互联网发展实践来看，以提供网络平台服务的 ISP 为主导的民间力量，为应对自身遭遇的交易问题，正在积极构筑以交易规则、行业自律规范和交易习惯等为内容的"软法"体系。以阿里巴巴争议处理规则、支付宝争议处理规则、淘宝虚假交易认定和处罚规则等为代表的 ISP"软法"规范，不但在网络社会活动中确实发挥了有效的秩序建构作用，还成为国家互联网立法的平行力量，在国家法尚未有所反映的自由"飞地"中发挥着更为积极、主动的建构性作用。[②] 要充分发挥 ISP 的"软法"优势，确认其网络社会民间法建构中的主体地位，必须承认并重视网络社会"软法之治"的有效性和必要性。

(三)确立"辅助原则"规范网络立法

辅助原则(subsidiarity)最早由二战之前的天主教会提出，后成为世界各国处理个人、社会和国家关系的重要原则。其核心理念在于：在特定公众或组织无

---

① 于志刚. 网络空间中犯罪帮助行为的制裁体系与完善思路[J]. 中国法学，2016(2).

② 刘文杰. 网络服务提供者的安全保障义务[J]. 中外法学，2012(2).

法自主实现某种目标时,高一层级的组织应该介入,但仅限于出于保护他们的目的;高一层级的社会组织只能处理低一层级的社会组织无法独立处理而高一层级的社会组织能够更好地完成的事务。[①] 网络社会是一个初步生成并处于高速发展变化中的虚拟世界,ISP的网络服务模式从根本上决定了网络用户之间的交流和信息分享模式,因而是建构网络内生秩序和确立合法性认同的重要技术力量。国家立法作为社会的正式规则,其确立必然以社会团体的内生性秩序为基础。对ISP这样一支处于创新高峰期的技术力量,其法律设计必须以ISP及相关网络主体通过自主意志创设的内生性规范为优先规范,国家立法仅在ISP的网络行为负效应溢出于现实世界时,才应进行适度的干预,目的仅限于限制其对社会基本秩序和公众利益造成伤害。

五、结论

网络社会发展进入平台时代,ISP成为互联网世界的主导性力量和最活跃的增长点。网络服务提供者的角色早已超越了单纯的信息搬运者,表现出技术上的复杂交互性和强烈的社会规范、社会认同建构倾向。学术界对于ISP法律地位的认识经历了单纯技术支持者、基于技术特征的二元化到重视其独特建构性地位的流变。规范主义的本质论研究范式忽视了ISP在网络社会中的功能差异和变化,功能主义的研究进路有助于突破现有的认识局限。以信息加工深度、利益驱动强度和社会关系干预程度为三大区分维度,更为有效地确定特定ISP的法律地位,从而为其法律规制提供科学的理论依据。网络社会的技术规范、“软法”规范和刚性规范共同构成的规范体系能够有效地维护ISP法律地位的稳定性。

---

① 熊光清.从辅助原则看个人、社会、国家与超国家之间的关系[J].中国人民大学学报,2012(5).

第二部分
致辞
（以会议演讲顺序为序）

未来是“人、物理世界、智能机器、虚拟信息世界”的四元空间

吴朝晖*

尊敬的贾宇检察长、邵晓锋书记、周光权副主任委员，尊敬的各位领导、各位专家，女士们、先生们、朋友们：

大家上午好！很高兴能与大家欢聚一堂，共同见证互联网与法学的互动，一起促成法治中国与数字中国的交汇。首先，我谨代表浙江大学，对各位领导和嘉宾的到来表示诚挚的欢迎，向各合作主办方、支持单位、承办单位、协办单位，以及长期支持浙江大学发展的社会各界表示衷心的感谢！

当前，新一轮科技革命、产业革命和教育革命正在加速汇聚发展，第四次工业革命和第二次机器革命向纵深推进，以互联网、大数据、人工智能等科技为标志的智能增强时代正在加快到来，这将进一步彰显数字经济的颠覆意义、普惠价值和智慧特征，深刻改变人类的环境、生活、工作和思维，并引领我们进入充满期待的信息智慧社会，现在越来越多的“未来场景”正一步一步变为现实。未来，人机将共存，物理世界与虚拟信息世界将更加交互并行，人、物理世界的二元空间将转变为人、物理世界、智能机器、虚拟信息世界的四元空间。

面对这一时代巨变，国家给出了坚定的回答，那就是要建设法治中国，坚持走中国特色社会主义法治道路。这样的法治过程应该是回应现实的法治过程，能够支撑数字经济的飞跃发展，解决经济模式转换引发的社会调整问题，进一步助推生产关系的大调整；应该是拥抱科技的法治过程，能够适应信息智慧社会的变革需求，推动网络空间的综合治理、数据利用的合理规制，发挥科技作为第一生产力的功效；应该是面向未来的法治过程，能够重构智能增强时代的人机关系，研究智能机器的道德伦理、物理世界与虚拟世界的关系交织等问题，进一步

---

* 吴朝晖，浙江大学校长，中国科学院院士。

为全球治理提供中国方案。

作为国家"双一流"建设高校，浙江大学正在全面对接法治中国、数字中国、智慧社会等国家战略，进一步繁荣哲学社会科学，打造中国特色、世界一流的文科。法学是浙大文科的典型代表，在人才引育、社会服务、科研创新等方面走在了前列。近几年来，先后引进了以张文显、王贵国等文科资深教授为代表的海内外高层次人才，开展了"大数据＋法学""互联网＋法学""人工智能＋法学"的创新实践，如成立了"大数据＋互联网法律"创新团队、互联网法治研究联盟，设立了互联网法律大讲堂等，为培养未来新型的法律人才、完善中国特色社会主义法治体系贡献了浙大力量。

法学是建设法治中国最为重要的学科之一，面临着推进全面依法治国的历史使命。可以预见，人机并存、物理世界与虚拟世界交互的未来四元空间格局，将会给法治中国建设和法学转型带来前所未有的挑战。我们高校、司法实务部门、研究机构、行业企业将形成更为紧密的法律职业、事业与发展共同体，迎来合力开展理论创新和实践探索的战略契机。

我们要加快社科与科技融合，打造法学知识的新体系。进一步提升法学目标定位，拓展法学应用范围，加深学科对话交流，借鉴信息科技等自然科学的发展成果，通过理论移植、方法互鉴、对象转移等，孕育文理交叉的法学知识新体系。

我们要聚焦现实与虚拟交互，开启法学教育的新体验。进一步依托信息技术与认知科学发展，实施基于互联网、大数据、慕课的法学教学改革，联动法学理论与实践教学，加强师生协同，广泛推行个性化、探究式的法学学习方式，实现法学领域教与学的双向体验提升。

我们要推动定性与定量互鉴，建构法学研究的新范式。进一步结合基于计算、测量的定量研究与基于经验、观察的定性研究，积极运用数据科学、智能计算的方式，关注并解决人工智能法学、互联网法律、大数据法治等前沿问题，持续推动法学研究范式的创新。

女士们、先生们、朋友们，互联网法律大会正是我们迎接智能增强时代、建设法治中国、拥抱数字经济的务实行动，也正是我们推动法学走向未来、共享未来、引领未来的生动实践。我们期待司法实务部门、兄弟高校、研究机构、行业企业能够进一步加强合作交流，也希望各位嘉宾能够畅所欲言、集思广益，为加快推进法治中国建设、实现中华民族伟大复兴的中国梦而作出新的更大贡献！

最后，预祝大会取得圆满成功！祝大家身体健康、事业顺利！谢谢大家！

携手创新网络空间治理浙江模式

——共建共享网络空间法律命运共同体美好明天

贾　宇*

尊敬的吴朝晖校长、邵晓锋书记、周光权副主任委员，各位嘉宾、各位新老朋友，女士们、先生们：

大家上午好！在江南深秋这个美好时节，举世瞩目的世界互联网大会刚刚落下帷幕，我们在浙江大学紫金港校区精心筹备的第三届互联网法律大会隆重开幕。在此，我谨代表本届论坛主办单位之一的浙江省人民检察院，对论坛的举办表示衷心祝贺，对各位专家学者的到来表示热烈欢迎！

当前，全球正处于新一轮科技革命和产业革命突破爆发的交汇期，没有国界、没有边际的互联网世界，需要有共同的法治规则；传统的法治思想与法治规则，更需要按照互联网信息技术的属性和规律加以重构；法治实践也要适应转型发展新形势新需求不断调整升级。早在2015年第二届世界互联网大会上，习近平主席就提出了推进全球互联网治理体系变革"四项原则"和构建网络空间命运共同体"五点主张"，为全球互联网发展治理提供了中国方案。2018年11月，习主席致贺信给第五届世界互联网大会，进一步呼吁各国深化务实合作，以共进为动力、以共赢为目标，走出一条互信共治之路，让网络空间命运共同体更具生机活力。在习近平新时代中国特色社会主义思想，特别是关于网络强国重要思想的指引下，中国的信息化发展日新月异，互联网产业取得了一系列新成就新进展。中国政府高度重视互联网法治建设，根据《中国互联网发展报告2018》蓝皮书，中国网络空间立法进程持续加快，继《网络安全法》实施后，《电子商务法》《个人信息保护法》《数据安全法》已列入十三届全国人大常委会的立法规划，其中

* 贾宇，浙江省人民检察院党组书记、检察长。

《电子商务法》于 2019 年 1 月 1 日正式实施，中国互联网法治体系正日渐成形。

当今的浙江已经是互联网产业发展和数字经济大省，民营企业在互联网实体经济中独领风骚。以阿里巴巴集团为代表的互联网产业集群和蓬勃发展的大数据生态系统，正展翅翱翔，领跑全国，影响世界。“云上浙江”“数据强省”已成为大数据时代浙江新的发展坐标。

作为国家的法律监督机关、公共利益的代表，浙江省检察机关一直积极响应、认真落实党和国家的工作部署，全力以赴为互联网产业经济发展、信息技术发展创造良好的法治环境，努力让人民群众在互联网社会有更多的获得感、幸福感、安全感。浙江是互联网发展的领先地区，也是网络犯罪的多发地区，全省检察机关办理了一批有全国影响的网络犯罪案件，其中杭州市滨江区人民检察院办理的“删除差评”案被最高人民检察院公布为第九批全国指导性案例；杭州市余杭区人民检察院审查起诉、余杭区人民法院判决的“组织刷单”入刑案被最高人民法院评为 2017 年度人民法院十大刑事案件。浙江是“枫桥经验”的发源地，全省检察机关积极探索，创新互联网时代新“枫桥经验”，广泛参与网格化基层综合治理和平安建设，法律监督走进互联网领域，更深入地走向基层、走进群众。浙江是推进执法司法信息化建设的示范地，浙江省人民检察院按照省委的决策，牵头完成了公检法智慧办案一体化系统建设，该系统在实践中不断完善，打通了侦查、起诉、审判等办案流程，提高了办案质量、办案效率和效果。

实践中我们也深深认识到，互联网时代的浙江检察工作必须推进和加强同法学院校、互联网企业全方位宽领域的合作交流。我们同浙江大学、阿里巴巴集团等建立了战略合作关系，并组建了互联网法治联盟；我们面向全国，建立了与 17 所高等法学院校的检校合作，目前有第一批 13 名法学专家挂职浙江检察系统；我们还专门成立了互联网检察教研组和教学基地，确定了全省 13 个基层检察院为互联网检察实践基地。我们有充分的信心和决心打造新时代智慧检察升级版！在此，也请允许我对一直以来支持、帮助浙江检察工作的专家学者表示衷心的感谢！

女士们、先生们，数据自由，但法治有矩；事业有界，但智慧共通。浙江的互联网法治工作要按习近平主席对浙江提出的“干在实处永无止境，走在前列要谋新篇，永立潮头方显担当”的重要指示，同心合力，奋力推进。今天，网络经济的快速发展对网络治理提出了一系列新的内在要求，也为互联网法治的新理论、新规则提供了源源不断的实践源泉。我们将积极探索互联网法治理论和制度创新，积极发展和深化互联网时代新“枫桥经验”，积极培养互联网领域专门法治人才，以此来不断推进互联网法治规则的健全、网络空间综合治理和协同治理能力的提升、互联网法治理论科学体系的完善，为互联网时代法治建设贡献浙江经验和浙江样本，共建、共享网络空间法律命运共同体，共创人类美好的明天！

最后，我衷心祝愿大会圆满成功！祝愿各位与会嘉宾、专家学者和朋友们身体健康，在风景秀丽的杭州交流愉悦，满载而归！谢谢大家！

信息社会的刑法观念需要更新

梁根林*

尊敬的吴朝晖校长、贾宇检察长、邵晓锋书记，尊敬的各位领导、各位同仁，同学们：

大家上午好！首先，热烈祝贺第三届互联网法律大会隆重举行。自2016年第一届互联网法律大会以来，北京大学法学院的多家研究机构与多位同事就一直参与这一互联网法律业界的年度盛事。

本届互联网法律大会无论是会议规模、参会人数，还是议题设置、对话模式，较之前两届又有了质的飞跃，上了新的台阶，真正可以说是群贤毕至、盛况空前、问题前沿、议题广泛、内容厚重、形式新颖，触及了互联网法律几乎所有的重大理论与实务问题。今天，我们能够继续参与、共襄盛举，为大会提供友情支持，不仅义不容辞，而且与有荣焉。

信息技术、大数据、人工智能与数字经济所构成的现代信息社会，既给我们带来了千载难逢的机遇，也迫使我们不得不面对前所未有的挑战。法律如何把握机遇，回应挑战，是时代赋予我们这一代中国法律人的重大使命，也是中国法律人创新法律规制、服务经济和社会发展并构建原创性的学说与理论体系的历史机遇。

我本人的专业是刑法学。我真切地认为，信息网络技术的飞速发展、广泛运用与高度产业化、中国网络犯罪的多样性、复杂性与多变性以及有效治理网络发展、为信息社会与数字经济提供法治保障的客观需要，迫使我们必须更新刑法观念，完善刑事立法，加强刑事司法，反思与重构刑法理论。

近年来，我国刑事立法已经对网络犯罪作出了积极的回应，立法机关不仅增

* 梁根林，北京大学法学院教授、博导，中国刑法学研究会副会长。

设了拒不履行信息网络安全管理义务罪、非法利用信息网络罪、帮助网络犯罪活动罪、侵犯公民个人信息罪，编造、传播虚假信息罪等新罪名，而且进一步强化了互联网从业者的法律义务，对所有计算机犯罪、网络犯罪规定了单位犯罪的刑事责任，呈现出刑法干预扩大化、早期化、前置化和能动化的立法走向。由此，亦引发了刑法还要不要坚守其传统的谦抑性、刑法的威慑与民法的调整、行政法的规制如何合理分工的学术争论。

互联网企业在享受刑法对互联网产业、数字经济健康有序发展的保障的同时，亦日益感受到了来自国家刑法干预与刑罚威慑的强大压力。从全球范围来看，刑法对网络空间与互联网产业的干预，确实存在需要认真研究的问题，诸如法律规制与技术特性如何有效对接，国家的监管与企业的自律，行业的自治如何良性互动，信息技术创新、公民言论、表达自由的保障与网络秩序监管，安全风险防范如何兼顾，在保障信息的流通、共享的同时充分保护个人信息与公民隐私等一系列重大问题。

面对日益严重的网络失信、无序与违法犯罪现象，刑事司法当然亦不得不积极应对。近年来，我国司法机关对诸如刷单炒信，制作、销售抢单、抢购软件，抢购、盗刷二维码等与数字经济直接相关的违法行为，不断地通过对现行刑法进行适用解释，将其纳入刑法规制范围。这些司法能动的努力，满足了打击网络犯罪行为、为数字经济保驾护航的客观需要，亦引发了是否违反罪刑法定原则以及如何定罪量刑的学术上的探讨。

网络技术的代际变迁与传统犯罪的网络化所导致的不法变异与归责障碍，大数据作为人工智能的分析工具及其引发的公民个人信息保护危机，人工智能技术发展伴随的刑法问题与潜在的刑法风险，所有这些现在已经面临以及即将到来的时代问题，都需要我们以积极而开放的心态勇于面对、认真研究。

未来已来，奇点临近。中国法律界与互联网业界已经在行动，互联网法律大会就是我们主动把握机遇、积极回应挑战的具体行动！

最后，衷心地祝愿第三届互联网法律大会圆满成功！谢谢大家！

迎接信息时代的司法变革

朱新力[*]

尊敬的吴校长、贾检察长、周副主任委员、邵书记，各位嘉宾，女士们、先生们、远道而来的朋友们：

大家上午好！欢迎大家来到美丽的浙江杭州，参加第三届互联网法律大会·国际论坛。今天，互联网法律领域的理论与实务专家们共聚一堂，共同探讨互联网、大数据、人工智能法律的前沿问题，意义重大深远。在此，我谨代表浙江省高级人民法院，对论坛的召开以及互联网法治研究联盟的成立表示热烈的祝贺，也对大家长期以来对我省法院工作的关心支持表示衷心的感谢！

随着信息科技的发展，人类开始迈入网络化、数据化和智能化时代。目前，全世界的网民已经超过 40 亿，网络就像遍布江南水乡的一座座桥，跨越国界、跨越边界、跨越业界，不断跨界融合，连接一切。本次论坛也搭建了一座连接全球互联网法学界的桥，大家在此共同分享互联网为法律、法治、法学带来的伟大改变，意义重大，影响深远。

近年来，浙江法院坚持以习近平新时代中国特色社会主义思想为指导，顺应信息时代的发展趋势，大力推进“互联网＋审判”，打造出司法网拍、道交纠纷一体化平台、杭州互联网法院等依托 PC 互联网的一系列司法“金名片”，得到最高人民法院的肯定。特别是去年杭州互联网法院挂牌运行以来，我们积极探索互联网司法新机制新模式，充分发挥互联网法院作为网络空间依法治理“孵化器”“试验田”的作用，紧跟大数据、云计算、人工智能等技术发展的步伐，启动上线首个异步审理模式、首个大数据深度运用电子平台、首个电子证据平台，在全国首次使用区块链技术作为电子证据存储方式，为依法及时高效化解涉网纠纷、促进

[*] 朱新力，浙江省高级人民法院副院长。

网络空间治理法治化、推进互联网与经济社会深度融合等提供了有力的司法保障。杭州互联网法院的成功探索，是贯彻落实习近平网络强国重要论述的生动实践，是司法体制改革的重大成果，是国际互联网法治发展史上的里程碑事件。

今年以来，随着移动互联网的蓬勃发展，在最高人民法院的指导下，浙江又推出以智能手机和社交软件为载体的移动微法院，开启了移动电子诉讼的新模式。与互联网法院"以互联网方式专门审理涉网案件"的功能定位不同，"移动微法院"依托微信小程序功能，针对普通案件，打造移动电子诉讼平台，能让群众用手机打官司、让法官用手机办案，可在普通民商事、行政、刑事自诉等案件中普遍化地实现在线立案、送达、证据交换、调解、开庭、执行等功能。这不仅仅是技术上的创新，也是"移动互联网＋审判"的最新实践成果，是浙江法院践行中央网络强国重大部署的又一生动实践。

根据中央关于"深入实施大数据战略，大力加强智能化建设，推动新时代政法工作质量变革"的工作要求，在浙江省高级人民法院新一届党组的领导下，我们还专门成立了智能化建设领导小组，按照"方便、实用、智能、互联互通"的原则，整合现有各类平台系统，在全省建立统一的办案办公平台和智能化审判系统，充分运用人工智能的最新成果，为法官办案和诉讼服务提供智能化支持，努力实现审判执行流程的全智能化，打造出以知识驱动为核心的智能立案、智能送达、智能审判、智能执行的办案新模式。

下一步，我们将充分利用我国移动互联网普及应用的先发优势，不断深化杭州互联网法院建设，总结提升推广"移动微法院"，持续完善智能化审判系统，通过杭州互联网法院、浙江移动微法院和智能化审判系统建设三管齐下，推进线上线下、有线无线、内网外网协调一致、互联互通，努力为全国法院智能化建设闯关探路、提供浙江样板。

法律是有管辖区域的，但网络是无边界、跨地域的；司法是有国界的，但智慧是全球共通的。"跨界、包容、融合、持续创新、动态适应"正是互联网所承载的根本要素。互联网、大数据、区块链、人工智能等信息技术一定程度上颠覆了人类生产生活方式，使传统法律的应用场景发生了巨变，产生了诸多难题。另外，先进的信息技术又帮助法律人提升了处理法律问题的理念、制度设计和行动逻辑。今天，在互联网法律大会国际论坛这个平台上，有来自世界各地、深刻洞悉法律、深度理解信息科技的法律人士，分享司法实践和理论研究中的创新经验与前瞻构想，我们真诚希望与会的各位专家学者能够为推动浙江法院的智能化、规范化建设多提宝贵意见建议。期待通过本次交流与分享，相互学习、借鉴，用智慧引领互联网法律发展的再一次飞跃，用创新实现网络空间全球共治的又一次升华。

“随时以举事，因资而立功，用万物之能而获利其上。”让我们携手共进，乘互联网之东风，大力推进人类命运共同体的合作、共享、共建，造福世界人民。最后预祝论坛圆满成功！祝各位嘉宾在杭州生活愉快、身体健康！谢谢大家！

拓展刑事司法视野，助推网络空间综合治理的浙江模式

王　建*

尊敬的吴朝晖校长、贾宇检察长、周光权副主任委员、邵晓锋书记，尊敬的各位领导、各位专家，女士们、先生们：

大家上午好！很高兴参加第三届互联网法律大会，借此机会，我谨代表浙江省公安厅对大会的顺利召开表示诚挚的祝贺，向各位领导、专家学者对公安机关的关心、支持和帮助表示崇高的敬意和真诚的感谢！

智慧数字创造美好生活，信息产业孕育难逢机遇。2018年世界互联网大会提出了"创造互信共治的数字世界——携手共建网络空间命运共同体"主题。"互信"应和了信息技术革命发展之意，而"共治"则切中了网络治理的核心环节。

网络社会不是虚拟世界，网络空间不是法外之地。无论是工具属性，还是结构属性，互联网都是一种新形态下的公共场所，同样涉及国家主权和社会管理秩序问题。从这一意义上讲，网络空间综合治理，当然属于十九大报告提出的"共治共享的社会治理格局"范畴。

一直以来，全省各级公安机关围绕着"互联网大省"的目标，以"提高网络治理能力、完善网络治理体系、建设清朗网络空间"为主线，积极探索职责明晰、协调顺畅、管控有效的网络空间治理新模式。深化"枫桥经验"，积极打造网上协同治理体系，实时掌握民情社意，使智慧治理变为现实，让群众的问题在家门口得以解决。

同时，我们充分依托数字化信息手段，着力推进基层警务勤务改革，紧紧把握"综合指挥、属地管理、全科网格、运行机制"四个支撑点，改进信息化背景下的

* 王建，浙江省公安厅副厅长。

警务运行模式。目前浙江省公安厅正全力打造“云上公安智能防控”,全省的“公安云”已汇集人、案、物等上千亿条海量数据,信息技术对侦查破案的贡献率超过70%。

尽管取得了一定成绩,但较之于“完善网络综合治理体系,营造清朗网络空间”总体目标而言,还存在着一定困难和不足。

一是互联网黑灰产业威胁着数字经济的健康发展。比如,恶意注册账号、非法获取公民个人信息等上游黑灰产业泛滥,引发制假售假、侵犯知识产权、通信网络诈骗,甚至极端主义恐怖势力等下游犯罪活动。再比如,线上线下相结合犯罪模式,使得犯罪活动时空跨度加大,隐蔽性更强。

二是互联网生态综合治理体系尚待完善。网络侦查技术跟不上犯罪手段变化,面对云储存不断普及的实际情况,传统侦查手段仍停留在落后的硬盘取证,缺乏精确快速的远程动态取证等技术。企业与公安机关之间缺乏数据分享、交流机制,掌握海量数据的互联网企业只能内部消化,自扫门前雪;而公安机关面临“巧妇难为无米之炊”尴尬,难以主动防范违法犯罪。

三是司法实务积累了丰富的治理经验,但尚未凝练成体系性规则。依托互联网企业技术优势为司法实务提供支持,是我省司法实践的优秀传统,推动了众多全国第一案在浙江落地。例如,绍兴公安机关借助阿里巴巴的技术力量,首次实现对钓鱼木马、链接的全链路溯源打击;杭州公安机关根据阿里巴巴运用大数据发现的线索,成功办理了“全国首例组织刷单入刑案”等。

但是,这些成功案例仍然停留在个案层面,无论是数据建模、筛选分析等技战法,还是电子数据收集固定审查运用规则,包括法律适用定性等方面,没有形成规范化、可复制推广的体系,导致出现“此案可以,彼案不行”的局面,执法尺度难以统一。

放眼未来,我们将秉承“走在前列、勇立潮头”的浙江精神,紧紧围绕“创造互信共治的数字世界,携手共建网络空间命运共同体”目标,牢牢把握综合治理这一核心环节,为网络空间治理提供浙江方案。

一是积极推动地方立法,为综合治理提供充足到位的法律依据。针对电子商务领域的制假售假、侵犯知识产权,人民群众反映强烈的通信网络诈骗、侵犯公民个人信息等犯罪行为,积极推动电子商务、数据信息保护等地方性立法,完善网络信息行政管理手段。

二是探索规范涉网案件证据规则,推动司法实践创新。涉网案件证据具有

"大容量、易丢失，难固定"特点，这给后续收集、审查和运用带来艰巨挑战。比如，如何把握抽样取证前提下的分析结论、如何将数字特征的电子证据转入法律适用语境等问题，亟待统一认识，形成规范。

三是密切司法实务与专业技术沟通，提高综合治理的专业化水平。通过互联网法治研究联盟等类似专业研究团体，整合司法机关、互联网企业、高校三方合作力量，共同研究，相互补位，有效破解涉网案件热点难点问题，推动网络空间治理综合体系建设。

四是注重源头管理，完善网络空间生态治理体系。拓宽互联网安全监管的视野，加强对代运营、直播、短视频等网络平台的动态跟踪监管。严厉查处散布不良信息、传播恶意软件等非法行为，从源头上肃清网络空间的不良风气，共同推进综合治理长效机制建设，着力推动司法数字化。借助网络信息数字技术，积极打造"浙江版"政法办案一体化平台，提高办案质量和司法效率，为司法改革探索新模式。

在深入推进网络空间综合治理的漫漫征途中，作为公安机关我们将适应网络时代的新变化，拓宽视野，创新机制，深入探索"互联网＋"时代背景下综合治理的新方法、新途径，多策并举，勠力同心，推动互联网与法治整治、社会管控、维护稳定等深度融合，不断提升公安工作的社会化、法治化、智能化和专业化水平。

最后，预祝此次大会取得圆满成功！祝各位领导、专家学者工作顺利、身体健康！

谢谢大家！

以促进的理念对待新生事物

邵晓锋*

尊敬的吴朝晖校长、贾宇检察长、周光权副主任委员，各位领导、各位专家，女士们、先生们：

大家上午好！非常荣幸代表阿里巴巴集团和蚂蚁金服集团参加第三届互联网法律大会，3 年前，阿里巴巴集团和浙江大学光华法学院共同成立了互联网法律研究中心，作为推动人，我也一直在关注法律研究中心的进展。

互联网法律大会已经成功地走过了 3 年，"浙里互联，法网天下"的理念得到了法律界的认同和肯定，特别是听到研究中心总结了 3 年多的研究成果所形成的专报得到了浙江省委省政府领导的高度肯定，在此表示由衷的祝贺！今天，近 300 位来自全国人大、各级司法机关、法学界、业界同行的专家学者以及新一代年轻的法律人济济一堂，为数字经济时代的法治建设共商大计，我谨代表阿里巴巴集团和蚂蚁金服集团表示衷心的感谢！

以互联网、大数据、智能制造为代表的数字经济是人类技术发展到当今时代的产物，这种新的生产力形态已经对人类的生产、生活方式产生了颠覆式的改变，而且这种改变才刚刚开始。工业革命时代，中国起步晚，基础弱，落后于西方发达国家，进入信息革命时代，中国恰恰具备了包袱轻、转型快的优势，抓住这一千载难逢的历史机遇，践行网络强国战略是中国梦的唯一机会。

2018 年 11 月的民营企业座谈会上，习近平总书记再次强调："我们致力于为非公有制经济发展营造良好环境和提供更多机会的方针政策没有变！"一种新生产力形态的持续健康发展，必然需要有与之相适应的生产关系。法治理念、法律

---

* 邵晓锋，阿里巴巴集团党委书记、秘书长。

体系、执法方式、司法模式共同组成的法治环境是生产关系的重要组成部分，也是经济发展环境的重要组成部分。老的生产力形态所形成的社会治理体系一定已经跟不上在新生产力发展形态下可能产生的社会新形态，甚至会阻碍新的社会经济的快速发展。很多年前英国的“红旗法案”就严重阻碍了英国作为汽车发明国家的汽车工业发展，导致英国在这个领域的发展远远落后于美国、德国等国家。一个法案限制了新事物的发展，其实是制约了整个国家的发展，这样的案例在今天的社会当中，在各种各样新生事物层出不穷的现实过程中也屡有出现。

这几年我一直关注共享经济的发展过程，法学界和原有管理体系对新问题的剧烈争论，以及“滴滴”事件所引发的争论。网约车代表着人们出行方式的新模式，它使得出行效率更高，社会成本更低，极大地促进了人们生活方式和交通出行方式的改变，这是一个趋势。今天有来自各方面的形势和压力阻碍这个事物往前发展，也只是延缓它的发展时间，我相信这个趋势不会改变。

在这个过程当中我看到的是很多人还抱着传统体系下的治理方式和管理理念，一个新事物出现，尤其是一种新模式出现，一定会带来新问题，我们的法治应该采用更好的体系和理念去跟上这些发展，找到更好的治理方式和法律体系去监管、促进和包容这些新事物，而不是扼杀它。包括最近一段时间争议非常多的自媒体，我们正在采取很多措施对自媒体进行大规模的整顿。我相信传统媒体向自媒体和网络媒体转化是必然趋势，谁也阻挡不了。我们最担心出现“一管就死，一放就乱”的现象。最重要的不是管或不管的争论，而是如何管，如何创新地管，如何找到管的最佳方式。所以，未来我们在新生产力发展时期如何创新、实践，符合时代的法治理念、法律体系、司法实践，是需要研究的首要问题，今天那么多专家学者和那么多领导在一起共同讨论这个问题，我感到特别欣喜和振奋。

生活在浙江，创业在浙江，是十分幸福的事，浙江是一个特别包容的地方。省委省政府一直以来践行着总书记还在浙江时提出的“八八战略”，全力促进浙江民营经济的发展。浙江的各级执法、司法机关和立法机构都为新经济尤其是互联网带来的电子商务、电子支付、大数据和智能制造等整个数字经济整体的快速发展营造了特别包容的空间，关键就是以促进的理念来对待新生事物。以浙江大学为代表的学术界也对这些新事物采取了特别积极的创新性的跟进研究，使浙江具有领先全国的、非常好的新经济理论环境。阿里巴巴集团在 19 年来的发展过程中引发的涉及网络的新问题，在全国各地都可能遇到，在浙江，在各级相关机构的合作配合下总是能找到解决方案，甚至能找到未来解决这些问题的全国样板，我们始终走在前列。浙江能有如此良好的促进企业发展的氛围，我要向在座所有为此付出努力的嘉宾表示衷心的感谢！希望通过各界人士的努力继续推进新时代法治体系的完善，真正为中国数字经济快速发展营造良好的法治环境，让中国梦早日实现！

最后预祝本届互联网法律大会取得丰硕成果，也祝愿互联网法律研究中心越办越好，谢谢大家！

第三部分
第三届互联网法律大会十大案例

（以作者姓氏拼音为序）

近年来，互联网法律开启崭新一页，实践判例风靡云蒸，理论研究日臻深入，中国法学正在迎来近百年来最好的机会。经济基础决定法律理论，中国第一次有了创造理论的实践条件。当今互联网产业发展的现状是中美竞争，欧洲和日本整体上慢一拍。技术水平美国领先，应用规模中国第一。互联网经济在中国的蓬勃发展为法律人带来了换道超车的契机，很多网络交易、大数据、人工智能类的案例，如组织刷单案、撞库打码案、恶意注册案等，不仅是中国的新型案件，也是全球的新型案件。在互联网、大数据、人工智能法学领域，中国法律人正站在理论与实践的最前沿。西方法律是为了解决工业时代的争议而建立的，今天，中国法律人正在独自解决信息时代的问题。在数字经济时代，各国都有法律争议，但中国千奇百怪、花样百出的网络问题，令人惊叹。法学理论从工业时代转向信息时代，不会以个人的意志为转移。以这些新型案例为起点，推动工业时代的法学向信息时代的法学转型，中国定能引领数字经济时代的法律发展。

正是基于“以中国新型案例引领法律创新”的使命，第三届互联网法律大会推出了年度互联网法律十大案例，并邀请十位著名专家学者评析，以实践案例探索法律创新，以前沿思维引领时代航向。

“压力测试”DDoS 攻击案评析

劳东燕[*]

一、“压力测试”DDoS 攻击案

2018 年 8 月，浙江省温州市苍南县人民法院对“首例利用境外‘压力测试’平台实施破坏计算机信息系统案”进行判决。被告人在境外平台注册账号购买“压力测试”服务后，只需简单输入攻击目标的 IP 地址、攻击类型和攻击端口，就可发起 DDoS 攻击。相较于传统攻击方式，DDoS 攻击成本更低，力度更强，危害更大。法院以“提供侵入、非法控制计算机信息系统程序、工具罪”对提供 DDoS 攻击软件的人员判处刑罚，为有效打击网络攻击犯罪，构筑全面网络安全体系具有指导意义，曾被公安部评为 2017 年打击网络违法犯罪 10 起典型案例之一。

二、点评

当前实务中，对计算机信息系统实施破坏与侵害的方式之一，是利用 DDoS (Distributed Denial of Service)对目标系统发动攻击。DDoS 一般称为分布式拒绝服务，其攻击策略侧重于通过“僵尸主机”(即被攻击者入侵过或可间接利用的主机)，向受害主机发送大量看似合法的网络包，造成网络阻塞或服务器资源耗尽，从而导致合法用户无法正常访问服务器的网络资源。

相比于一般的破坏方式，这种方式的技术含量更高，相应地，对计算机信息系统的安全运行的威胁也越大。尤其是，随着网络黑灰产业的发展，此种技术工

---

* 劳东燕，清华大学法学院教授、博士生导师。

具越来越易于获得。因而,如何从源头上对此类行为进行有效打击,为计算机信息系统的运行筑起一道安全的屏障,是刑事司法实务面临的重大命题。

温州市苍南县人民法院先后处理的两起案件,即李锦琦、唐璠破坏计算机信息系统案与蔚肖南提供侵入、非法控制计算机信息系统的程序、工具案,涉及的便是利用DDoS的程序,对他人的计算机信息系统发动攻击,致使相关网站在特定的时段之内无法正常运行。

在前案中,被告人李锦琦教唆被告人唐璠,使用DDoS攻击工具,对被害人的购物网站多次进行流量攻击,导致网站不能正常访问,由此产生经济损失。在后案中,被告人蔚肖南经营提供DDoS攻击服务与出售DDoS发包软件等业务,先后多次将DDoS软件出售给他人,共计交易289笔,违法所得计人民币近12万元。对于前案,法院认定两被告人构成破坏计算机信息系统罪;对于后案,法院是以提供侵入、非法控制计算机信息系统的程序、工具罪对被告进行定罪。苍南县人民法院就两案所做的判决,对于今后此类行为的处理,无疑具有重要的参考意义。

利用DDoS软件,对相应网站发动攻击,致使网站无法正常运营的行为,无疑属于对计算机信息系统功能进行干扰的行为。值得思考的是,该行为在构成破坏计算机信息系统行为的同时,是否也构成非法控制计算机信息系统的行为?对这一问题的回答,将直接影响出售DDoS软件的行为,能否构成提供侵入、非法控制计算机信息系统的程序、工具罪的认定。

如果认为《刑法》第二百八十六条中的"破坏"与第二百八十五条中的"非法控制"之间构成排斥关系或独立关系,则在明知DDoS软件属于网络攻击程序的情况下,仍将软件予以出售的行为,只能构成破坏计算机信息系统罪的帮助犯。

反之,若是认为"破坏"(至少是特定类型的破坏行为)也可实质性地评价为"非法控制",则出售DDoS软件的行为,应属于破坏计算机信息系统罪的帮助犯与提供侵入、非法控制计算机信息系统的程序、工具罪的正犯的想象竞合。在此种情况下,究竟是按破坏计算机信息系统罪的帮助犯,还是按提供侵入、非法控制计算机信息系统的程序、工具罪的正犯来处罚,取决于按何者认定处罚更重。

一般认为,《刑法》第二百八十五条第三款规定的提供侵入、非法控制计算机信息系统的程序、工具罪,属于帮助行为正犯化的现象。由于立法将提供侵入、非法控制计算机信息系统的程序、工具的行为单独定罪,此类帮助行为便不能再以第二百八十五条第一款的非法侵入计算机信息系统罪与第二百八十五条第二款的非法控制计算机信息系统罪来处理,而应当认定为提供侵入、非法控制计算机信息系统的程序、工具罪的正犯。对此,理论上与实务中并无争议。

问题在于,从提供侵入、非法控制计算机信息系统的程序、工具罪的立法表述与条文所处的具体位置来看,显然不能认为该罪同时将提供破坏计算机信息系统的程序、工具的帮助行为也予以了正犯化。如此一来,便会产生这样的疑问:提供破坏计算机信息系统的程序、工具的行为,能否直接适用《刑法》第二百八十五条第三款的规定?

在蔚肖南案中,苍南县法院以帮助行为正犯化为由,认定被告人构成提供侵入、非法控制计算机信息系统的程序、工具罪,其言下之意是,运用 DDoS 对他人网站进行攻击的行为,也属于非法控制计算机信息系统的行为。而在李锦琦、唐璠案中,苍南县法院又认为,运用 DDoS 对他人网站进行攻击的行为,属于破坏计算机信息系统的行为。若要使两案的处理结论合乎刑法的法理逻辑,便需对如下问题进行论证,即此类攻击行为能否同时评价为非法控制计算信息系统的行为。苍南县法院在两案的判决中并未论及这一问题。

应当说,以攻击的方式导致网站无法运行,由于受被告人帮助的相关行为人在特定时段内取得对网站的事实性控制,排除了权利人对相应的计算机信息系统的合法支配,在此种意义上,将这样的破坏方式实质地评价为"非法控制"并无不可。这意味着,《刑法》第二百八十五条中的"非法控制"与第二百八十六条中的"破坏",并非排斥关系或独立关系,而是存在包容关系或是交叉关系。接下来要思考的是,对于蔚肖南出售 DDoS 软件的行为,究竟是以破坏计算机信息系统罪的帮助犯来处罚,还是以提供侵入、非法控制计算机信息系统的程序、工具罪来处罚合适。

虽说帮助犯在经验层面经常被认定为是从犯,从而需要适用"应当从轻、减轻或免除处罚"的法定情节,但从刑法立法的规定来看,帮助犯在规范层面也完全可认定为主犯。如此一来,破坏计算机信息系统罪便属于其中的处罚较重条款,因本罪基本犯与加重犯的法定刑都高于提供侵入、非法控制计算机信息系统的程序、工具罪的法定刑,故从理论上而言,对蔚肖南的行为应认定为破坏计算机信息系统罪。

当然,如果坚守共犯从属性的原理,在蔚肖南案中,法院认定被告人构成提供侵入、非法控制计算机信息系统的程序、工具罪,也有其合理性。该案中,由于实施破坏行为的正犯未必达到罪量情节的要求,从而符合破坏计算机信息系统罪的构成要件,故回避共同犯罪认定的难题,而以提供侵入、非法控制计算机信息系统的程序、工具罪来定罪,也不失为是合乎实践理性的选择。

利用“爬虫”非法获取数据案评析

林 维*

一、利用“爬虫”非法获取数据案

2018 年 9 月，北京市海淀区人民法院对全国首例利用“爬虫技术”侵入计算机系统抓取数据案作出判决。本案爬虫软件在数据抓取的过程中，使用了伪造 device_id 绕过服务器的身份校验，伪造 UA 及 IP 绕过服务器的访问频率限制等规避或突破计算机系统保护措施的手段获取数据，法院最终以非法获取计算机信息系统数据罪判决。此案对采用侵入技术手段非法获取数据的爬虫软件进行了法律定性，维护了科技创新健康发展秩序。

二、点评

非法获取计算机信息系统数据罪是《刑法修正案(九)》在《刑法》第二百八十五条中增加的罪名，意在惩罚违反国家规定，侵入国家事务、国防建设、尖端科学技术领域的计算机信息系统或者采用其他技术手段，获取该计算机信息系统中存储、处理的数据，情节严重的行为。北京市海淀区人民法院(2017)京 0108 刑初 2384 号刑事判决书被告人采用技术手段破解被害单位的防抓取措施，使用“tt_spider”文件(该文件中包含通过头条号视频列表、分类视频列表、相关视频及评论 3 个接口对其服务器进行数据抓取，并将结果存入到数据库中的逻辑)实施视频数据抓取行为，在数据抓取的过程中使用伪造 device_id 绕过服务器的身份校

---

* 林维，中国社会科学院大学副校长、教授。

验，使用伪造 UA 及 IP 绕过服务器的访问频率限制，其行为造成被害单位损失技术服务费 2 万元，从而构成非法获取计算机信息系统数据罪。

按照通常的理解，这是我国首例利用爬虫技术侵入计算机信息系统抓取数据案。与《刑法》第二百八十五条第三款所规定的专门用于侵入、非法控制计算机信息系统的程序、工具不同，爬虫技术本来是一种常见的数据抓取技术，最常见的领域就是搜索引擎。正是爬虫技术的有效运用使得数据的共享和分析具有广泛的可能，从而形成互联网生态的多元繁荣。而本案的判决说明，任何技术的应用都必须遵循法律的框架，所谓中立的技术在非法意图的支配下仍然具有成立犯罪的可能。更重要的是，本案所使用的技术采取了伪造手段逃避服务器的身份校验以及使用伪造 UA 及 IP 绕过服务器的访问频率限制，已经构成"两高"针对《刑法》第二百八十五条第三款所解释的"具有避开或者突破计算机信息系统安全保护措施，未经授权或者超越授权获取计算机信息系统数据的功能"的"专门用于侵入、非法控制计算机信息系统的程序、工具"。

本案之所以引起较多关注，就是在于确认了此类行为的刑事违法性。这毫无疑问具有标志性的意义。不过，如果我们的分析仅仅局限于此，似乎并没有更多的刑法理论上的更新、突破。实际上，如果我们更仔细地探讨其中所涉及的规范和事实，似乎可以看到这一罪名的构成要件在实际适用中所面临的不完美性以及既定规范条文的固有困境。本案所反映出来的这种立法和司法上的不完美性可能比前述刑事违法性的确认更具有启发意义，并因此对未来的数据法律制度构建具有更强的指导性。

成立本罪，应当具备情节严重的情形，按照 2011 年"两高"《关于办理危害计算机信息系统安全刑事案件应用法律若干问题的解释》第一条规定，包含如下情形：获取支付结算、证券交易、期货交易等网络金融服务的身份认证信息 10 组以上的；获取前述以外的身份认证信息 500 组以上的；违法所得 5000 元以上或者造成经济损失 1 万元以上的；其他情节严重的情形。就本罪设立的目的而言，本来是为了保护数据的安全性，因此一般而言，非法获取的数据本身的重要与否、数量、性质等等特点决定了犯罪的成立和责任的轻重。但从前述适用于本罪的情节严重情形来看，却并未紧密地围绕数据本身来讨论犯罪的危害性，并确定其刑罚。虽然考虑到身份认证信息尤其是涉及网络金融服务的身份认证信息的重要性而作出了区分性的特别规定，但是其余数据的类型划分、性质认定、数量识别、意义界定等等，前述司法解释均未能加以直接面对。考虑到数据的种类包罗万象，前述解释强调了身份认证信息的重要性，固然说明了此类信息的特殊性，但这种挂一漏万的做法也说明数据本身在类型化、定量化上存在的困难，正是这样一种困难造成了目前的尴尬局面：我们打一个不太恰当但可能更为容易理解的比喻，就好像行为人非法侵入他人住宅盗窃住宅内的物品，但考虑到这些物品无法归类，且不易确定其价值，因此无法认定其行为成立盗窃罪，而不得不退求其次成立一个性质上相对较轻的非法侵入他人住宅罪。

也正是因为类型难以确认、价值难以评估等诸多困难，本案判决回避了犯罪行为所抓取的数据类型、数量、价值等，判决书主文对此均未曾明确表述，也更未明确表明犯罪人的违法所得数额，而径直地认定这一行为造成被害单位损失技术服务费人民币 2 万元。这既不是犯罪人的目标所指，也不是被害单位的真正损失，更不是本案应蕴含的裁判价值。这只是一种便宜之计，司法解释也正是了解此种难度，所以才有了造成经济损失 1 万元以上成立本罪的规定。不过，本案中，或者说我们回到刚刚非法侵入他人住宅罪的场景，这种经济损失并不是住宅内物品被非法获取而造成的财产损失，而是后来住宅所有人为了不让小偷进来更换新锁的损失。换言之，这并非基于数据本身的价值造成的损失，而是围绕数据产生的其他方面的损失。这样一种解释，迎合了不完美的、尴尬的、无奈的或者不伦不类的立法，但实际上，数据本身没有得到应有的、真正的尊重，相反，保护数据的那些安全措施得到了超越性的尊重。这也正是我为什么要呼吁，应当对数据本身进行足够的精细研究。

也正是因为这样一种原因，非法获取计算机信息系统数据罪并没有放在侵犯财产罪这一章中，甚至也没有放在破坏社会主义市场经济秩序罪中，而是勉为其难地放在了妨害社会管理秩序罪中的破坏公共秩序罪这一节中。

这样一种法益的定位，正好在无意之间避免了一个更为令人苦恼也更本质化，因此也需要尽快明确的争论：即被害单位是否能够以及如何论证其对数据的权属？本案遵循了立法的逻辑，在立法中，数据的权属问题被刻意地回避，但被害单位对数据的产生、保存、分享进行了大量的投资，并因此产生了独立的利益，尤其是被害单位对数据进行了合理的保护，而数据的公开性和数据的受保护性之间并不矛盾，视频的可观看性和视频未经授权禁止批量下载之间也完全可以兼容。因此，针对数据的受保护性以及信息系统的安全性，被告人的行为具有了违法性，违反了《网络安全法》第六十三条第三款的规定，即任何个人和组织从事非法侵入他人网络、干扰他人网络正常功能、窃取网络数据等危害网络安全的活动，即构成了前述犯罪。

搜狗诉百度专利侵权案评析

林秀芹*

一、搜狗诉百度专利侵权案

2018 年 4 月，北京知识产权法院对“搜狗诉百度专利侵权案”的最后一批案件做出一审判决，历时 2 年，最终以搜狗 14 败 3 胜、11 项专利全部或部分无效结尾。该系列案件源于 2014 年，百度就搜狗流量劫持行为对搜狗提起诉讼，北京市海淀区人民法院一审判决搜狗输入法为不正当竞争行为。随后，搜狗和百度都分别向北京知识产权法院提起专利侵权诉讼，双方的专利诉讼之战全面拉开序幕。本案的宣判，对今后专利案件的审理具有十分重要的参考价值，同时进一步推动了互联网行业知识产权保护制度建设，对整个行业建立正确维权意识，促进良性竞争，鼓励技术创新，净化行业风气，都具有积极而深远的影响。

二、点评

随着全球新一轮科技革命的推进，知识密集、创新高发的互联网行业获得迅猛发展，互联网与各领域融合发展的同时，亦成为知识产权侵权的新疆域，各大互联网企业在快速更迭新技术中相互角逐，互联网专利侵权纠纷呈多发、高发态势。互联网天生具有虚拟、开放、交互、自由、平等和免费等特性，随之而来的互联网专利侵权行为具有隐蔽性强、认定难且举证难度大的特点，这些都给互联网法律的完善和司法实务的具体操作带来一系列新的挑战。搜狗与百度因涉及一

---

* 林秀芹，厦门大学知识产权研究院院长、法学院教授、中国知识产权法学研究会副会长。

种便于公众输入网址的技术专利的无效与侵权讼争多年,因双方都是著名的互联网企业,所涉技术市场价值巨大以及案情之曲折而备受关注,该案被称为"中国互联网专利侵权第一案"。

不论是在程序性层面还是实体性层面,本案都具有十分重要的示范意义和参考价值。在程序性层面,因涉案专利技术专业性较强,法院引入技术调查官和专家辅助人协助查明专利权的保护范围与侵权与否的判定。我国司法实践中引入技术调查官主要借鉴日韩的经验,但与之不同的是,我国司法实践中还衔接采用专家辅助人和司法鉴定等事实查明机制,试图形成一个解决专利案件中技术事实查明问题的综合机制。该案中引入技术调查官和专家辅助人就技术问题发表专业的参考意见,帮助查明技术问题,值得肯定。但是,该案也透视出技术调查官和专家辅助人角色定位与作用有待制度化的问题。在实体性层面,该案的争议焦点在于专利保护范围的理解。具体来说,涉案专利的第一种技术方案的"四种触发条件"是否可以理解为同时具备、缺一不可?第二种方案与第一种方案是不是互斥方案?第二种技术方案是否涵盖英文输入法方案?第二种输入法方案中的两个库及其检索操作应该如何理解。一审法院支持了百度在庭审中对权利要求范围的主张,认为百度手机端和PC端输入法均与涉案专利的第一种方案和第二种方案实际保护的技术不同,未落入其保护范围。法院运用全面覆盖原则对被控侵权物是否落入专利权的保护范围,做了全面的阐释。但是,鉴于我国目前仍对专利的无效和专利的侵权采取"分而审之"的双轨制,法院审理专利侵权问题时,不审查专利的新颖性和创造性,实际上不考量专利技术的创新高度,易于陷入单纯的、技术主义的特征对比。这样,既容易陷入冗长的无效与侵权的"循环诉讼"之中,又不利于对重要技术创新的保护,在涉及互联网的技术创新领域尤其如此。诞生于大机器时代的专利法规则面对日新月异的互联网技术已经显得捉襟见肘,互联网时代的技术创新呼唤新的规则。

本案二审维持原判使搜狗与百度这场旷日持久的法律角力似告终结,对于互联网行业来说是一次大规模的专利普法教育,它鼓励企业不再单纯依靠"舆论攻势",借助媒体的道德声讨来维权,而是诉诸法律途径维护自身合法权益、加强专利核心技术的保护。良好的知识产权制度应当有效地保护真正的创新,威慑和制止对专利等知识产权"巧取豪夺"或者"打擦边球"的行为,净化互联网行业的竞争风气,维护良好的网络空间秩序,促进互联网经济健康发展。

区块链存证案评析

刘品新*

一、全国首例区块链存证判决

2018年6月,全国首例区块链存证案在杭州互联网法院宣判,法院支持了原告采用区块链作为存证方式并认定了相应的侵权事实。该案是互联网公司针对网络存证的痛点摒弃传统公证取证途径的有益探索,从司法实践、技术应用等实务角度对电子数据作为证据进行保全和存证的方式给予了标准化的指导,对今后诸多场景下的涉网案件存证具有指导意义。

二、点评

在万物互联的时代,对各种电子证据进行存证已然成为客观的刚需。那么,怎样存证得到的证据,才是具有法律效力的?2018年,一个新词"区块链存证"在法律圈迅速走红。年中杭州互联网法院宣判"全国首例区块链存证案"[(2018)浙0192民初81号,以下简称81号案],更是标志性事件。案件中,法院支持了当事人采用区块链作为存证方式。那么,如何看待这种基于"区块链"技术的"存证链"?

存证链是一种法律链。区块链是一个让人"不明觉厉"的科技词语,通俗地说,就是一种不可伪造的分布式账本数据库。区块链早期被用于比特币,如今拓

* 刘品新,中国人民大学法学院教授、刑事法律科学研究中心副主任、智慧法律科技创新研究中心主任、智慧检务创新研究院副院长。

展至电子证据的存证领域，由此形成的存证链就不再仅仅具有技术范，更是被赋予了鲜明的法律色。其功能在于及时保全电子证据以防止发生变化，就像人们习惯于在打官司前将证据材料进行提存公证一样。简言之，存证链就是电子证据的新式保管链。

存证链是一种中立链。技术无党派，存证链无门户。诉讼中任何一方当事人均可以使用，法院、公证机构、鉴定中心、律师事务所以及专门的法律服务公司——"第三方存取证机构"亦可以采用。在81号案中，先有"保全网"抓取数据并上传至区块链，又有"千麦鉴定所"核验校验值并出具鉴定书，后有法庭登录网站查询并核实结果。在不久的将来，随着法律人的观念愈发开明，存证链的用户肯定会日益增多。

存证链可能是一种标签链。81号案宣判之后，社会上赞扬者居多，也有少数提出商榷者。后一种声音关注的是，该案用的是真正的区块链技术，还是仅仅算是贴区块链的标签。要回应这一疑问，就要解释清楚其"分布式"存储了什么材料。如果存的不是证明案件事实的"数据"，而是非主要证据，就难免招致"噱头"之质疑。81号案的判决书表明，"保全网"将"网页截图""源代码""调用信息"打包压缩，计算出校验值后上传。我理解，对该案存证链给出什么样的合理评价，要取决于判断这里的"源代码"——与案件中争议的侵权事实最为相关的材料——是否为合格的电子证据。然而，如果这些证据仅是标签，又当如何呢？该案的亮点在于，鉴定机构被纳入了"存证链"的节点，可以从形式上背书。

存证链或将是一种中国链。81号案对国内确立存证链的法律地位，起到了引领作用。这也是在践行互联网法院"探索涉网案件诉讼规则"的基本定位。2018年9月，最高人民法院还专门发布司法解释，对区块链存证进行法律确认，鼓励构建符合司法规律且紧跟时代潮流的网络诉讼规则。假以时日，一"案"一"解释"若能经历足够的实践检验，便能为网络时代的全人类法治建设贡献中国经验与中国智慧。

天猫积分套现案评析

刘仁文*

一、电商平台积分诈骗案

江苏省南通市崇川区人民法院审理被告人陆地、朱俊、潘建明、项秉国、颜天、邱清、叶富军、魏玲超犯诈骗罪一案，于 2017 年 4 月 1 日作出(2016)苏 0602 刑初 641 号刑事判决，判决被告人利用天猫公司积分活动规则，骗取天猫公司资金，数额均为特别巨大，其行为均已构成诈骗罪。各被告人分别以本案系民事纠纷、量刑偏重、犯罪数额认定有误、主犯认定有误、天猫公司双倍积分规则存在漏洞为由提出上诉，江苏省南通市中级人民法院经审理作出二审判决，认定原判决认定事实清楚，证据确实、充分，定性正确。但是结合退赃和悔改表现，根据新的证据和新的事实，依照宽严相济的刑事政策，结合酌定从轻处罚量刑情节，南通市中级人民法院对原判决量刑予以调整并予改判。至此，这个令人瞩目的天猫“积分套现”案尘埃落定，但是由此案引发的思考和影响却值得我们持续关注。

二、争议焦点

本案涉及人数众多，分工方式复杂，积分套现数额特别巨大，案件审理过程中除了量刑和证据方面的争议，还有如下理论焦点。

第一，本案究竟是属于民法上的不当得利还是刑法上的诈骗罪。在本案定性上，被告人及其辩护人提出了“积分套现”行为属于民法上不当得利的主张，而法院认为被告人利用自己控制的天猫店铺，分别结伙或交叉结伙地组织、雇用员

* 刘仁文，中国社会科学院法学研究所研究员、刑法研究室主任。

工使用恶意软件在天猫平台反复盗刷,批量地进行虚假的商品交易,并将所骗积分再通过虚假的商品交易进行套现,从而骗取天猫公司资金,主观上具有非法占有的目的,客观上采取了虚构事实、隐瞒真相的方法,构成刑法上的诈骗罪。本案定性的这一争议反映了不当得利与财产犯罪的刑民关系探讨从网下延伸至网上。民法上的不当得利是指没有合法根据使他人受到损失而自己获得利益的行为引起的一种事实状态,但不当得利与财产犯罪并非对立关系,当不当得利的行为符合刑法中特定犯罪的犯罪构成时,该行为就从民法评价上升为刑法评价,不当得利的行为也就"出民而入刑"。事实上,财产犯罪往往都具备双重性质,即民事违法和刑事违法。

第二,天猫公司双倍积分规则是否存在漏洞,是否应对本案损失的扩大负责。本案提出天猫公司设置规则存在的漏洞和电商行业中的"刷单"现象,旨在反映被害人存在的过错。但是,被害人是否存在过错需要全面考察双倍积分规则的初衷和"积分套现"行为的性质。本案中天猫公司的双倍积分规则属于一种营销活动,并不存在引诱他人犯罪的设定。事实上,双倍积分规则并不存在合法操作情形下的"漏洞"。若非采取虚假交易、软件盗刷等违法方式,双倍积分规则可以有效地激励用户进行真实消费。因此,天猫公司双倍积分规则并不存在合法操作情形下的漏洞,也不对本案损失的扩大存有过错。

第三,网络犯罪出现复杂共同犯罪时,该如何厘定被告人应当承担的刑事责任。本案众多被告人彼此之间或多人分别结伙,或交叉结伙,以相互配合、分工合作的方式共同实施犯罪,那么各人该如何依据法律规定对于各自参与的共同犯罪承担相应的刑事责任就成为一个值得研究的问题。在主观上,网络共同犯罪的犯意联络往往通过网络形成,相对于传统普通共同犯罪来说具有隐蔽性、模糊性、不确定性等特点;在客观上,网络共同犯罪的合作方式和组织结构呈现出"点对点""组对组"的特征,配合形式更加多元,分工方式更加细致。因此在此类案件中,应以被告人在共同犯罪中所起的实质作用为重点,结合具体的组织形式,考察各被告人应承担的责任范围。

三、刑法应对

在互联网时代,社会"网络化"带来的网络"社会化"使得网络空间不再是法外之地。然而,在0和1构造的网络空间里,各种新型违法犯罪行为层出不穷,罪与非罪、此罪与彼罪的界限存在较大的争议。传统刑法理论和当前司法部门正面对着网络时代提出的各种挑战。为有效应对这些挑战，除了借助国家立法部门的法律更新和最高司法机关的司法解释，发挥地方司法部门的司法智慧也应成为一种可资借鉴的解决方案。在案例指导制度建设持续开展的今天，法院的经典判例势必会影响司法系统对之后同类案件的处理，也将为网络产业和社会群体树立新的行业准则和行为规范。展望未来社会，以我国新型网络犯罪案例为基点，我国刑法理论应当在民事违法和刑事犯罪之间建立一座由罪刑法定原则搭建的桥梁，善用刑法教义学、刑事政策学等诸多智识资源，努力破解越轨行为的应对难题，全力推动当代刑事法学理论与实践的接地气转型和创新性发展，在打击犯罪和保障人权、刑法积极参与社会治理和维护自身尊严之间取得一种动态的平衡。

撞库打码案评析

卢建平*

一、全国首例“撞库打码”案

2018年5月，全国首例撞库打码案在杭州市余杭区迎来刑事判决，这是国内对打码平台的组织者以提供侵入计算机信息系统程序罪定罪处罚的第一案。在之前的司法实践中，对打码平台只能从下游犯罪（诈骗、侵犯公民个人信息等）共犯的角度进行打击，证据要求高，打击难度大，本案为打码平台的治理提供了新的标杆，有助于加大对互联网黑灰产的治理和打击，维护网络安全和秩序。

二、点评

近年的刑案点评中，常常遇到很多全国第一案，特别是在新兴的网络犯罪领域，例如全国首例“反向刷单”案、花呗套现第一案、网络刷信第一案，今年由杭州市余杭区人民法院审理的撞库打码牟利案，无疑又是此类案件的第一个。被告人叶某某编写了用于批量登录网站账号的软件供他人使用，并收取服务费用；张某某组织多名码工对图片验证码进行识别（“打码”），并从中赚取好处费；谭某某下载使用了该款软件后，成功获取大量淘宝账号和密码，并将账号和密码出售给他人，获取巨额非法收益，仅从其电脑上查获的淘宝账号和密码就有2万余组。被告人谭某某违反国家规定，采用技术手段获取计算机信息系统中存储的数据，

* 卢建平，北京师范大学法学院院长、中国刑法学研究会副会长。

并进行出售牟利，其行为已构成非法获取计算机信息系统数据罪；被告人叶某某、张某某结伙提供专门用于侵入计算机信息系统的程序，其行为均已构成提供侵入计算机信息系统程序罪。

可以预期，随着网络技术的普及、数字经济的飞速发展，刑法不断介入网络空间，类似的第一刑案还将继续涌现。细分起来，这些第一案也有不同的类型。有的是传统犯罪渗透到网络空间以后的异形，因而需要适用传统罪名，如用《刑法》第二百七十五条故意毁坏财物罪来惩处非法侵入他人股票账户，故意采用高吸低抛的方法，侵害他人财产权益的行为（上海严某故意毁坏财物罪）；或用《刑法》第二百七十六条破坏生产经营罪来惩处论文查重的经营者“反向刷单”的行为（南京董某破坏生产经营罪）。有的则是计算机信息技术或互联网普及应用之后新生的犯罪，因而需要新的立法的首次适用，比如本次运用《刑法》第二百八十五条来惩治撞库打码牟利案。以上种种，真的是“乱花渐欲迷人眼”。

虽然互联网经济仍在初级阶段，好像“浅草才能没马蹄”，但刑法对于网络空间的干预已是蓄势待发，甚至可以说是迫不及待了！某种意义上说，犯罪也是一种创造性的破坏，这种破坏性力量常常驱使社会和法律的进步。因为对于网络空间和虚拟社会的某种自由主义的误解，网络监管的滞后效应，致使网络犯罪逐渐升级转型，成为犯罪浪潮中的生力军。犯罪人的学习能力、模仿能力或曰创新能力常常让我惊讶不已！他们时刻在寻找既有规则的漏洞，在进行本益比较、理性算计，总是领先于立法和司法，领先于刑法理论。相形之下，立法和司法始终在追赶着技术进步和犯罪进化的步伐。宛如猫捉老鼠，老鼠在前面跑，猫在后面追。这种鼠跑猫追的图景，似乎同样可以用来描述司法实践和刑法理论的关系。

“草长莺飞二月天，拂堤杨柳醉春烟”。自然美景唤起的是人们的诗情画意，而第一刑案引发的总是纷争，特别是来自理论界的种种质疑和批评，例如司法突破罪刑法定，是法官的类推用法、软性解释或扩张解释，是在肆意干预经济、扼杀创新、危及人权，有违刑法谦抑等等。由此引发一个大问题，即刑法理论和司法实践应该是一种怎样的关系？司法实践又该如何看待来自理论界的批评？

基于实践论和认识论的一般原理，结合司法实践的特殊性，本人主张一种法治语境下的社会分工论，即“做的”和“说的”有机分工合作关系：面对层出不穷的新型犯罪（实际上是待认定的犯罪），司法实践（即“做的”）应该基于法定职责（刑法干预必须介入网络空间，否则网络将成为法外空间），本着问题导向和绩效导向（让人民满意），积极有为，勇于运用新的法律应对各种新型案件，并在查办新型案件的过程中，认真学习，借助既有理论和相关经验，严谨求证，创造一个又一个的先例！而刑法理论（即“说的”）也要基于社会良知和理性批判的立场，在尊重司法实践第一性、首创性的前提下，对司法先例进行认真研究、科学评价，进而不断提升理论研究的水平。由于司法实践是结果导向的，案件处理的结论具有唯一性，而刑法理论研究往往具有滞后性，且是百家争鸣、百花齐放的格局，针对同一案件的评判会褒贬不一，意见建议也会五花八门，因此，司法实践对于刑法理论的言说要认真甄别，科学对待，不能一概拒斥，要从善如流，更要从谏如流，要特别认真考虑各种不同的意见，将其视为一种监督、提醒，视为一面镜子，做到兼听则明，如此方能保证办案的法律效果和社会效果的统一，并在不断创造司法先例的同时创造新的理论。

商标被恶意抢注案评析

薛　虹[*]

一、商标被恶意抢注案

2018年3月，杭州市余杭区人民法院对被告李某恶意抢注拜耳公司商标、恶意投诉案宣判，认定李某构成不正当竞争并赔偿原告拜耳公司经济损失。拜耳公司对其防晒产品外包装的图案拥有著作权，并一直在产品上长期在先使用。李某将相关图案的局部注册了商标，并以此发起大量恶意投诉，胁迫相关商家给付费用以换取撤诉。该判决在最高法院82号指导性案例的基础上又迈进了一大步，首次明确了职业商标抢注人的行为性质，为治理恶意抢注、恶意投诉行为提供了突破性的解决方案。

二、点评

拜耳公司因其儿童防晒霜产品在淘宝上的销售商不断收到李某关于商标侵权的投诉，导致产品被下架，向法院起诉要求确认其产品不侵犯李某的注册商标权。杭州市余杭区人民法院判决，拜耳公司在儿童防晒霜产品上使用享有在先著作权的图案不侵犯李某在后获得的注册商标权。

本案为知识产权不侵权诉讼在电子商务领域的代表性案例。根据最高人民法院于2008年4月1日施行的《民事案件案由规定》，确认不侵权纠纷为案由之一。本案明确了提起不侵权诉讼的条件，即知识产权人向利害关系人发出侵权

* 薛虹，北京师范大学法学院教授。

警告后，未在合理期限内依法启动纠纷解决程序，被警告的利害关系人为了明确与发出警告的知识产权之间的关系、澄清未侵犯知识产权的事实，可以提起确认不侵权诉讼。在本案中，李某虽然向拜耳公司的销售商发出警告，但是拜耳作为生产商，生产经营活动受到影响，与本案有直接利害关系，亦可提起确认不侵权诉讼。确认不侵权诉讼有助于制止知识产权人滥用权利的行为。在本案中，法院依据我国《商标法》第九条的规定，认定拜耳公司在先取得的图案著作权不侵犯李某在后注册商标的权利。通过确认不侵权诉讼，李某的注册商标仍然存在，但拜耳公司所享有的在先权利得到了认可与维护。但是，确认不侵权之诉并非侵权赔偿之诉，拜耳关于李某停止侵权与赔偿损失的请求，无法得到支持。

本案一个重要情节是李某利用淘宝这一电子商务平台向拜耳公司的经销商发出大量的商标侵权警告，并导致经销商销售的拜耳商品被淘宝下架。本案判决之时，《电子商务法》尚未施行。2019 年 1 月 1 日起，《电子商务法》正式实施，电子商务平台上的知识产权保护制度有了进一步的发展，利害关系人遭受知识产权滥用行为的，可以获得更为有效的法律保障。知识产权人通过电子商务平台经营者向平台内经营者发出的侵权通知，如被证实为错误且造成平台内经营者损失的，应当依法承担民事责任；知识产权人恶意发出错误通知，造成平台内经营者损失的，应加倍承担赔偿责任。依据上述法律规定，拜耳公司在证据充分的情况下，不仅能被确认不侵权，而且能依法制止李某恶意发出侵权通知的行为并获得所受损失的加倍赔偿。与确认不侵权诉讼相比，《电子商务法》实质上给予利害关系人更加便利、充分与有效的法律救济渠道。

本案中，拜耳公司还主张淘宝未尽审查义务、放任李某进行侵权投诉，应与李某共同采取措施消除影响。对此请求，法院未予支持。依据《电子商务法》的规定，电子商务平台经营者接到知识产权人通知后，依据表面证据的认定方法，能够初步认定知识产权通知的真实性与合法性的，应当依照通知要求对平台内相关经营者采取必要措施，并将该通知转送平台内经营者。本案李某在通知中提供了其商标注册信息与拜耳产品涉嫌侵权的初步证据，淘宝据此采取措施将拜耳产品下架符合法律规定，并无不当。拜耳关于淘宝的诉讼请求，即便依据《电子商务法》，也不能成立。《电子商务法》还进一步规定了平台经营者在收到平台内经营者提交的不存在侵权行为的声明后在一定条件下终止所采取措施的机制。总之，《电子商务法》中平台知识产权保护制度的实施，将进一步厘清知识产权的边界，加强知识产权保护的同时，保障电子商务的健康有序发展。

首例数据作弊案评析

张新宝[*]

一、首例数据作弊案

2018年6月，杭州市西湖区人民法院对首例数据作弊案作出判决，判定被告给APP刷量的行为破坏了原告友盟公司数据的客观性和真实性，更损害了原告平台的信誉和经营活动，属于严重的侵权行为，法院判决被告应当赔偿由此给原告公司造成的损失。此案的成功判决，不仅维护了市场的公平竞争秩序，更对刷量黑灰产业链形成打击，有利于进一步促进大数据产业的健康发展。

二、专家评析

本案是一个被告对原告的经营数据进行"灌水"，使其失真进而在消费者中产生负面影响的案件。案件事实虽然发生在互联网的"虚拟空间"，但是仍然影响到社会特定或者不特定的消费者对原告的评价。

循正当途径采集一个经营者的经营数据并以适当方式发布，便于消费者了解该经营者的情况并作出合理的消费判断，不是侵权行为而是合法行为。但是如果采集途径或方法违反法律规定或者违反当事人之间的约定，则可能构成侵权责任或者违约责任。以合理的注意确保采集和发布的数据真实性，是从事此等活动者所需遵循的义务，任何人不得故意或者过失侵害他人受法律保护的民事权利和合法利益。法院查明的事实表明，本案被告给原告的经营数据"灌水"，

* 张新宝，中国人民大学法学院教授、网络与信息法中心主任。

使其失真并向消费者发布，实施了侵害行为。依常识可以得出的结论是，此等反复多次实施的行为是故意行为，不可能是不经意的偶然失误或者其意志之外的原因所致。

给他人的经营数据“灌水”或者“抽水”使其失真，均可能导致受害人的商誉和信誉利益受到负面影响，从而产生不利的后果。通过“抽水”做低他人的经营数据，无疑会损害被侵权人的商誉；而通过“灌水”过分夸大他人的经营数据误导消费者，最终也会使得被侵权人在消费者中失去信誉，导致不良后果的发生。

在多数侵权案件中，被侵权人主张损害赔偿需要证明自己遭受的实际损失。但是在侵害名誉权等非物质性的人格权案件中，原告只要证明存在侵害行为、证明被告存在故意或过失，法院依据常理可以认定存在“名义上的损害后果”，判决被告作出数额不大的“名义上的赔偿”或称“象征性的赔偿”。本案法官遵循了这样的司法逻辑，在国际比较法经验和我国司法实践中都是有先例可循的，也得到侵权责任法理论的支持。不过，如果原告主张较大数据的损害赔偿或者主张惩罚性赔偿、精神损害赔偿，则往往需要对损害后果进行更为扎实的举证和证明。《侵权责任法》第二十条规定：“侵害他人人身权益造成财产损失的，按照被侵权人因此受到的损失赔偿；被侵权人的损失难以确定，侵权人因此获得利益的，按照其获得的利益赔偿；侵权人因此获得的利益难以确定，被侵权人和侵权人就赔偿数额协商不一致，向人民法院提起诉讼的，由人民法院根据实际情况确定赔偿数额。”审理本案的法院依法酌定10万元人民币的赔偿金也是于法有据的。

基于上述认识，我认为法院确认本案侵权成立并判决被告支付数额不大的赔偿金是正确的司法裁判。如果侵权行为处于持续状态，还可以考虑判决“停止侵害”。在论证说理上，宜将被告的侵权行为解释为侵害原告名誉权的行为。这样在法律适用上就有更为直接和明确的依据。我国《民法总则》《民法通则》《侵权责任法》对保护法人名誉权以及侵害法人名誉权的侵权责任均作出了规定，本案可以援引《侵权责任法》第二条第二款、第二十条作为实体判决的依据，而不是引用《侵权责任法》第十五条（列举侵权责任方式的条文）作为实体判决依据。判决书对原告的正当性、各被告之间的关联性以及相关的连带责任之论述是正确的，不赘述。

恶意注册账号案评析

周光权*

一、首例恶意注册账号案

2018 年 10 月，浙江省兰溪市人民法院对“首例恶意注册账号案”进行了判决。被告人制作“畅游注册机.exe”软件用于出售获利，该“畅游注册机.exe”软件能够自动产生注册信息并通过第三方平台获取手机号，以数据包方式发送给畅游注册平台服务器，借助第三方平台自动将获取的手机验证码发送回畅游注册平台完成批量注册，对畅游注册平台的正常操作流程和正常运行方式造成干扰，属于破坏性程序。法院以“提供侵入、非法控制计算机信息系统程序、工具罪”判处，为打击和治理恶意注册行为提供了解决方案。

二、点评

恶意注册，是指不以正常使用为目的，违反国家规定和平台注册规则，使用虚假的或非法取得的他人身份信息，以手动方式或通过程序、工具自动进行，批量创设网络账号的行为。在大量个案中，通过破坏性程序进行批量恶意注册，需要使用特定的程序和工具。因此，对于制作、出售恶意注册软件并销售，对他人注册平台的正常操作流程和正常运行方式造成干扰的，被告人有成立提供侵入、非法控制计算机信息系统程序、工具罪的余地。

提供侵入、非法控制计算机信息系统程序、工具罪，是指提供专门用于侵入、

* 周光权，清华大学法学院教授、博士生导师、中国犯罪学会副会长。

非法控制计算机信息系统的程序、工具,或者明知他人实施侵入、非法控制计算机信息系统的违法犯罪行为而为其提供程序、工具,情节严重的行为。这里的“提供”,包括出售等有偿提供,也包括免费提供;包括直接提供给他人,也包括放置在网络上供他人下载。本罪的实行行为包括两种情形:一是提供专门用于实施侵入、非法控制计算机信息系统的程序、工具,如为他人提供专门用于窃取网上银行账号的“网银木马”程序等。二是明知他人实施侵入、非法控制计算机信息系统的违法犯罪行为而为其提供程序、工具。行为人所提供的程序、工具本身,既可以用于非法用途,也可以用于合法用途,但行为人明知程序或工具可能用于非法用途时仍予以提供的,即构成本罪。本罪行为人提供的对象是专门用于侵入、非法控制计算机信息系统的程序、工具。根据最高人民法院、最高人民检察院《关于办理危害计算机信息系统安全刑事案件应用法律若干问题的解释》(2011年8月1日)第二条的规定,具有下列情形之一的程序、工具,应当认定为专门用于侵入、非法控制计算机信息系统的程序、工具:(1)具有避开或者突破计算机信息系统安全保护措施,未经授权或者超越授权获取计算机信息系统数据的功能的;(2)具有避开或者突破计算机信息系统安全保护措施,未经授权或者超越授权对计算机信息系统实施控制的功能的;(3)其他专门设计用于侵入、非法控制计算机信息系统、非法获取计算机信息系统数据的程序、工具。在本案中,被告人汤启华制作并出售的软件能够自动产生注册信息并通过第三方平台获取手机号,以数据包方式发送给畅游注册平台服务器,借助第三方平台自动将获取的手机验证码发送回畅游注册平台完成批量注册,对畅游注册平台的正常操作流程和正常运行方式造成干扰,该破坏性程序能够侵入、非法控制他人的计算机信息系统,因此,被告人的行为符合提供侵入、非法控制计算机信息系统程序、工具罪的客观构成要件。

在本案中,针对多名被告人所提出的并不明知软件性质的辩解理由,人民法院做出了明确回应。对于这一裁判理由,我认为言之成理。一方面,参与恶意注册的各行为人至少存在放任的间接故意,被告人是在从事违反国家关于实名制规定的行为,其刻意规避实名制然后实施相关危害行为,这本身就是其具有犯罪(间接)故意的重要判断因素之一。另一方面,对于本罪明知的认定,有时需要运用推定的方法。恶意注册的行为人明知其所提供的程序、工具可能突破国家互联网管制规定,其所注册的账户并非正常工作、生活所需,而积极追求规避相关管理规定,实施帮助他人隐蔽真实身份的注册行为,就应该认定其对于提供程序、工具行为的非法性存在明知。这虽然不属于典型意义上的“明知”，但至少属于大量司法解释以及《刑法》第二百十九条第二款侵犯商业秘密罪中的“应知”——即对于行为的非法性，行为人“应当是知道的”，而不是过失犯的“应当去知道（而不知道）”。

综上所述，恶意注册行为违反《网络安全法》关于实名制的规范要求，突破互联网行业安全策略，增加互联网风险，提高了运营商的安全防护成本，危害行为涉及电商、互联网金融、生活服务、内容平台、社交等多个场景，更为严重的是其为下游黑色、灰色产业链提供技术支持，系互联网黑灰产的源头之恶，助力违法犯罪行为，危害极其严重，对其必须进行刑法规制。兰溪市人民法院根据《刑法》第二百八十五条第三款的规定，对各被告人处以提供侵入、非法控制计算机信息系统程序、工具罪是完全正确的。

电商平台诉“刷手”案评析

周江洪*

一、全国首例电商平台诉“刷手”案

2018 年 7 月，杭州市余杭区人民法院对淘宝公司诉“刷手”李某一案作出判决，认定李某的刷单行为违反了《淘宝平台服务协议》，构成违约，应当承担违约责任，并对违约造成的损失承担赔偿责任。这是全国电商平台诉“刷手”第一案，是继电商平台对刷单组织者提起民事诉讼后，对刷手也提起的民事诉讼，为构建社会诚信体系建设奠定重要基础。

二、点评

电子商务平台上的恶意刷单行为的治理，不仅对于电子商务平台经营者及电子商务消费者来说十分重要，更是电子商务空间治理之必要。以往的案件，多集中于组织刷单行为可能遭受违反不正当竞争法的行政处罚，甚至是构成非法经营罪的问题，但对于恶意刷单行为人的行为，关注得并不多。本案中，电子商务平台经营者以维护良好的平台运营环境为目的，以网络服务合同的违约损害赔偿责任的司法手段来“精准狙击”恶意刷单行为；而且，并不是以电子商务经营者为对象，也不是以组织刷单者为对象，而是以非经营用户为对象，并得到法院的积极肯定。尤其是以非经营用户的恶意刷单行为作为对象，其完全不同于《电子商务法》第十七条，后者通过披露义务来规制电子商务经营者的恶意刷单行

* 周江洪，浙江大学社会科学研究院院长，光华法学院教授、博士生导师。

为。这一新的网络治理手段和司法实践动向值得关注。

首先，是格式条款单方变更的效力问题值得关注。要构成违约损害赔偿责任，首先是作为违约前提的有效合同条款和合同义务的违反。作为电子商务平台经营者，会随着技术进步及新情况的出现而调整相应的服务条款。2019 年 1 月 1 日实施的《电子商务法》第三十四条规定了平台服务协议和交易规则，也正是应对这样的情况。本案中关于恶意刷单违约责任的合同条款，是否属于本案非经营用户 2003 年注册为会员后新增条款抑或是原先格式合同所列条款，并不十分清晰。从法院判决理由来看，法院只是依当初格式条款的规定，将平台规则甚至其后的修改也视为形成合意，并未对格式条款变更的有效性问题做过多探讨。对格式条款单方变更的有效性的学理探讨和司法探索都不充分，有可能会成为将来平台经营者追究非经营用户恶意刷单违约责任的重要争点，特别是《电子商务法》第三十四条隐含的立法精神，有可能会成为未来争议的焦点所在，当引起平台经营者和司法实务部门的重视。

其次，是违约损害的证明问题。本案中，电子商务平台经营者原先请求非经营用户承担 38 万元的损害，但在诉讼中变更为 1 元的经济损失。从一般法理来说，损失的存在以及违约行为与损害之间的因果关系，应当由损害赔偿请求权人证明。若肯定非经营用户恶意刷单行为构成本案网络服务合同上的违约行为，如何证明损失的存在、非经营用户恶意刷单行为与损失之间的因果关系，以及法院如何来认定损失，将是司法面临的第二个难题。从本案来看，判决理由中仅仅是以“对违约造成的损失”，平台经营者“要求赔偿 1 元，其请求符合法理和协议的约定”来说明，并没有就损失的存在、损失与违约行为之间的因果关系作过多展开。另外，损害赔偿应以违约方在订立合同时预见或应当预见的范围为限，如何来解释非经营用户的可预见性以及预见的时间——特别是所违反的条款为事后单方变更的格式条款时，也会面临不少难题。或许也正是出于这样的原因，平台经营者在诉讼中变更为 1 元的象征性诉讼请求。但即使是 1 元，也同样应符合违约损害赔偿的一般要件及其证明责任原理。

第三，非经营用户的恶意刷单行为所面临的“风险”，不仅仅是本案中所认定的违约责任问题，也可能面临其他民事制度上的“风险”，当引起警示。例如，若其他用户因恶意刷单或虚假好评而与平台内经营者缔结合同，在一定的构成要件下，恶意刷单或恶意好评的非经营用户也可能构成第三人欺诈；再如，非经营用户与平台内经营者串通的恶意刷单，也可能构成双方恶意串通；等等。这些都有可能承担赔偿责任。

当然，不管该案的结论抑或是论证说理上还有多少争议，以契约的方式、以司法的方式来治理恶意刷单等网络空间中的不当行为的新动向，当值得肯定。

第四部分
大会纪实

第三届互联网法律大会纪实

互联网法律大会是浙江大学、浙江省人民检察院、阿里巴巴集团与蚂蚁金服集团共同打造的品牌年度盛会。互联网法律大会聚焦互联网与社会治理中的热点问题，探索互联网治理的发展路径和创新机制，进而为相关法律或司法解释的出台提供思路和建议，推动国家网络安全法律法规体系完善，引领互联网法律的发展方向，助力中国获取网络空间话语权，抢占网络发展优势生态位。继2016年互联网法律大会、2017年互联网法律大会成功举办之后，2018年11月24日—25日，以“共享未来”为主题的第三届互联网法律大会在杭州顺利召开。本次互联网法律大会共设有四个论坛：国际论坛、人工智能法学论坛、检察论坛与侦查论坛，分别在浙江大学、杭州西溪宾馆、余杭区梦栖小镇、浙江警察学院召开。

一、会议背景

2018年，网络技术日新月异，国际竞争愈演愈烈，网络安全事件亦层出不穷。在国外，Facebook泄露数据、暗网交易、间谍黑客等事件频频发生；在国内，“撞库打码案”“利用网络爬虫非法获取数据案”“恶意注册网络账号案”等新型案件引人关注，其手段之新颖、危害之广泛、后果之严重令人侧目。2018年5月，欧盟颁行的《通用数据保护条例》在世界上激起千层浪涛，该条例成为2018年世界网络空间的标志性法规和里程碑，然而其口碑可谓毁誉参半；而我国《电子商务法》的出台，亦引得专家学者、公司企业对其褒贬与夺。网络空间暗潮汹涌，规则体系何去何从云谲波诡，正因如此，第三届互联网法律大会立足时代前沿，聚慧集贤，在峰回处寻路转，于柳暗中得花明。

二、会议概览

(一)互联网法律大会·国际论坛

2018年11月24日上午,第三届互联网法律大会·国际论坛在浙江大学求是大讲堂隆重开幕。国际论坛由浙江大学、浙江省人民检察院、阿里巴巴集团、蚂蚁金服集团主办,北京大学(法律人工智能实验室)、浙江省高级人民法院、浙江省公安厅支持,国家“2011计划”司法文明协同创新中心、浙江大学立法研究院、浙江大学光华法学院互联网法律研究中心(“大数据+互联网法律”创新团队)承办,浙江靖霖律师事务所协办。

同时,本次大会与《中国法学》《中外法学》《法学家》《法学》《法律科学》《当代法学》《华东政法大学学报》《中国刑事法杂志》《行政法学研究》《中国法律评论》《人民检察》等法学期刊,以及《浙江大学学报(人文社会科学版)》《吉林大学社会科学学报》《浙江学刊》(排名不分先后)等综合期刊合作征稿。大会共收到近300篇前沿性论文与案例分析,极大地推动了数字经济治理理论体系的完善。

第三届互联网法律大会·国际论坛的第一项议程为大会开幕式,开幕式由浙江大学光华法学院常务副院长周江洪教授主持。浙江大学校长、中国科学院院士吴朝晖教授致欢迎辞。浙江省人民检察院党组书记、检察长贾宇同志为大会致开幕词。北京大学法学院教授、博导,中国刑法学研究会副会长梁根林老师;浙江省高级人民法院朱新力副院长;浙江省公安厅王建副厅长;阿里巴巴集团党委书记、秘书长邵晓锋先生分别致辞。

浙江大学校长吴朝晖指出:高校、司法实务部门、研究机构、行业企业将形成更为紧密的法律职业、事业与发展共同体,迎来合力开展理论创新和实践探索的战略契机。浙江省人民检察院贾宇检察长指出:全球正处于新一轮科技革命和产业革命突破爆发的交汇期,互联网世界需要有共同遵循的法治规则,法治实践也要适应转型发展新形势新需求,不断调整升级。北京大学法学院教授、博导,中国刑法学研究会梁根林副会长提出:法律如何把握机遇,回应挑战,是时代赋予我们这一代中国法律人的重大使命,也是中国法律人创新法律规范、服务经济和社会发展并构建原创性的学说与理论体系的历史机遇。浙江省高级人民法院朱新力副院长提出:互联网法院便捷了人民群众,也提高了审判效率;通过互联网法院、移动微法院和智能化审判系统建设三管齐下,推进线上线下、有线无线、内网外网协调一致、互联互通，努力为全国法院智能化建设闯关探路，提供浙江样板。浙江省公安厅王建副厅长指出：我们将秉承走在前列、勇立潮头的浙江精神，紧紧围绕创造互信、共治的数字世界，携手共建网络空间命运共同体的目标，牢牢把握综合治理这一核心环节，为网络空间治理提供浙江方案。阿里巴巴集团党委书记、秘书长邵晓锋先生提出：信息革命时代，中国具备了包袱轻、转型快的优势，抓住这一历史机遇，践行网络强国战略是实现中国梦的重要机会。

会议第二项议程是第三届互联网法律大会十大案例发布仪式。发布仪式由浙江大学光华法学院互联网法律研究中心主任高艳东副教授主持，由浙江大学光华法学院常务副院长周江洪教授和阿里巴巴集团副总裁孙军工先生共同发布。高艳东主任介绍：十大案例涵盖了恶意软件、虚假交易、商标抢注、电子数据存证等新型问题，集中呈现了过去一年中网络空间生态治理的司法努力，有效打击了互联网黑灰产，保障了数字经济的健康发展。周江洪教授提出：每一个心系未来的人，都是探路者、守护者。风起于青萍之末，浪成于微澜之间，让我们携起手来，加强互信合作，助力网络空间生态治理，共享未来！

会议第三项议程是嘉宾主旨演讲。与会嘉宾围绕"数字经济的法治保障""中外互联网法律前沿理论""网络生态综合治理""新型网络犯罪问题""互联网金融犯罪规制""电子证据新理论""大数据前沿理论研究""大数据与个人信息保护"等会议主题单元，探讨互联网法学前沿理论构建与网络安全现实，共建互联网法学、人工智能法学，寻求符合中国国情的数据保护路径，为全球网络空间治理提供学术方案。

国际论坛历时一天，由主会场"数字经济的法治保障""中外互联网法律前沿理论"两个单元和"网络空间综合治理""大数据与电子证据""数字经济知识产权"三个分论坛组成。国际论坛旨在探讨互联网法律前沿问题，分析国际网络安全现状，探索国际网络安全发展趋势，构建网络安全体系，推动中国由网络空间规则的接受者转为网络空间规则的制定者与领跑者。

浙江大学校长吴朝晖教授，浙江省人民检察院党组书记、检察长贾宇同志，北京大学法学院梁根林教授，浙江省高级人民法院朱新力副院长，浙江省公安厅王建副厅长，阿里巴巴集团党委书记、秘书长邵晓锋先生，浙江大学光华法学院常务副院长周江洪教授，阿里巴巴集团副总裁孙军工先生，重庆大学法学院陈忠林教授，北京师范大学法学院卢建平院长，中国社会科学院大学林维副校长，华东政法大学刑事法学研究院刘宪权院长，清华大学法学院周光权教授，中国应用法学研究所范明志副所长，中国人民大学刘品新教授，全国人大监察和司法委员会司法室李寿伟主任，浙江大学光华法学院李有星教授，阿姆斯特丹自由大学教授马丁·森夫特莱本(Martin Senftleben)，美国司法部驻华大使馆常驻法律顾问理查德·戴恩斯(Richard Daynes)，北京大学法学院江溯副教授，公安部网络安全保卫局李菁菁处长，北京师范大学刑事法律科学研究院暨法学院吴沈括副教授，蚂蚁金服集团安全管理部祝志晓总监，最高人民法院研究室刑事处喻海松副处长，苏州大学法学院李晓明教授，上海交通大学凯原法学院于佳佳副教授，广州市海珠区法院刑事审判庭周征远庭长，浙江工业大学法学院李永红副院长，南京大学法学院副研究员徐凌波，浙江理工大学法律系副主任郑旭江，西北政法大学汪世荣教授等百余名专家学者，围绕互联网法律理论的创新与实践、数字经济的发展和促进国际网络安全的现状与趋势纷纷阐述各自的理论观点并展开热烈讨论，极大地推动了中国互联网法学理论的发展与完善。

本届论坛规模空前，实现了科技与法律跨界交融，兼顾事实与规范、理论与实践，围绕当前互联网治理的重要议题，深入探索了互联网治理的发展路径和司法实践的创新机制，为相关法律规则的完善提供有益的建议，就中国数字经济的安全发展、国际网络空间规则制定提出了中国建议。

(二)互联网法律大会·人工智能法学论坛

2018年11月24日下午和11月25日上午，作为浙江大学学科汇聚系列论坛之“双脑计划”、浙大东方论坛系列学术会议组成的人工智能法学论坛在杭州西溪宾馆举行，浙江大学司法与人工智能研究中心王凌皞主任主持开幕式，浙江大学社科院胡铭副院长致辞。胡铭副院长指出：人工智能法学的研究可谓正当其时，大有可为。在危机与机遇并存的今日，法律人要冷思考，勇创新。

人工智能法学论坛聚焦人工智能等新型技术发展，密切关注技术变革引发的社会现实，积极回应人工智能的发展及其带来的一系列法律问题和挑战，为我国法律人工智能领域的发展提供强有力的理论支持，推动规则体系的构建完善。

浙江大学光华法学院教授王敏远，华东政法大学教授、中国法理学研究会副会长马长山先后为论坛做主题发言。人工智能法学论坛历时一天，由“人工智能的司法与立法前景”“刑事法治中的人工智能”“法律职业、公共治理与人工智能”以及“人工智能相关的权利保护与争议解决”四个单元组成，与会嘉宾围绕议题发表主旨演讲并展开热烈讨论。

蚂蚁金服集团人工智能部李小龙研究员、中国政法大学法学院陈景辉教授、西北政法大学邱昭继教授、上海财经大学法学院胡凌副院长、东南大学法学院王禄生副教授、浙江大学光华法学院范良聪副教授、北方工业大学法律系邓恒讲师、中南财经政法大学法治发展与司法改革中心郭泽强教授、南京大学法学院单勇教授、扬州大学法学院马荣春教授、浙江大学光华法学院李世阳副教授、浙江大学光华法学院钟瑞庆副教授、浙江大学光华法学院金承东副教授、浙江大学光华法学院马光副教授、上海对外贸易大学贸易谈判学院杨立民讲师、浙江大学光华法学院何怀文教授、蚂蚁金服创新科技事业部首席产品架构师徐惠、浙江大学光华法学院王钰讲师、慕尼黑大学安德列亚斯·阿特米尔(Andreas Artmeier)研究员、浙江大学光华法学院陆青副教授(以发言为序)等百余名专家学者，聚焦未来法律人工智能的发展方向，探索"人工智能＋法学"的理论创新。

本次论坛聚焦人工智能与法学、法律的结合的细节，以及法律中人工智能运用所带来的理论纵深问题，结合人工智能带来的社会变革现实与人工智能发展趋势，洞察未来法律人工智能的发展方向，探索"人工智能＋法学"的理论创新。

(三)互联网法律大会·检察论坛

2018 年 11 月 25 日下午，第三届互联网法律大会·检察论坛在余杭梦栖小镇隆重举行。本届论坛主题为"梦栖未来"，由浙江省人民检察院、浙江大学、阿里巴巴集团共同主办，杭州市余杭区人民检察院承办，杭州良渚新城管理委员会协办。

浙江省人民检察院王祺国副检察长主持开幕式，浙江省人民检察院党组书记、检察长贾宇，杭州市人民检察院党组书记、检察长陈海鹰，最高人民检察院检察技术信息研究中心副主任幸生，最高人民检察院检察理论研究所研究员、学术部副主任季美君出席论坛。

杭州市人民检察院陈海鹰检察长在论坛开幕式致欢迎辞：互联网、人工智能深刻地改变着检察工作的思维模式和工作方式。杭州市检察机关通过司法办案在互联网治理领域也发出了"杭检声音"。余杭区委副书记、政法委书记王进为开幕式致欢迎辞：数字经济蓬勃发展，但互联网产业发展背后的法律问题也日益凸显，此次检察论坛能有力推动互联网、大数据、人工智能与检察工作更加高度融合，为社会经济发展提供更加有力的司法保障。浙江省人民检察院贾宇检察长为论坛致开幕词。贾宇检察长指出：这次互联网法律大会·检察论坛将探讨新时代互联网发展与法治建设给检察工作带来的机遇和挑战，对互联网法治建设和互联网检察的推进意义重大。

随后，浙江省人民检察院互联网检察教研组组长黄曙发布“浙江互联网检察十大影响力案例”，并发布了浙江省人民法院、浙江省人民检察院、浙江省公安厅《电信网络诈骗犯罪案件证据收集审查判断工作指引》。

本次检察论坛立足问题导向和效果导向，立足检察职能和检察实践，汇集了理论界和实务中共同关注的重点、难点、焦点和对策建议，深入研究信息技术革命与诉讼理念、证据规则与司法制度的关系，为网络案件检察理论的建构、检察体系的完善起到推动作用，助力浙江省在全国网络案件检察工作中起到引领性、示范性作用。

浙江省人民检察院党组书记、检察长贾宇，省检察院党组成员、副检察长王祺国，杭州市人民检察院党组书记、检察长陈海鹰，最高人民检察院检察技术信息研究中心副主任幸生，最高人民检察院检察理论研究所研究员、学术部副主任季美君出席论坛。一大批全国知名专家学者，浙江大学、阿里巴巴集团、蚂蚁金服集团等高校、企业代表，省市检察院相关部门的领导和代表，以及获奖论文作者等共 150 余人参加了论坛。

本次检察论坛围绕纪念毛泽东同志批示学习推广枫桥经验 55 周年，习近平同志指示坚持发展枫桥经验 15 周年，在互联网检察上丰富新时代枫桥经验，打造新时代枫桥经验检察版。论坛上还举行了会址揭牌仪式，互联网检察论坛将永久落户梦栖小镇。

(四)互联网法律大会・侦查论坛

2018 年 11 月 25 日，“首届全国大数据侦查论坛暨第三届互联网法律大会侦查论坛”在浙江警察学院隆重举行。侦查论坛由浙江警察学院、浙江大学光华法学院和阿里巴巴集团主办。

论坛开幕式由浙江警察学院党委委员、副院长黄兴瑞主持。浙江警察学院党委副书记、院长丁宏，浙江大学社会科学学院副院长、教授、博士生导师、长江学者胡铭，阿里巴巴集团副总裁余伟民分别致辞，浙江省纪委监委法规室副主任滕超，浙江省公安厅刑侦总队副总队长陈凯，浙江省公安厅网络安全保卫总队副总队长施雄伟，中国刑事诉讼法学研究会副会长、浙江大学光华法学院博士生导师王敏远教授，中国人民公安大学博士生导师王存奎教授，杭州橙鹰数据科技有限公司副总裁杨志林出席。

侦查论坛围绕“大数据时代的侦查模式变革与理论创新”，共设有四个交流单元：“大数据时代侦查思维变革与创新”“大数据时代侦查方法更新与应用”“大数据时代侦查取证技术与规则”“大数据时代犯罪防控形势与对策”。

侦查论坛主题突出、多元结合，为更好地推动大数据侦查学理论和实践的发展奠定了坚实的理论基础。会议成果对于建立立体化的犯罪防控体系和广泛、有效的预防和惩治违法犯罪机制具有重要的学术引领和实践指导意义。

浙江警察学院党委副书记、院长丁宏，浙江大学社会科学学院副院长、教授、博士生导师、长江学者胡铭，阿里巴巴集团副总裁余伟民，浙江省纪委监委法规室副主任滕超，浙江省公安厅刑侦总队副总队长陈凯，浙江省公安厅网络安全保卫总队副总队长施雄伟，中国刑事诉讼法学研究会副会长、浙江大学光华法学院博士生导师王敏远教授，中国人民公安大学博士生导师王存奎教授，杭州橙鹰数据科技有限公司副总裁杨志林，浙江省公安厅刑侦总队情报研判中心专家陈丰，中国刑事警察学院教授董杰，北京航空航天大学副教授裴炜，江苏警官学院副教授何军，浙江警察学院教授郑群等来自全国各地近40家公检法纪检监察机关、高等院校、科研机构、相关企事业单位的120余名专家学者参加此次会议。

本届论坛直面当前大数据侦查领域亟待破解的大数据侦查与犯罪防控需要，对大数据时代侦查思维变革与创新、大数据时代侦查方式方法的更新与应用、大数据时代侦查取证技术与规则以及大数据时代犯罪防控形势与对策等问题，进行了多角度、全方位、立体化的深入探讨和广泛交流，并形成了一系列重要的学术共识和对策建议。

三、组委会

(一)互联网法律大会·国际论坛、人工智能法学论坛组委会

组长：周江洪

组委会委员(以姓氏笔画为序)：王群、连斌、李世阳、金嫣、高艳东、徐文涛、谢虹燕

会务组(以姓氏笔画为序)：王鹏、方辛、叶锦乐、白睿博、李东旭、李佳俊、李莹、李悦、李雪、李鹏丽、吴佳纳、何子涵、沈佳丽、张雨珂、张嘉、赵涛、郝韵、胡文静、钱林峰、黄海舟、舒喆

(二)互联网法律大会·检察论坛组委会

组长：王祺国

成员：黄曙、戴红霞、胡涛、荀晓阳

志愿者：何子涵、张嘉、赵涛

(三)互联网法律大会·侦查论坛组委会

组长：郑群

成员：周建达、徐永胜、张芷、郑晓晓、张敏、冯俊、林超、张青磊、周志刚、陈楠、徐鹏、曹毅

四、结语

互联网之发展应用，一面磊落光明，一面乌烟瘴气。新一轮科技革命与产业变革席卷全球，每个国家都在寻求超车之路，互联网法律大会亦是在国际产业浪潮中，找寻中国的网络安全转型之机遇。第三届互联网法律大会汇聚专家学者，穿梭于法律规范与社会事实之间，观察国内外网络安全形势，研讨世界网络前沿案例，结合本土司法实践经验，为数字经济发展提供法治保障、为国际互联网法律法规体系建构提供“中国经验”与“浙江模板”，以期中国能屹立于国际网络空间，亦为世界网络规则的推动、引领、完善贡献中国智慧。未来已来，以“共享未来”为主题的第三届互联网法律大会虽已落幕，然网络发展迅猛之势有增无减，让我们共同期待第四届互联网法律大会！

浙江大学光华法学院互联网法律研究中心

2020 年 5 月